U0691136

文化视野下的双语教育研究

朱卫华　著

中国原子能出版社

图书在版编目（CIP）数据

文化视野下的双语教育研究 / 朱卫华著 . –– 北京：
中国原子能出版社，2021.11（2023.1重印）

ISBN 978-7-5221-1679-2

Ⅰ . ①文… Ⅱ . ①朱… Ⅲ . ①双语教学—教学研究
Ⅳ . ① H09

中国版本图书馆 CIP 数据核字（2021）第 232666 号

文化视野下的双语教育研究

出　　版	中国原子能出版社（北京海淀区阜成路 43 号 100048）
责任编辑	潘玉玲
责任印刷	赵　明
印　　刷	河北宝昌佳彩印刷有限公司
经　　销	全国各地新华书店
开　　本	787 mm × 1092 mm　1/16
印　　张	11.875
字　　数	266 千字
版　　次	2021 年 11 月第 1 版　　2023 年 1 月第 2 次印刷
书　　号	978-7-5221-1679-2
定　　价	68.00 元

出版社网址：http：//www.aep.com.cn

版权所有　侵权必究

前　言

　　双语问题是当代语言生活中极为关键的问题。在全球现代化的进程中，最为迫切的是语言交流。语言交流就必须有双语教学。双语教学已逐渐形成一门专门的学问，这就是双语学。

　　现代人必须是双语人。科学文化的交流，贸易的开展，人员的来往，旅游业的繁荣，都要求人们在自己的母语之外，掌握第二种语言，乃至第三种语言。如何说明掌握第二语言的必要性，如何提高第二语言的学习效率，如何了解使用第二语言国家的环境和条件，如何了解国家的双语政策，就要研究双语教学。这就是双语学涵盖的范围。

　　本书着力于端正人们对第二语言学习的态度，细致地描述了语言学习中的步骤和方法，而且在宏观上阐明了第二语言学习的社会文化意义。语言是文化现象，而且是其影响遍及所有领域的文化现象。因此，语言问题不仅是语言学的问题，更是一个涉及社会、文化的多方面的问题。双语教学一方面要解决第二语言学习中的具体问题，一方面就要在社会文化环境中确立第二语言学习的目的和意义，使双语问题有了理论上的基础。

　　把双语问题与社会文化问题联系起来，就是把语言问题与文化问题联系起来解决，这已经把双语问题纳入文化语言学的范围。从文化语言学的视角来观察双语问题，第二语言的学习和教学就是解决文化多元化的问题。政治和文化的霸权主义在语言问题上的表现就是语言同化，就是强势语言吃掉弱势语言。双语教学的发展可以促进强势语言的延续，又可以推动弱势语言的保护工作，这是维护语言多样化的重要方面。双语教学的建立应该为维护语言多样化作出实质性的贡献。

　　由于研究者身份限制、研究过程操作难度大、研究设计水平有限，本书存在不少疏漏肤浅之处，诚请专家与读者批评指正。

　　著者简介：朱卫华，女，山东泰安，1978 年 9 月 10 日，硕士，讲师。山东教育考试中心口语考官；泰山学院师德先进个人称号；山东省《大学英语》省级精品课程成员；山东省省级教学团队成员；泰山学院首批优秀教学团队成员；全国大学生英语竞赛优秀指导教师一等奖；山东省青年教师多媒体教育软件竞赛一等奖；泰山学院多媒体教学课件制作竞赛一等奖。

　　先后参与主持省部级、校级科研教改项目 8 项；发表论文近 10 篇，荣获山东省软科学优秀科研成果奖 1 项。现为山东省十一五教育科学规划课题、山东省大学英语教学改革立项课题、山东省艺术科学重点课题以及泰山学院教学改革与科研项目的主要成员。

研究方向：英语语言学与英语教学

朱卫华

目　录

第一章　双语教育理论综述

我国正快速走向国际化、现代化，所以培养既通晓外语和外国文化，又精通专业知识的双语人才，已经成为我国参与国际竞争的重要前提之一。因此改革传统的英语教学，探索新的能高效优质地培养出双语人才的教育方法，也是外语教学适应社会发展需要的必然趋势。

双语教学并不是一个新生事物，现代的双语教学始于20世纪初，其主要目的在于使英语国家中的少数民族群体或移民群体能够尽快融入所在国家的主流社会。随着英语作为国际语言的地位的不断上升，双语的教学模式被逐渐推广到非英语国家。

第一节　双语的定义及分类

双语是一个复杂的体系，受到许多宏观和微观因素的影响，而且深深地扎根于复杂的社会和个人双语现象之中，所以如果要清楚了解它的内涵，首先应该知道什么是"双语"。

所谓双语，是指在某个国家或某个地区有两个或两个以上民族同时存在，并存在两种或两种以上文化历史背景条件下，可能或必须运用两种语言进行交流的情景。这两种语言中，通常有一种是母语或本族语，而另一种语言往往是后天习得的第二种语言或者是外国语。在很多国家或地区，政府规定的官方通用语言有两种甚至更多。在这种情况下，为了交往的方便，往往两种语言并重，或是一种语言为主一种语言为次。如果以英语为次，则可称英语为第二语言，即 ESL（English as Second Language）。再如，当以汉语为母语的中国人到以英语为通用语言的英美国家之后，英语在开始的时候还是他的第二语言，但是由于当地的通用语言是英语，汉语仅仅在家中或遇到中国朋友时才使用，随着时间的推移，汉语就慢慢地退居为第二语言，英语则成为他的第一语言了。

本书中的双语是一种"接触式的语言"，也就是"在人际、社会的交际中，或个人的心理思维下使用两种或更多的编码"。它是一个看似简单而实际上却相当复杂的概念，双语主要体现在双语现象下，而这一现象当中主要的行为主体是双语者，另外，双语者的分类又和双语能力不可分割。所以，我们认为双语实际上是双语现象、双语者和双语能力这三个要素的集合体，只要把它们界定清楚，那么对双语的理解也就清晰明确了。

一、双语现象

（一）双语现象的定义

当今世界上关于"双语现象"最权威的定义来自英国朗曼出版社出版的《朗曼应用语言学词典》中的定义：讲两种语言，频繁使用两种语言，并且两种语言得到政治和学术上的认同的现象。

哈定和里雷认为双语现象是一种存在于世界许多国家、地区、民族中的语言现象，是指同一言语集体中存在两种语言（包括两种以上语言的多语现象），该集体根据社会环境在相应的交际范围内交替使用这些语言。他们还指出，全世界存在着 3000 ~ 5000 种语言，世界上有一半以上的人会说两种语言。

由此可见，双语现象是一种非常普遍的人类行为，而且随着全球化和人口流动频繁化的趋势，文化与文化、人与人之间的接触将日益深入，双语现象也将更加普及。所以，我们非常有必要把这种现象以科学的形式展现给读者，从而推动我国高校双语教学的发展。

（二）双语现象的类型

1. 社会双语和个人双语现象

基于上面的定义，不难看出双语现象可以分成两个层面，即"个体层面和社会层面"，所以对双语领域的任何讨论来说，首先需要把社会双语现象和个人双语现象区别开来。严格地说，社会双语现象的研究主要涉及语言社会学，而同纯语言学的关系不大。在研究社会双语现象时，研究者把重点主要放在理解社区中有哪几种语言势力，它们之间的关系如何，以及语言同政治、经济和文化教育诸方面的关系如何。而个人双语现象则涉及对双语者的研究，关于双语者的界定和分类我们将在之后做进一步阐述。

社会双语现象和个体双语尽管所指各有不同，但他们之间又有着千丝万缕的联系。这是因为语言是不可能与其所存在着的语境分离开来，这二者必然是相互作用，而且他们的角色也是不断发生转变的。个体双语正是由于社会双语现象这个大的语境的作用才产生，而反之，个体双语者的行为变化又推动着整个社会双谱现象的变化趋势。

2．添加型和削减型的双语现象

还有一种比较常用的双语现象的分类是基于 Lambert 的观点，把双语现象分成"添加型和削减型的现象"。这种分类是添加型和削减型教学模式的主要理论依据。添加型双语现象是指第二语言的掌握或第二语言的学习没有给第一语言带来消极影响，同时两种语言相互补充，从而充实和加强了个人的认知能力和社会能力。当社会和个人对两种语言都持肯定态度，并且把掌握第二语言当作额外增加了一种思维和交流的工具时，就会产生添加型双语现象。目前我国各地出现的许多双语学校的教学目标无疑是定位于添加型双语教育的。

同添加型双语现象相对的是削减型双语现象，即第二语言的掌握是以损害已发展了的第一语言能力为代价的，在这种情况下，两种语言不是互相补充，而是互相竞争。当一个多语言的社会重视一些语言而贬低另一些语言时，就容易发生削减型双语现象。

二、双语者

（一）双语者的定义

双语现象产生于具有双语能力的人，也就是双语者。它也是双语研究中一个重要的概念。双语者的英文是"Bilingual"，这是一个广义的概念，不同模式的双语教育培养的双语者有着很大的差异。然而，不同类型的双语者都具有一定的优势。

随着双语现象的出现，最早给双语者下定义的是 Bloomfield，他认为只有"如同母语般掌握两种语言的人才可以称为双语者"。

Baker 的定义和 Bloomfield 类似，他认为双语者就是精通两种语言的人。

《朗曼应用语言学词典》给出的双语者的定义为：一个能用两种语言的人。在他的日常生活中能将一门外语和本族语基本等同地运用于听、说、读、写，当然他的母语语言知识和能力通常是大于第二语言的。

Miguel 和 William 对双语者作了具体的界定："一个人除了精通自己的第一语言（母语或本族语）之外，对另一种语言也能够达到同第一语言一样熟练的程度，且能在任何场合中有效地使用其中的任何一种语言进行交流，这样的人才能被称为真正的双语者。"

而 Macnamara 则认为，任何一个掌握听、说、读、写等语言技能中的一项，哪怕只达到最小的程度的人，都可以称之为双语者。

由此可见，不同学者对于双语者的界定是不同的，甚至有很大分歧。有人认为双语者的本质特征就是必须对两种不同的语言达到非常熟练掌握的程度，而且能够在任何情况下都轻松自如地运用两种语言中任何一种进行交流，而有人则把双语者理解为只要掌握一种语言能力即可，也没有必要达到精通的程度。基于我国目前的国情和教育现状，本书更倾向于后一种理解。

（二）双语者的分类

依据 Osgood 的观点，双语者可以分为并列双语者和复合双语者。所谓并列双语者，是指完全熟练地掌握了两种不同的语言系统，并能够熟练地运用两种独立的语言系统。而复合双语者是只有一种占优势的语言系统。有些人认为复合双语者并非真正意义上的双语者，而仅仅是学习第二语言的学生。

依据 Valdes 和 Figueroa 的观点，双语者可以按以下标准分类：

其一，按照双语者获得双语能力的年龄，双语者可分为：（1）早期双语者，指在幼儿早期就习得两种语言能力的人。（2）共时双语者，指同时习得第一语言和第二语言能力的人。（3）后继双语者，指在第一语言能力习得之后再习得第二语言能力的人。（4）晚期双语者，指在青春期或成年后才习得第二语言能力的人。

其二，按照双语者拥有双语的能力，可分为：初级双语者，指才开始习得第二语言的人；中级双语者，指能够理解第二语言口语与书面形式的人；高级双语者，指已经习得第二语言听说读写能力的人。

其三，按照双语者习得两种语言的关系，双语者可分为：混合双语者，指会熟练使用两种本族语的人；平行双语者，指已经习得第一与第二语言能力的人。

其四，按照习得语言的情景对双语者两种语言系统的影响，双语者可分为：并列双语者，指在不同的文化背景下习得了两种系统完全不同的语言的人；复合双语者，指在相同的文化背景下习得在某种程度上并列的两种语言的人。

其五，按照双语者的不同生活阶段，双语者也可以分为两类：发展性双语者，指第二语言能力处在发展过程中的双语人；逆行双语者，指第二语言或第一语言能力在渐次退化的双语人。

其六，按照环境导致的双语制，双语者也可以分为两类：环境双语者，指在一定的环境下自然成为双语人；精选双语者，指通过一定的遴选成为双语人。

上述有关双语者的分类，特别是第二种分类，对不同的双语者给予了相当详尽的描述，通过这些描述，我们可以了解到对个体双语者的研究会受他们的年龄、语言能力、两种语言的平衡程度、两种语言的习得过程和环境等诸多因素的影响，是一个相当复杂的研究过程。但是依据国外许多双语教育研究者对双语者的调查研究结果，不管是哪类双语者，较之单语者都具有一定优势。

三、双语能力

双语能力是指个体使用两种语言的能力。有一种观点认为，双语能力是指同等运用两种语言的能力，这无疑是一种理想的状态。事实上，在实际生活中判断双语能力是一个比较复杂的问题。例如，一个正常的人可以使用两种语言进行阅读和写作，但在会话时却只能使用一种语言，我们是否可以认为他具备了双语能力呢？显然，判断的结果既会因人们对双语能力的不同理解而不同，也会因人们对双语教育目的的不同理解而有所区别。因此，为了准确而全面地理解某种双语教育模式预期的双语能力，必须首先明确这种双语教育的目的。而对双语能力预期目标的理解，则将直接影响到双语课程的设置和开发、教师的教学态度和方法以及学生对不同语言的态度等等。要确定双语能力的不同预期目标，必须了解双语能力的具体构成。一般而言，双语能力首先包括语言能力，这一点应该是毋庸置疑的。所以让我们先来看什么是语言能力。

（一）语言能力

语言能力是双语能力的核心，也是双语教育的核心。它是一个内在的心理语言的展现。

许多语言学家都曾经给语言能力下过定义。能力（competence）这个概念最初由 Chomsky 提出，指的是理想的语言使用者所具有的语法知识。它是一种严格的、抽象的和与生俱来的天赋能力，它能帮助、指导和制约掌握语言知识的对话者、读者和写作者实际运用语言。语言能力，也是语法内在化的能力，是儿童接触语言材料以后在大脑中内化了的语言规则体系，即掌握了的语音、词汇、语法知识。人们具有内在化的语法能力，就能创造出千千万万个句子来，其中包括从来没有听过和说过的句子。Carroll 则更倾向于描述语言技能和语言学要素，更关注听、说、读、写以及语法、词汇和音素学的层面。显然，这些早期的描述有很明显的局限，它们没有把知识与技能很好结合起来，而且忽视了从社会文化和社会语言学角度对语言能力加以描述。

Canale 和 Swain 发展了语言能力的概念，把语言能力分为四个要素，即：语言学要素、社会语言学要素、语篇要素和策略要素。但是这个模式并没有给出这四个要素之间是如何相互作用的，而且这些层面很难验证，特别是第二个和第四个要素。

20 世纪 90 年代 Bachman 提出语言能力模式的构想，这个模式的价值在于它既考虑到了语言能力又包含了语言行为，而且还指出了在特定的交际语境下如何使用语言。他把语言能力分成了三个要素：语言能力，策略能力和心理 - 生理能力，并且揭示了它们之间的关系，说明了语言能力在特定的语境下同时也包括认知能力和跨文化交际能力。Cummins 也进一步将语言能力区分为基本人际交往技能（BICS：basic interpersonal communicative skills）和认知或学术语言能力（CALP：cognitive/academic language proficiency）。BICS 在教学中表现为由情境支持的，借助大量非语言交际手段（如手势、眼神、微笑、点头等）帮助理解、进行交流的能力，这也是日常生活交流中所必需的能力。与此相对，CALP 则是不依赖真实情境支持的，主要用于学术研究的一种语言能力。例如，在讲解发生于过去的历史事件，说明抽象的几何和三角函数等问题时，就不再需要真实的情境支持，而此时的语言仅仅是作为一种传递的工具，一种综合、分析和评价的工具而存在。

所以我们可以说，正是由于有了这样的划分，我们才可以把语言能力、认知能力、跨文化交际能力三者联系在一起，而且进一步把双语能力扩展为语言能力、认知能力和跨文化交际能力三者的结合。

（二）认知能力

要研究认知能力，首先必须知道什么是认知。

认知一词译自于英文的"Cognition"。对它最简单的阐述是，它是知识的习得和使用，它是一个内在的心理过程。王寅也认为，认知是人们对客观世界感知与体验的过程，是人与外部世界，人与人互动和协调的产物，是人对外在现实和自身经验的理性看法。通过认知，人们对世界万物形成了概念和意义，其间包含推理、概括、演绎、记忆等一系列心智活动。所以，认知是一个与思维、心智、智力、记忆有关的人类的心理行为。那么认知能力又是什么呢？

美国心理学家 Gagne 认为，认知能力指接收、加工、储存和应用信息的能力。它是人们成功地完成活动最重要的心理条件。知觉、记忆、注意、思维和想象的能力都被认为是认知能力。他还提出 3 种认知能力：言语信息（回答世界是什么的问题的能力）；智慧技能（回答为什么和怎么办的问题的能力）；认知策略（有意识地调节与监控自己的认知加工过程的能力）。

双语的发展与语言能力有着显而易见的关联，但是它和认知能力的联系又在哪里呢？许多学者都认为语言也是一种认知活动，是对客观世界认知的结果，语言运用和理解的过程也是认知处理的过程。因此语言能力不是独立于其他认知能力的一个自治的符号系统，而是人类整体认知能力的一部分。比如，Fauconnier 和 Tumer 就认为"现代语言科学亦已表明在所有人类语言的背后都存在普遍的认知能力"。所以，我们可以说语言能力的发展与认知能力是不可分割的，任何语言现象的深入分析都是基于人类认知能力的，在语言发展的过程中，认知能力的发展至关重要。

（三）跨文化交际能力

根据我国教育部的意见，在中国高校开设双语课的一个主要目的，就是要"适应经济全球化和科技革命的挑战"，也就是我们要通过双语教育的渠道，让学生掌握更多的目标语的文化，从而为跨文化交际打下基础。所以跨文化交际能力也是双语能力的目标。

从语言学的角度分析，语言能力与交际能力存在着密切的联系。美国社会语言学家 Hymes 基于言语行为理论和功能语言学理论认为语言功能是语言行为、是用语言做事的观点，对比区别 Chomsky 的"语言能力"后，首先提出了交际能力（communicative competence）的概念。交际能力由四个部分组成：可能性，产生合乎语法的句子的能力；可行性，产生能被人脑解码的句子的能力；得体性，在特定的社会文化环境中应用正确语言形式的能力；语言应用，话语被完成的事实 Hymes 认为，一个获得交际能力的人必须获得语言知识和使用语言的能力。Hymes 和 Widdowson 等认为，语言是为了交际，所以语言能力是交际能力的一个组成部分。一个获得交际能力的人，他必须既获得语言知识，又获得使用语言的能力。他不仅要掌握语言知识，造出合乎语法的句子，而且还要掌握语言使用规则，得体地使用语言。所以交际能力是语言能力在应用层面上的体现。

交际能力理论强调话语发生的语境，所以在不同文化语境下发生的交际行为需要的就是跨文化交际能力。语言学家 Ruben 认为，跨文化交际能力是一种可以达到人的基本要求，满足其性格，实现其目标及期望的能力。具体可包括：向对方表示尊敬和对其持积极态度的能力、采取描述性态度的能力、最大限度地了解对方的个性的能力、移情能力、应付不同情景的灵活机动能力、轮流交谈的相互交往能力等。

我们都知道语言是文化的载体，随着人类各种语言及其不同行为方式的发展变化，人们对待周围事物的方式、观念与信仰、思维方式，以及人们的饮食习俗等文化现象也在不断地发生变化。对于双语者来说，因为他们有机会能够接触两种或更多种文化的机会，所以他们拥有更多层面的社会文化经验，最终又成为双文化者（即通晓两种或两种以上文化的人）。当然，这并不是说双语者会自然而然地成为双文化者，我们只是强调"双语者"拥有成为双文化人的潜能与优势（他们常常接触不同的语言，而语言中渗透着文化），相比单语者更易于成为双文化者，而并不是说"双语者"就一定能够成为双文化或多文化者。所以要培养一个出色的双语者，跨文化交际能力是一个必不可少的衡量要素。

第二节　双语者和双语现象的测量

人们通常会由于各种原因对双语者和双语现象进行测量和评估。比如，教师和研究者可能想要了解双语者掌握两种语言的能力，或者要研究不同双语教育模式下双语者两种语言的发展和表现，某一地区使用少数民族语言的程度，成为双语者之后的思维优势和劣势，双语者在不同语境下使用两种语言的情况，以及两种语言的平衡性，这些都需要对双语者进行某种方式的测量。那么如何进行双语者或双语现象的测量呢？双语者语言能力测量的目的是什么呢？针对这些问题，我们先来探讨一下双语者或双语现象测量的原因。

一、测量双语者和双语现象的原因

（一）了解语言群体的分布

许多国家（比如美国、加拿大、英国、爱尔兰、马来西亚等）都面临这样的问题，即需要统计某一地区使用少数民族语言人口的分布情况。特别是地理学家，他们感兴趣的是绘制使用少数民族语言群体的比例和分布图，从而以此为依据观察这种分布是否会随着时间的变化而变化。

（二）对比

语言学家或者双语研究者常常会比较双语者和单语者之间的差别。在日常交谈过程中，在管理者或政治会议讨论时，或者在学术和研究领域，他们常常把双语者作为一种单独的群体来看待，并且对比单语者探讨其语言特点和表现。比如，心理学家会通过对双语者创造能力和信息处理能力的评测来比较平衡双语者和单语者的不同的语言表现。学校可能会通过对学生双语熟练程度或语言背景的测量首先来判断把他们分到不同的班级。在美国，对双语学生英语语言能力的测量主要是为了判断是否让他们离开传统的双语课堂转入到主流课堂（即英语课堂）。

（三）学校表现

每学期的期末，学校可能会测评学生当前的表现。它们可以通过检验学生的阅读理解能力和阅读词汇量来确认学生是否在这一年得到满意的发展。而学生的自检则可作为学校测试的一种补充方式。

二、双语者的测量方式

如果要检测双语的熟练程度，或许自然的测量方式要比语言学的测量方式更重要。尽管测量某人的词汇、语法和写作能力是很重要的测量方法，但是也需要基于不同的语境测量语言使用者自然情况下的语言表现能力。

（一）测量的方式

1．语言背景测量法（Language Background Measurement）

语言背景关注的是两种语言使用的非直接经历，以及直接语言的相互作用。语言背景的情况可用于双语现象的研究。语言背景测量是试图描绘双语者使用两种语言与不同的人（比如父亲、母亲、朋友和邻居）交流的频率。其次，试图发现针对不同的对象，双语者使用何种语言，以及使用的时间。第三，关注双语者在进行某项活动时（比如看电视、购物、打电话、工作、聊天等）使用哪一种语言。但是这种方式也很难面面俱到，它不包括同亲属的对话、通信、社会沟通和旅游时使用的语言。这种方式所涉及的领域可以代表使用两种语言的所有领域。这种方式的重要之处在于不同语言在不同语境下的使用频度。

2．评论式语言测试法（Critical Language Testing）

Tel Aviv 大学教育学院的 Elana Shohamy 教授给评论式语言测试法作出了如下解释：（1）语言测试不是一个中立或者模糊的活动，它与构成教师和学生日常生活的文化、社会、政治、教育和意识活动有关。这种语言测试深深根植于各种意识形态交错的文化、教育和政治思维之中。（2）因此在政治语境下评论式语言测试法把接受测量的人看作政治对象。（3）评论式语言测试法会询问比如"测试会表现什么政治和教育政策"的问题。（4）评论式语言测试法认为，语言测试者必须自我询问语言测试会产生何种社会语言，或者是使用何种社会测试。例如，语言测试是否打算完成预定义的课程或熟练程度目标，或者是否有其他的根本原因和目标。（5）评论式语言测试法会询问所测试的知识来源于何种语言？这种知识所呈现的地位是什么？（6）评论式语言测试考虑语言测试成绩的意义，以及他们规定的、最终的和纯粹的程度，以及尚可讨论和说明的程度。

因为评论式语言测试法涉及政治和社会争论的问题，所以它会拓宽语言测试范围。而且这种争论问题应该与语言测试的形式和实践相关。同时它还引导语言测试向根植于知识和民主话题的社会进程和权力争斗发展。

3. 语言平衡测试法（Language Balance Measures）

已经出现的用来测量双语者两种语言的相对优势或平衡的测量方法如下：

（1）联词速度测试（Speed of reaction in a word association task）

这种方式是用来测试是否双语者根据提醒单词所产生的基于一种语言的联想要多于另一种语言。如果在规定时间内，联想没有明显的差别，就说明测试对象是一个平衡双语者。反之，如果差别较大，则说明其中一种语言对于双语者来说是优势语言。

（2）联词数量测试（Quantity of reactions to a word association task）

在给定时间内进行测试，测量得到的联想词汇的数量。如果联想的数量大体相同，说明受测试者是平衡双语者。

（3）单词检测法（Detection of words using both languages）

从一个无意义的词中（比如 Dansonodend）提取两种语言的单词。这个单词的字母必须是两种语言中有代表性的。如果一个德法双语者在规定时间内提取的单词多数为德语，则说明他的优势语言为德语；如果提取的两种语言的单词数大致相同，则说明他是个平衡双语者。这种测试的局限性很大，只有当两种语言的标音系统相同并具有十分类似的标音字母串时才可应用。

（4）阅读时间测试法（Reading time）

比较阅读两种语言组成的相应的两组单词的时间。

（5）两种语言混合使用的数量（The amount of mixing）

测量在测试语境或日常会话过程中语码转换或语言借用的数量。如果一个人相对不频繁地混用两种语言，说明他是一个平衡双语者。

上述测量方法的问题主要在于语言熟练程度测量和语言表现程度测量的代表性。这样的测量方法只适用于较大或较复杂的测量对象中的小部分，只能涉及可能被测量的分支语言技能中的小部分。

4. 沟通测试法（Communicative Language Testing）

如果要评测双语者的两种语言能力，仅凭一张试卷，是难以真实评估日常语言生活的。选择、听写、阅读理解和拼写测试都是在语言技能测试中用旧了的方法。另外一种完全相反的方法是，观察双语者在真实交流语境下的两种语言的表现情况（包括观察购物、居家、工作和聊天中使用的语言）。这种办法由于时间的原因而不切实际，而且会由于测量者的出现发生偏差。这种观察会由于测量者的存在，而变成了类似测试的语境，所以结果会变得不自然、不真实。总之，现实生活中的观察在可靠性和有效性方面也是不完美的。

目前，一个备受瞩目的语言测试方向是对沟通技能的测试。除了拼写、语法、写作和阅读理解等测试方法以外，同时也重视现实、日常语境下语言的使用。这一理念是由 Skehan 提出的，具体内容如下：

（1）基于真实的沟通；（2）包括一个以上的参与者；（3）语境是不可预测的、有创造性的。也就是说真实的沟通会把参与者引入一个意想不到的方向，是一个既有语言学特色又有社会文化特点的语境；（4）具有目的性，这样参与者会使用语言进行劝告、欺骗等等；（5）使用可靠的材料，避免刻意；（6）基于真正的心理学条件，比如时间压力，是一种结果式的测量，即判断是否成功主要根据是否达到了沟通的目的。

显然，如果要达到 Skehan 要求的标准几乎是不可能的。所以，有人认为索性不去测量；但也有人认为，应该尽量获得最近似的结果。因此这种方式多用于测量比较有局限性的行为，而不是较为宽泛的能力内涵。

（二）双语者测量的局限

通过对双语者的测量，我们会弄清他们一种或多种语言的能力，所以语言就成了测量的焦点。同时，如果是关于其他内容（比如思维模式）的研究，也需要测量双语者的语言能力。例如，通过对双语者的语言测量，可以把他们划分为平衡双语者或其他类型的双语者，也可以把测量结果作为学习成绩以及关于创造性思维能力判断的依据。

通过语言来判断学生创造性思维的等级，这种测试不是纯粹基于认知的，它还包括语言的使用。因此当学生在测试中表现不佳时，结果怎样呢？或许学生的认知能力很高，但是由于语言测试阻碍了其认知能力的充分表现。另一种情况，如果某一学生的认知能力不高，但是通过语言测试所表现出来的结果不是其思维能力的问题，而是短期的语言能力问题。

总而言之，在学校或心理学方面测试的低分不是认知程度的体现，而是由于暂时的语言问题导致不能理解测量的本质（包括内容）形成的结果。因此，在双语教学过程中，我们应考虑这些局限，尽量从多角度对学生进行评测，从而反映出学生的真实问题及其原因。

三、社会双语现象的测量方式

迄今为止，社会双语现象的测量方式相当有限。这一领域的研究者通常使用，较为宏观的社会科学的方法，比如人口普查，调查或者社会语言学和人种学的方法。这些方法从本质上讲都是描述性的，只能向我们粗略地展示社会语言群体的语言行为。尽管如此，这些方法仍然使我们可以分析语言现象和社会现象交互变化所产生的影响。社会双语现象的研究可以通过从微观社会学到宏观社会学的几个层面的分析来进行。如果从宏观的角度研究，研究者着重观察的是大范围内的研究对象，因此只能解决笼统的问题；如果从微观的角度研究，则使用纵深的方式，收集和分析数据，又会限制了研究对象的规模和代表性。

（一）人口普查法

这是一种研究人员经常使用的获取语言数据的方法。由于人口普查涉及的范围较大，所以一般由政府作为语言政策组织发起和实施。通常人口普查的范围是根据国家的国界来划分的，但是由于在某些地区语言和文化的发展已经超越了国界，比如欧盟或者非洲的一些地区，所以人口普查的范围就会扩展至几个国家。

另外，有时候虽然几个国家共享一种语言，但是由于其基本概念的界定不同，得出的结果是没有可比性的。比如在加拿大的和印度的人口普查过程中，尽管这两个国家的官方语言都包括英语，但是由于对"母语"这一概念的界定不同，所以普查的结果是不能进行比较的。而且由于人口普查的问题模糊、不明确，所以措辞会因语境不同而不同。

尽管人口普查得来的数据存在着一些缺欠，但却是必不可少的。它是在整个国家范围内收集到的唯一的此种类型的数据，而且是定期进行的，从而使我们可以描述语言使用的模式。人口普查还可以使我们了解语言使用、语言变化、语言保持、语言迁移、语言同化和语言文化适应在时间和空间层面上的变化。

（二）调查法

调查法不同于人口普查法，后者是把某一范围内的所有人口作为研究的对象（通常是整个国家），而前者的研究只是从总体中抽取样本，可专门用来收集语言和言语行为层面的数据。最常用的调查法如下：

1.地理语言调查法

主要是描述给定区域内不同语言及其变体的地理分布情况。比如《世界国家语言构成》（Linguistic Composition of the Nations of the World）就属于这种类型。

2.语言地图册

此种方法以人口普查和地理语言调查法为基础，从制图学的角度，利用分析的形式展现人口的信息。

3.多语区域的民族语言研究

比如《东非的语言使用和语言教学调查》（the Survey of Language Use and Language Teaching in Eastern Africa）采用的就是这种调查法，再比如《新加坡的社会语言调查》（Sociolinguistic Surveys in Singapore）。

4.多语制国家中由政府授权的语言行为问卷

比如《魁北克法语地位问卷》（Inquiry on the Status of the French Language in Quebec）等。

不管上述方法调查的是整个国家的人口还是其中的大部分人口，调查方式都有一定的局限性，也就是说，不能使用敏锐的测量工具，比如不能询问许多精确的、详细的问题，也不能记录不同语境下实际的语言行为。

（三）社会语言学和人种学的方法

第一，社会学家通过评测一系列的语言变体的社会分布情况来研究语言的变化。现在这些研究技巧已经被发展用于语言内部变化的研究，适用于对语言沟通情况研究的调查。

第二，另外一种社会语言学的方法是 Le Page 提出的，他们通过问卷或者访谈的形式收集儿童及其家人的语言行为数据。

第三，人种学的方法。这种方法主要用于观察小型的多语制区域。通过人种学的研究方法（比如：小组观察、社会联网、描述性分析等）说明语言选择的模式。许多人种学方法都把研究对象局限于单个案例，比如观察一个家庭的语言行为，然后给出详细的分析。

总之，测量社会双语现象的方法很多，但是大多数方法缺乏精确性，其结果只能局限于对现象的描述或者提供语言使用的频度。造成这一现状的主要原因可能是由于缺乏预见社会双语现象变化形式的理论建构。

第三节　双语教育与双语教学

一、双语教育

"双语教育"是由英文"Bilingual Education"翻译而来的，指国外许多国家普遍实施的一种比较特殊的教育体系、教育制度或教育教学方法。国内外对双语教育的界定有几十种之多，其中具有代表性的包括：

《语言与教育百科全书》：双语教育通常是指学生在学校学习的两种或多种语言，这些语言的使用并不是为了教授语言本身，而是运用这些语言教授专业知识内容。

《朗文应用语言学辞典》对"双语教育"词条的解释是："在学校使用第二语言或外语教授专业知识。"

Derek Rowntree 编著的《英语双解教育词典》（An English Dictionary of Education with Chinese Translation）对双语教育的解释是："培养学生以同等的能力运用两种语言的教育。"

美国语言学家 Fisherman 的定义是：从最一般的意义上来说，双语教育指的是在语言课以外的所有课程使用两种语言进行教学的一种教育模式。

Torsten Dusen 和 T.Neville Postlethwaite 在《国际教育百科全书》（The International Encyclopedia of Education）中指出，双语教育定义的最低必要标准，应该是一种在教学的某些过程中至少使用两种教学用语的教学法。教学中使用两种语言，不一定同时使用，不必在同一学期内使用，而是在各年级连贯地使用两种语言。

Cummins 认为，"双语教学"根据其目标来定义，通常是指在学业教育生涯的某一阶段使用两种（或者更多）教学媒介语，来教授科目内容而不单纯是语言本身。

《双语主义与双语教育百科全书》（Encyclopedia of Bilingualism and Bilingual Education）认为，双语教育指学校中使用两种语言作为教学媒介语言的情景，即学校中使用两种语言传授科学、数学、社会学科或人文学科的内容。

科林·贝克等人明确指出：我们通常所言及的双语教育，其实是对一个极为复杂的教育现象的一个简单的标签。因为双语教育本质上涉及许多复杂的问题。实施双语教育的目的是为了在提高学生第二语言水平的同时，能够保持或提高母语水平，也是为了使学生的母语向多数人语言迁移。

香港浸会大学语文中心助理教授卢丹怀博士认为，"双语"只在特定的环境下存在，也就是只有当汉语以外的某种语言，如英语，在某种特定的环境中与汉语同时成为交流用的语言时，才能称之为双语。准确地说，双语教育指的是用两种语言作为教学媒介语，从而使学生通过授课语言的运用来达到掌握两种语言的最终目的。

由此，我们可以看出双语教育不仅仅是一种单纯的教育现象。它受到社会、文化、政治、经济、历史等多种因素的影响，所以世界上很多国家推行双语教育的目的也是大不相同的，因此产生了风格各异的双语教育模式和双语教育现象。比如在加拿大，双语教育一般指用法语进行的学科教学，在澳大利亚双语教学是指用非母语（英语）进行的部分学科的教学。上述国家双语教育的目的显然是使这些拥有众多移民的国家能更好地体现其多元文化的共融性。在欧洲，双语教育情况比较复杂，涉及很多种语言，其目的是加强国与国之间的交流、繁荣经济、整合文化、形成合力。

Ferguson，Houghton 和 Wells 总结了十个不同形式的双语教育的目标范例：（1）同化个体或群体至主流社会，加速个体全面参与社区生活的社会化过程；（2）统一多语社会，加强多民族、多种族和多语国家的内部凝聚力；（3）促进人们与外界社会的交流；（4）提高语言技能，增加就业机会，提高社会地位；（5）保持民族身份；（6）调和各个语言社区和政治团体的矛盾；（7）传播殖民语言，促进殖民地国家或地区整体社会化的过程；（8）维护和巩固精英群体的社会地位；（9）使日常生活中具有不平等地位的多种语言具有同等的政治地位；（10）加深各种语言和文化之间的理解。

这个列表表明，双语教育不一定意味着两种语言的平衡使用和平衡发展。双语教育这个统一的名词背后包含着具有不同目的的多样化的甚至互相冲突的模式。

第一，招收双语学生的单语学校和提倡双语制的双语学校具有很大差异。招收双语学生的学校的教学目标可能是使学生最终掌握一种主流语言，而教师也认为其最重要的语言目标是使学生融合甚至同化到主流社会之中。例如，一名西班牙裔学生入校时可能已经能讲熟练的西班牙语，但英语水平较差，学校的目的是使其只熟练掌握英语一门语言。提倡双语制的学校通常目的是使学生熟练掌握两种语言或以两种语言为媒介讲授内容，最终使学生成为具有双语能力的双语者。如一些 heritage language schools 中，学生主要通过母语接受教育，而 20% ~ 50% 的内容用主流语言讲授。

还有一种情况，具有主流语言背景的学生可能会参与到采用沉浸式双语教育的学校，目的是掌握另外一门主流语言。如加拿大讲英语的学生可能参与法语沉浸式学校，学校中的大部分课程都是以法语为媒介讲授。

第二，讲授第二语言的学校和以第二语言为媒介传授学科知识的学校也不是一个概念。全世界很多学校把第二语言或外语当作教学科目进行讲授。语言科目与地理、历史和数学等科目处于同等地位。教学目标可能是给予学生以生存技能或目标语中的基能力，也可能是使学生对目标语的掌握达到接近母语的熟练程度。

而以第二语言为媒介的双语教学则是用第二语言讲授历史、地理等科目，尤其在欧洲盛行，但名称通常冠以"内容和语言融合式教学法"。从严格意义上讲，这种教学法由于其目的、方法论等与双语教育已有原则性的差异，不能属于双语范畴。

第三，双语教育通常与公立教育联系在一起。加拿大、卢森堡、马来西亚和美国等国家都将双语教育纳入国家公立教育体系之中。这些国家的政府对于双语教育予以财政支持，从官方角度维持和发展双语制或是支持主流语言的广泛传播。但是双语教育中也有一些私立院校，而且这些学校有良好的传统并广受认可。很多国家的精英都选择 Swiss Finishing School。欧洲的国际学校运动也属于私立院校，但是在很多国家开展得很成功。这类学校多数都是为了工作、旅行、移民和自我提升等原因培养双语技能，实用性很强，因此很受欢迎。

第四，强势双语教育和弱势双语教育。弱势双语教育通常以同化为目的，使少数民族的学生尽快融入主流教育中去，最终接受主流文化，使用主流语言，通常放弃对学生母语能力的培养。这样的学校目的是使学生从母语文化转向主流文化，并不是发展双语能力，它们也成为双语学校的原因是其生源是双语学生。强势双语教育的目的则在于使学生真正具有双语能力，认为两种语言具有同样的重要性和互补价值。学生可以保持母语，从而成为多元文化主义者。学校以保持和提高学生的双语水平、文化知识和技能为主要教学目标。

第五，双语教育涵盖不同的年龄群体。很多国家和地区开办了双语幼儿园，儿童可以首先学一门当地的语言，加速母语的社会化过程，同时再学一门第二语言，具有初步的第二语言能力。国际上实践经验最多的还是初级阶段的双语教育，加拿大、英国等地区有较多的强势双语教育的范例。高等教育中也不乏双语教育的实践，尤其在欧洲越来越多的学生出国接受高等教育，为了满足学生保持母语及母语文化的需求或者融入目标语文化的需求，很多高等学校开展了双语教育。此外，成人教育、在职培训等层次也在一定程度上开展了双语教育。人们可以在有限的时间内学习一门新的语言或用两种语言学习新知，选择具有多样性。

第六，双语教育这个概念也包括三语教育和多语教育，即学校课程中使用或学习三种甚至三种以上的语言。

第七，双语教育与双语学校有所不同。双语教育包括由国家财政支持的正规的教育模式，也包括从小到大不同层次的各种非正式的教育模式。教育这个词汇本身也包含文化适应、社会化、学习知识、掌握技能、了解态度和观念等过程，既包括学校教育，也包括家庭和社会教育。

第八，双语教育涵盖来自不同背景的学生，即多数民族的学生和少数民族的学生，本民族语言具有重要地位和较低地位的学生。

根据以上观点，"双语教育"一词所指范畴非常复杂，我们实在有必要将中国的双语教育加以定位，然后才能明确其内涵。依据中国当前双语教育政策的表述，我们认为中国高校提倡的双语教学实际指的是用外语讲授非语言科目,类似上述第二种情况中的欧洲"内容与语言融合学习法（CLIL）"。本书将在后面详细阐述。

二、双语教学

（一）双语教学与双语教育的区别

在研究过程中，我们发现，国外大都采用"Bilingual Education"（双语教育）的提法，很少采用"双语教学"的提法。而目前在我国，许多学者则较多地采用"双语教学"的提法，或者把"双语教学"（Bilingual Teaching）和"双语教育"（Bilingual Education）等同起来。那么教育与教学之间到底是存在着差别还是意义等同呢？

美国旧金山大学方帆教授认为"双语教育"包括的范围比"双语教学"要广泛得多。杨嘉铭曾从教育和教学的汉语定义入手，经过详细论述后指出：教学是构成教育的一个重要方面，教学处于从属于教育的地位；而双语教学属于教学范畴，它不能取代双语教育，不能成为双语教育的特定代称。当然，双语教育包括学校教育、家庭教育、社区教育等多种类型，而双语教学则是"实施双语教育目标的主要途径"。丁卫英也认为教育是指按照一定的目的要求，对受教育者的德育、智育、体育诸方面施以影响的一种有计划的活动，包括学校教育、社会教育、家庭教育等一切具有教育作用的活动。教学则是指由教师传授和学生学习组成的教学活动，主要指课堂内的教学活动。华东师范大学双语专家王斌华对双语教育和教学给出了更清晰的界定，他指出，正如教育不等同于教学一样，双语教育不等于双语教学，两者之间既有联系又有区别。双语教育是一个教育系统，单纯的学校教育只是其中的必要组成部分，同时还需要外部环境、政策、经济等因素的合力作用。双语教育需通过双语教学去实施，因此双语教学是实施双语教育的一个重要组成部分。双语教学与双语课程都是在研究双语教育过程中衍生出来的术语。双语课程的开发过程，包括课程目标的制定、课程内容的选择和组织、课程的教学、课程评价等诸多环节，双语教学只是双语课程开发过程中的一个环节而已。由于目前我国还不具备进行双语教育的很多条件，我国现在推行的主要指课堂层面的双语教学活动。

综上所述，在我国双语教育与双语教学是并不完全等同的两个概念，双语教学就是指在学校中进行的双语教育，而国内大多数的专家和学者都是在学校教学改革层面的设计下讨论双语教学问题的，所以会更多地涉及双语教学这种提法。

（二）我国双语教学的概念

现在我们已经清楚双语教学和双语教育是两个不同的概念，此前，我们已经对双语教育做了详细的阐述，接下来让我们探讨什么是双语教学。目前，我国的理论界、各级学校、新闻媒体，以及政府文件、学术论著中所表达的对双语教学概念内涵的界定主要包括下列几种：

1. 认为双语教学是一种教学方式或形式

沙丽华、韩德复在《"渗透、整合、思维"梯进式双语教学模式的结构》中认为，双语教学是指用汉语和一门外语（目前在我国大部分是英语）作为课堂用语进行学科教学的方式。李红兵在《高校双语教学模式的探讨》中认为，双语教学是指对高等学校的部分课程采用国外具有代表性和先进性的原版教材,并采用英语授课的一种教学方式。张培在《双语教学:热点问题的冷思考》中认为,双语教学是以两种语言作为教学用语,其中第二语言不仅是作为学习对象,而且是作为教学媒介部分或全部地运用到非语言学科的一种教学形式。

2．认为双语教学是在学科教学过程中上用双语作为教学手段

何全旭、吴为民在《关于开展双语教学的几个问题》中认为,双语教学是指除汉语外,用一门外语作为课堂主要用语进行学科教学,目前绝大部分是用英语;教师还应利用非语言行为,直观、形象地提示和帮助学生理解教学内容,以降低学生在英语理解上的难度。施敏颖在《关于在高校中实施双语教学的几点看法》中认为,双语教学是指在教学过程中使用母语及一门外语。任长虹在《高等学校实施双语教学的现状分析与对策》中认为,双语教学是指在教材使用、课堂讲授、期末考试等教学环节同时使用外语和汉语两种语言的教学活动。刘钦永在《关于双语教育和双语教学的思考》中认为,双语教学是指教学中使用外语或非本民族语言进行教学的过程。

3．认为双语教学是一种语言教学

张谦在《关于建立双语教学型大学的论证与思考》中认为双语教学是母语和一门外国语的教学,或称之第一语言和第二语言的教学。冯保才在《关于学校实施双语教学的探索》中认为双语教学是指一种语言学习的方法,指在校内同时使用母语或第二语言进行教学,主要目的是学习和掌握主流语言以至最终能用主流语言顺利进行各科学习。邱辉忠在《化学教学中实施双语教学的思考》中认为双语教学是将学生的外语或第二语言,通过教学和环境,经过若干阶段的训练,使之能代替或接近母语的表达水平。

4．认为双语教学是一种教学方法或教学模式

磨玉峰在《浅谈我院管理专业双语教学的发展》中认为,双语教学是指非外语专业学科使用外语和汉语讲授本专业学科的一种教学方法,以用英语为例,包括使用英语教材、用英语板书、用英语布置作业、用英语命题以及使用英语口授等形式。冯妍卉、格欣欣在《"传热传质学"课程双语教学计划的研讨》中认为,双语教学是指非外语课程利用母语和外语两种语言讲授的一种教学方法。郑定阳在《实行双语教学的初步实践与思考》中认为,双语教学是指非外语课程采用外语讲授的一种教学方法。张维佳在《双语教学的性质、条件及相关问题》中认为,双语教学是指教师在学科教育中交互使用本族语和外语甚至完全使用外语进行教学活动,以满足学习者的工具型的学习动机(instnunental motivation)和融合型的学习动机(integrative motivation)。通俗地讲,所谓的双语教学,就是用两种不同语言进行学科教育的教学活动,一般是指在用母语进行部分学科教学的同时,用非母语进行部分或者全部非语言学科教学的教学模式。

（三）双语教育的国内外比较

双语教学的概念至今仍众说纷纭,莫衷一是,没有一个取信各方的定义。国外双语教育理论因历时较长、国家政策支持等原因发展较为完善。然而国外双语教育与中国的双语

教学有着较大的国情、目的等差异，我们不能照抄照搬。

首先，教学目的不同。国外开展双语教育有其特殊的历史背景和目的。而中国实施双语教育则是为了学习其他国家的先进技术和成果，融入全球化进程，最终目标是培养大批复合型双语人才，促进经济发展。

其次，语言环境不同。国外双语教育很多是在以英语为社会主流语言或者官方语言的社会环境中进行的。英语可能是学生的第二语言，但学生在学习过程中生活在英语环境里，而且英语是学生未来立足社会的必要条件，这为英语学习提供了较好的环境和动机。而国内的双语教学则不同，英语既非主流语言，也非官方语言，对于中国学生来讲只是一门外语。学习过程缺少英语语言环境，还有相当一部分学生缺乏学习动机。

再次，师资条件不同。国外双语教学基本上都由使用本族语（英语作为母语）的教师授课。教师对两种语言都能够运用自如，可以根据需要自由切换，具有较高的语言和专业素养。而中国高校的很多非英语专业教师难以用地道的英语授课，对于英语国家文化的了解也不尽如人意。

（四）我国高等学校双语教学的本质

分析以上十多种双语教学的定义，可以看出，尽管它们是从不同角度出发来解说双语教学，各有侧重，但不难发现它们几乎都有一个基本点，那就是我国素质教育背景下的双语教学，是在充分关注我国的文化背景与母语环境条件下，在一定学科，一定范围内开展的试验性教学。强调使用外语进行学科教育（但并不排斥母语），在学习该学科先进的文化科学知识的同时，要学到与学科发展相关的基本专业外语。也就是，在学校教育过程中以英语为教学媒介进行其他学科的部分或全部内容的教学，以学科教学为内容，通过学习学科知识达到掌握该语言的目的。这个"内容与语言相融合学习"的基本点也是双语教学的本质，是我国高等学校的双语教学区别于其他国家双语教学的根本特征。

第二章 文化视野下双语能力与认知发展

随着经济全球化和世界移民潮的发展，双语现象越来越成为一种普遍现象。那么学习两种或两种以上的语言对个体的认知能力会产生什么影响？是促进还是干扰？影响程度如何？影响的机制是什么？双语能力与认知发展之间是因果关系吗？抑或是一种相互促进的关系？这些问题对双语能力与认知发展关系的研究有着十分重要的意义，一方面有助于我们更深入地了解语言与思维的关系，另一方面也可为我国的双语教学和外语教学提供理论指导。

第一节 双语能力与认知发展的关系

一、双语与认知发展

皮尔等的研究为进一步研究双语教育的积极意义奠定了基础，但也存在一些问题。他们的被试只包括了平衡双语者，没有对两个组的智力水平进行前测，因此无法得知智力水平的差异是由双语造成的还是本来就只有那些聪明的儿童才能成为平衡双语者。因此很难将积极的结果完全归因于双语能力。20世纪六七十年代双语研究集中于平衡双语者。早期关于双语的积极作用主要来自平衡双语被试，很少对非平衡双语儿童进行研究，然而，能真正在两种语言间达到平衡的儿童是很少的。而且大多数研究依靠相关的、横断的数据，缺少纵向的追踪研究，因此不能进行因果推论。

一些研究者以双语水平不同的儿童为被试，采用组内设计，并且采用回归分析的方法，试图探讨双语与认知发展之间的因果关系。Diaz 以母语水平相同但第二语言水平不同的双语儿童为受测对象进行了为期 6 个月的纵向研究。结果发现第二语言水平较低的儿童其双语水平对认知能力（视觉和言语能力）或类比推理能力的变化有积极影响，而双语水平高的儿童第二语言的水平与认知能力之间则不存在这种关系。由此推论双语的积极作用可能是与理解和产生第二语言所需要的努力有关，而不是与双语的逐渐增加的更高的熟练水平有关。哈库塔（Hakuta）曾以 4 ~ 8 岁的双语儿童为被试对象进行了为期一年的纵向研究，发现只有年龄较小儿童的双语水平对非言语智力的变化有显著影响。Picchi 的研究也证实了 Diaz 等的观点。他以幼儿园和小学一年级的西班牙单语儿童和刚学英语不久的西 – 英双语儿童和英语为优势语的西 – 英双语儿童为被试，要求他们完成分类任务，结果发现当用西班牙语反应时，学习英语不久的一年级双语儿童比单语儿童更多地按上位概念进行分类。

以上研究发现在双语与认知发展之间可能存在因果关系，但并没有得到明确的因果关系，即双语可能是原因，认知变化可能是结果。同时他们都发现双语只在学习的早期与认知发展有积极的相关，这与双阈限假设是相矛盾的。

二、双语能力与发散性思维

发散性思维又称"求异思维"，是一种与聚合性思维（convergent thinking）相对立的思维方式。在智商测验中，不是要求测试对象就每一个问题给出单一的正确答案，而是要求他们在限定的时间内给出多种可能的正确答案或有效答案。其特征是个体的思维沿着许多不同的思路扩展，观念发散到各个有关方面。就思维过程和思维结果而言，发散性思维是一种更富有创造性和想象力的、弹性的、开放的和自由的思维技能。

测试发散性思维的方法很多，如要求被试者依据给出的 4 个首字母造句，或回答诸如"砖头有多少用途"之类的问题，各国也有不同的评分标准。加拿大、美国、墨西哥、新加坡等国曾经开展了有关双语能力与发散性思维相关性的研究，绝大多数研究表明，双语者的发散性思维优于单语者。Konaka 以六年级和七年级日本学生为被试者探查了双语的水平和发散性思维之间的关系，回归分析的结果表明双语的水平对发散思维能力有显著的预测作用。Ricciardelli 对 24 个有关创造性与双语关系的研究进行了分析，大多数的研究认为两者之间有正相关关系。两者之间的积极关系被解释为双语既影响创造力，又受到创造力的影响。这意味着双语和认知之间的关系可能不是单向的，而是双向并相互影响的。

精通双语者的思维流畅性、灵活性、独创性和精心推敲的能力明显胜人一筹。原因可能在于，双语者在处理两种语言的过程中，形成了比较强的联想能力，具有高效发散性思维的能力。

三、双语能力与交际敏感性

Genesee 和 Tucker 对参加早期完全沉浸式双语教育的学生，参加部分沉浸式双语教育的学生各控制组的学生进行了测试，年龄在 5 ~ 8 岁间。测试过程中，要求他们向两位倾听者（其中一位倾听者允许睁开眼睛，另一位倾听者被蒙住眼睛）解释一种棋盘游戏的规则。

其间，不允许倾听者提问。解释完毕后，要求倾听者与解释者对弈。测试结果表明，参加早期完全沉浸式双语教育计划的学生最能感受倾听者的需求，与其他学生相比，他们向蒙眼者提供了最多的信息。参加完全沉浸式双语教育计划的学生能够更多地理解对方的需求，并且能够恰当地满足对方的需求。由此可见，双语者在社交方面相当敏感。

王斌华认为，双语者能够在交际过程中更快地感受某种"暗示"或接受某种"暗示"，一旦获得某种反馈，也能够更快地作出反应。分析认为，双语者在掌握和使用两种语言的过程中，必须应对两套不同的语言系统，迅速捕捉某种"暗示"或"提示"，及时转换语言，并且时时克服和避免两种语言所产生的种种干扰，久而久之，他们必然形成较强的敏感性。

四、双语能力与元语言意识的发展

元语言意识（metalinguistic awareness）是指个体思考和反思语言的特征和运作的能力。许多研究已证明元语言意识与儿童的读、写、学习和做笔记等与语言有关的活动有着非常密切的关系。因此元语言意识一直是双语认知发展研究的一个重要内容。维果茨基主张双语能够促进儿童元语言意识的发展。在《语言与思维》一书中他提出"外语促进了更高形式的母语的掌握。儿童学着把他自己的语言看作许多系统中的一个特殊系统，在更为一般的类别上看待它的现象，并且导致他意识其语言的运作"。

利奥波德（Leopold）第一个采用日记法观察他女儿成为双语者的过程，发现他女儿掌握双语能力后的一个重要结果是对语言的任意性的意识（an awareness of the arbitrary nature of language），即对词的语音与它的意义间关系的任意性和词与它的指代物体间的任意性的意识。利奥波德认为这种能力是获得双语能力后的一个直接结果。由此利奥波德认为双语能够促进儿童对语言的客观的意识。这一看法与维果茨基的主张是一致的。

南非学者伊恩－沃勒尔（Ianco-Worrall）为了检验 Leopold 的假设，比较了双语儿童和单语儿童在语音—语义偏好、解释物体名称及互换物体名称 3 种任务上的表现，结果支持 Leopold 的观点，即双语儿童偏好语义，能更好地将语音与语义区分开来。在名称互换任务中，双语儿童能更好地意识到词和它所指代的物体之间的任意性。

这一时期有关双语与儿童元语言意识关系的研究主要是采用平衡双语模式。大多数研究者通过比较平衡双语者和单语者在一系列元语言任务中的成绩来了解双语和元语言意识发展的关系。卡明斯（Cummins）研究了 3 年级和 6 年级双语和单语儿童在意义－指代、名称互换以及评价矛盾的和重复的陈述句等任务中的表现，发现双语儿童显示了对语言的某些特性的更好地意识以及评价矛盾陈述的能力。卡明斯由此认为双语能提高儿童的元语言意识，并且能提高对语言输入进行定向分析的能力。

Rosenblum 和 Pinker 发现双语儿童和单语儿童在用一个无意义的词替代句子中一个实际的词上无差异，但在解释为什么可以替代时有差异。单语儿童基于物体的属性解释物体的名称可被替换；而双语儿童用更加抽象和一般的术语解释一个物体的名称是任意的，能够在一定条件下被改变。另有一些研究者采用组内设计，也发现双语与元语言意识之间有积极的关系。Yelland 等人以学前预备班和一年级单语儿童为被试进行了为期 6 个月的纵向研究。让一半被试参加每周一小时的意大利语的学习。半年后，实验组的被试表现了更高水平的单词意识，但在一年级被试这种优势减弱。实验组的元语言意识优势还扩展到阅读领域，一年级被试比控制组的同龄被试表现出更好的单词识别技能。也就是说，有限的双语经验就能促进儿童元语言意识的发展。

以上分别以平衡双语者和不同水平双语者为被试的研究得到了比较一致的结论，即双语能加速儿童元语言意识的发展，这进一步肯定双语可以促进认知的某些方面的发展。但这些研究注重的是结果，没有对这种积极作用的机制进行研究。

五、双语认知优势的内在机制：注意控制

Galambos 等人研究了西班牙－英语双语儿童完成一系列难度逐渐增加的元语言任务的能力，发现双语儿童在需要改变注意控制点的问题中超过单语儿童。比亚利斯托克（Bialystok）和 Ricciardelli 认为元语言意识包括两种成分：语言知识的分析和语言加工的控制。前者是负责结构、组织以及解释儿童的内隐的语言知识的技能成分。后者是指当解决问题时从心理表征中选择信息并把注意指向刺激情境的特定方面的技能成分，实际上是注意控制在语言加工中的表现。比亚利斯托克认为分析和控制这两种成分在不同的元语言任务中的重要性不同，在需要语言知识的任务中主要是分析起作用，而当任务在分心或误导的情境中呈现时控制起主要作用。比亚利斯托克根据元语言意识的两个成分对先前的相关研究进行了分析，发现先前研究中得出的双语儿童在一些认知能力包括元语言能力方面的优势实际上表现了双语儿童在控制加工上的优势。比亚利斯托克分别以幼儿园和小学单语和不同水平的双语儿童为被试，研究发现不同水平的双语儿童在控制成分上都显著超过单语儿童；而在需要高水平分析的任务中，只有平衡双语儿童明显胜过单语儿童，部分双语儿童和单语儿童比较接近。比亚利斯托克由此得出结论，至少在元语言任务中，双语儿童表现出注意控制的优势。

如果双语儿童的元语言优势是由于双语的学习促进了儿童对语言加工的控制能力，从而使他们在需要注意控制的语言加工任务中表现得更好，那么这种认知能力应该在其他认知任务中也表现出来。为了证明这一假设，比亚利斯托克等分别检验双语儿童的元语言优势是否具有普遍性，探查了双语儿童和单语儿童在需要高水平分析或控制的非言语问题解决中的情况，结果发现不管是平衡双语儿童还是非平衡双语儿童，他们在需要高水平控制的非言语任务中得分显著高于同龄单语儿童，但在解决需要高水平分析的非言语问题时，双语组和单语组间没有显著差异。

由此，我们可以推断双语儿童的元语言意识的不同成分的表现是不同的。控制优势具有领域普遍性，亦即双语儿童对注意的控制优势不仅在元语言任务中，而且在非言语任务中都表现出来，且不受双语水平的影响。然而双语儿童的分析优势不仅受到双语水平的影响，也受到任务类型的影响。只有那些在两种语言上都达到比较高的熟练水平的平衡双语儿童在元语言任务中显示了单语儿童所不具有的分析优势。这一结论似乎也表明在学习的不同阶段双语能力对认知的不同方面的作用也是不同的。

Goldin-Meadow，Ricciardelli 和比亚利斯托克等从信息加工的角度对双语和元语言意识的关系进行研究，开创了双语认知发展研究的一个新阶段。他们获得了双语与认知发展间的普遍的关系，即双语能促进儿童元语言意识尤其是注意控制的发展。这种加工控制优势具有领域普遍性。但是一个很重要的问题是比亚利斯托克等人的研究只是单向地研究了双语和认知的关系，而没有考虑双语与认知之间的相互作用。

综上所述，在双语与认知发展领域的研究中已获得了如下的结果：（1）20 世纪 60 年代以后的大多数研究认为双语能促进儿童某些认知能力（如认知灵活性、创造性、元语言意识）的发展；（2）双语儿童表现出更高水平的元语言意识，尤其是表现在语言加工的控制方面；（3）双语儿童语言加工的控制优势不仅在元语言任务中而且在非言语任务中表现出来，具有领域普遍性。

虽然已有的研究取得了许多成果，但仍有一些问题有待解决：（1）双语发展和认知发展之间是怎样相互作用的？（2）双语者的第一语言和第二语言在其认知发展中有着怎样的关系？（3）在不同年龄获得的双语或以不同方式获得的双语对认知发展的作用有何相同和不同之处？（4）已有研究大都以幼儿园和小学儿童为被试，所获得的结果有利于双语儿童，那么对 17 岁以上的成人是否也有这种优势？

第二节 认知发展观及其对双语教学的启示

当前认知主义学派是西方心理学中的主流学派，在众多的认知主义学派如格式塔学派、符号完形主义以及信息加工学派中，认知发展学派独树一帜，代表着认知心理学新近发展的趋势。其中以皮亚杰的建构主义发展观和维果茨基的社会文化观最为突出。二者均从不同角度开创了"认知发展理论的先河"，为认知发展的研究作出了巨大贡献。下面就二者的认知发展理论作一简单介绍，探讨一下两者对双语教学的启示。

一、皮亚杰的认知发展理论的主要观点

皮亚杰把认识的发生和发展归结为两个主要方面，即认识形成的心理结构和认识结构与知识发展过程中新知识形成的机制。他认为每一个智慧活动都含有一定的认知结构，即图式。图式是人类认识事物的基本模式。同化是主体把客体纳入自己的图式中，引起图式量的变化。顺应是主体改造已有的图式以适应新的情境，引起图式质的变化。平衡，指由同化和顺应过程均衡所导致的主体结构同客体结构之间的某种相对稳定的适应状态。同化与顺应是适应环境的两种机能。儿童遇到新事物，在认识过程中总是试图用原有图式去同化，如果成功，就得到暂时的认识上的平衡。反之，儿童就作出顺应，调整原有图式或创立新图式去接受新事物，直至达到认识上新的平衡。儿童心理的发展，实际上就是从低一级水平的图式不断完善达到高一级水平的图式，从而使心理结构不断变化、创新，形成不

同水平的发展阶段。

皮亚杰还把儿童认识的建构过程划分为感知运动阶段（0～2岁）、前运算阶段（2～6、7岁）、具体运算阶段（6、7～11、12岁）、形式运算阶段（11,12～14、15岁）四个阶段。认为儿童智力发展的四个阶段是连续发生、紧密衔接在一起的。每一阶段都是前一阶段的延伸，是在新的水平上把前一阶段进行改组，并以不断增长的程度超越前一阶段。各个阶段之间存在着质的差异。虽然各阶段因每个人的智慧程度和社会环境的不同而可能提前或推迟，但阶段的先后顺序是不变的，而且人人都要经历这样的几个阶段。

皮亚杰是"活动教学法"的积极倡导者。他指出，儿童学习的真正基础是活动。活动在儿童的智力发展中起着至关重要的作用，在儿童的早期尤其如此。不仅如此，智力的发展也随着动作内化水平的不断提高而得以进行。活动是儿童学习的真正基础，是教学的真正起点，活动应该贯穿教学过程的始终。

二、皮亚杰的认知理论对教学的启示

皮亚杰的理论和教育是密切相关的，他对现代西方教育产生了相当大的影响，对于我国当前的双语教学有借鉴意义。

（一）双语教学目标应该是提高学生的知识理解能力

皮亚杰认为，新的知识只有纳入原有的知识结构中才能被吸收。因此，教育的目标并不在于增加知识量，而在于提高学生对知识的理解能力。要给学生足够的时间去吸收和同化所学的知识，要让他们去理解。如果只是为了完成教学任务、应付考试、填鸭式地向学生灌输知识，这将迫使学生主要依据记忆来学习。只有记忆而缺乏理解，其结果只能是既不能学到知识，也没有促进智力的发展。双语教学的目标之一就是对学科知识的理解，在理解学科知识的基础之上自然习得语言。

（二）双语教学内容应适应认知发展水平

皮亚杰提出了智力发展的四个阶段，认为每一阶段都有其独特的认知结构。他认为发展是一个不断建构的过程，需要在前一阶段发展的基础上才可能出现进一步的发展。因此，智力的塑造是有条件的，它必须遵循智力发展的阶段来设计课程。教学不能超越认知发展阶段搞揠苗助长，教学设计只有在符合思维发展特点的基础上才能加速思维的发展。双语课程教材的难度一定要配合学生认知发展的水平，在确定课程的难度时要经过设计和实验并充分论证。只有了解学生的学习准备状态，才能恰当地控制教材，确定合适的教学速度。简言之，学生身心发展是有规律的，应依据这些规律和特点开展教育活动。不同的学生个体其认知发展水平有很大的不同，在教学中教师应认识到这种差异，尽量采取适合不同个体思维发展水平的教学方法。教学策略要和学生的能力相匹配。皮亚杰认为教育不应让学生因为学的东西太容易或太难以致不能理解而厌倦学习，他认为不平衡水平必须是适当的才能促进发展，当设置的不平衡状态超出了学生的能力接受水平时，非但不能促进学生认知的发展，相反还会阻碍学生的思维水平的发展。双语教学应根据学生的英语水平进行，或者说对参与双语教学的学生设置入门的语言标准。只有双语教学的语言适合学生的英语水平，教学才能有效进行。从另一方面说，只有学生的英语水平达到一定水准，双语教学才能真正贯彻执行。

（三）双语教学活动要不断打破学生已有的平衡状态，帮助学生建立新的平衡状态

皮亚杰强调认知发展是平衡不断建构的过程，智力正是在有机体作用于环境（同化作用）和环境作用于有机体（顺应作用）两种机能作用下，经过不平衡—平衡—不平衡的不断循环往复，才从低到高不断得以发展和丰富。因此，在教学过程中，教师必须不断打破学生已有的知识平衡状态，帮助学生建立新的平衡，这样才能促进学生认知的不断发展。教师的教学，一方面要提供与学生已有经验相关的内容，另一方面，又要提供与已有经验相矛盾的内容。这样，既可以让学生巩固原有知识、经验，又可以打破学生原有知识平衡状态，让学生产生知与不知的矛盾，进而激发学生学习新知识、解决新矛盾的兴趣，最终获得新的平衡状态。只有这样，学生的认知才能得到发展，教学活动才更加有效。在教学过程中教师还应根据学生已有的经验，实行启发式教学，通过提出与已有经验"相悖"的问题，"设法打破"学生的平衡机制，引起学生的认知冲突以促进学生的思维向更高层次水平发展。在双语教学之中，教学内容与语言的应用不应低于学生的实际水平，而应略高于学生的水平，这样才有意义，学生才有学习兴趣。

（四）双语教学应充分发挥学生的主体性

皮亚杰的"图式"理论或其建构主义，从本质上阐释了学生的知识形成过程及其思维发展过程。作为主体的学生，在与外部环境（或者说是教育环境）不断地相互作用过程中，增进了知识和思维的发展。在这种相互作用中，学生构成了矛盾的主要方面，是活动的主体。"图式"理论充分体现了教育教学中学生是主体的思想。今天，我们要进行双语教育，就是要通过教育教学的优化、科学化来对学生施加影响，全面开发每个学生的潜能。必须强调重视学生的主体性、发展性。教学方式方法应以学生为主，即便是双语教学也应以学生为主体，加强学生的学习主动性与积极性。

（五）双语教学应强调活动的重要性

皮亚杰关于"活动"的理论对我们当前双语教育，特别是教学方式方法的改革、优化具有重大指导意义。皮亚杰认为，活动是联结主客体的桥梁和中介，认识的形成主要是一种活动的内化作用。也就是说只有学生具体地和自发地参与各种活动，才能形成他们自己的认知。只是观察别人的活动，包括教师的活动在内，并不能形成新的认识结构。所以在课堂教学中应把活动放在第一位。要让学生在活动中，在解决问题中进行学习。在双语教学之中设立适当情境，进行师生互动、生生互动的活动，为语言和学科的学习增强互动性。

（六）教育要重视学生自我调节能力的培养

皮亚杰强调平衡是认识发生和发展的内在机制和动力，证明了认知是主体在不断寻求平衡模式的过程中不断发展能动性的结果。他发现了自我调节在平衡中的作用，指出人的认识活动始终离不开主体能动的调节作用。主体在自我调节的平衡化过程中实现认识结构的连续更新和螺旋上升。皮亚杰的平衡化目标在教学中的精神实质就是促进学生逐步建构起具有创新功能的自我调节系统，促进其主动有效的学习。双语教学要教给学生学习的策略，并培养学生对自己知识获取过程的监控、调节能力，即"授之以渔"而不是"授之以鱼"。双语教学在实现语言目标时，切记不要只是词汇与语法的讲解，而要注意传授学科语言的学习方法。

三、维果茨基社会文化发展理论的基本观点

社会文化观重视儿童和所处社会的相互作用，认为社会文化环境是儿童认知发展的一个重要方面。维果茨基认为人的智力结构和思维过程来自和其他人的社会交往，儿童的认知发展过程实际上是他们将外部社会活动不断内化从而形成自己独特的心理结构的过程。维果茨基的"社会文化理论"主要涉及"活动、文化工具以及内化"三个方面的内容。

活动是维果茨基心理发展理论的中心概念。维果茨基把儿童与其养育者及同伴之间的共同活动视为儿童发展的社会源泉。维果茨基将人的心理机能区分为两种形式：低级心理机能和高级心理机能。他认为人所特有的高级心理机能是以社会文化的产物——符号为中介的。通过运用工具和符号，人才有可能实现从低级心理机能向高级心理机能的转化。维果茨基认为社会文化工具，包括真正的工具（如尺子、算盘及移动电话等）和符号工具（如数字、语言符号、地图、艺术作品等）在认知发展中起着重要的作用。维果茨基强调，文化提供的各种工具支持思维。他认为所有高级心理过程均借助于心理工具（如语言、符号、记号等）得以实现，成人在与儿童的活动过程中，将这些有用的工具传授给儿童，儿童再将它们内化并作为中介因素在其高级心理过程中发挥调节作用。维果茨基指出，儿童在发展中所有高级心理机能的形成，均是儿童在其原有心理机能基础上不断内化外部活动的结果。儿童认知发展遵循着"从社会集体的、合作的活动向个体独立活动形式转换的一般机制——内化机制"。在其内化过程中，语言尤其是自我言语在认知发展过程中的作用非常重要，它们提供了表达思想、请教问题、联结过去和未来的工具。维果茨基认为自我言语调节、引导着儿童的认知发展。在对认知的建构主义解释上，维果茨基强调社会文化环境对认知发展的决定性影响，强调成人的指导和帮助是导致儿童认知发展变化的关键原因。在认知发展过程中成人及其他有能力的同伴能够促进儿童达到"最近发展区"（儿童现实发展水平与潜在发展水平之间的距离）状态，使儿童心理发展潜能得以最大地发挥。

四、维果茨基的社会文化理论对教学的启示

（一）教学活动中应实行"辅助"学习

根据维果茨基的社会文化发展理论，在学生的社会文化交往活动中，教师指导对学生认知发展水平的提高起着促进作用。因此，在教学过程中教师应实行"有指导的辅助学习"。例如在课堂学习活动中，教师应先为学生提供学习的"支架"（为学生的学习和问题解决提供的线索、暗示、鼓励等帮助），然后逐渐让学生自己动手去做，教师可以借助适合学生当前水平的学习材料进行辅助教学，对复杂的问题实行"小步子"教学，引导学生循序渐进地学习。在进行双语教学之时，由于学生的外语水平较低，可能不能完全听懂双语课，教师应本着先易后难的教学方法，循序渐进。而学生也不应急于求成，或自暴自弃。

（二）教学应走在发展的前面、促进发展

根据维果茨基的"最近发展区"理论，教学在适应学生原有认知发展水平的同时，还应促进学生的认知发展水平获得进一步的提高。因此在日常学习活动中，教师应多给予帮助和指导，促使他们超越当前的认知发展水平，实现其潜在的发展水平。双语教学所教授的学科知识与所涉及的语言知识应略高于学生的现有水平。

（三）教学过程应实行过程性评价和动态评价

教育评价是教学过程中的一个重要环节，并直接影响着教学的方向。传统的教育评价方式并不能完全正确地衡量学生的成绩和能力发展水平。动态评价是测量学生在被帮助或指导的情况下的独立活动水平。过程评价的理论基础是维果茨基对于活动的高度重视，研究者通过分析研究指出：活动过程评价和动态性评价反映了认知发展的本质，体现了活动在心理发展中的作用以及巨大潜力。因此，在评价双语学生的水平时，我们应采纳这两种评价方法，将过程评价及动态性评价与我们现有的对考试成绩的静态性评价相结合，这样不但可以更加准确地了解学生学习的实际水平，而且在一定程度上可以对素质教育的方向起到一定的指导性作用。

第三章　文化视野下的双语教育

双语教育的理论与实践的探讨中，一直存在有关文化方面的争议。主要的消极观点有两种：一是双语教育会危及本国语言的地位并冲击本国文化；二是双语教育对于学生的文化身份的形成和发展具有负面影响。然而全球化背景下，我们不能拒绝异族文化，所以只能规避双语教育的负面影响，探索其积极意义。通过研究文化与语言的关系和双语教育的实践案例，我们认为双语教育可以作为跨文化交际的桥梁，可以在吸收异质文化的精华的同时，弘扬本民族的语言与文化，最终实现文化资源的整合，文化与文化身份的多元化。

第一节　双语与双文化

各种对文化、语言和思维的关系的研究对我们对双语的态度有重要的影响。我们学习第二语言时，不可避免地要受到这种语言的某种文化影响。较为激进的语言决定论认为双语者会遭受认知和社交方面的损害，成为社会边缘人。而 Tucker 则勾勒出双语的几个相关因素：双语对于认知发展具有积极作用，能使双语者在交际过程中具有较强的灵活性、创造性和解决问题的能力，双语也使双语者在跨文化交际过程中有着较积极的态度。

A.E.Fantini 认为，第二语言技能能够使双语者具有一定的双文化能力，但具有双文化能力者并不能自然获得双语能力。双文化者成为双语者的必要条件是其较为熟练的第二语言水平和与第二语言使用者的语言和文化的交流经验。

当语言成为一个文化群体的核心价值观时，它会成为决定该群体成员的文化身份的重要因素。无论是由于文化接触所形成的特定的核心价值观，还是特定的社会环境都对双语者的文化身份的形成有着决定性作用。

社会身份存在于同一个群体中，有助于个体增加对某个社会群体和某种社会角色的认同感。一个人对自身文化身份的认知要依赖于他对社会内部或外部所存在的其他文化的认知。

一些研究表明儿童从6岁开始就具有某种文化身份。早期的双语经验影响着文化身份的发展，同时文化身份的形成也对双语能力的发展有一定影响。双语、语言选择和文化身份之间的关系十分复杂，并受到多种因素的影响。双语者的文化身份与单语者有很大差异。双语能力的发展受到文化身份与相关心理和情感因素的影响。

多元文化社会中，理想的状态是多种不同的语言平等、和谐的同时存在，不同的文化和民族和睦共处。多元文化主义认为一个个体可以同时成功地拥有两种甚至更多的文化身份，如亚裔美国人、非洲裔马来西亚人等，不同的文化身份可以融合，形成新的身份。

Lynch区分了三个层次的文化身份，即社区文化身份、国籍、国际身份。社区文化身份指某个个体从属于某个由语言或民族划分的社区或文化团体、社会团体，当然，这种身份不一定要以固定的地理位置来划分。国籍则可能是生来固有的或是个人选择的结果，而且国籍也并非排他的，依据不同国家的政策，一个人可以拥有双重国籍甚至多重国籍。国际身份则是在不考虑前两种身份束缚的情况下，寻求国际社区中成员的共性。国际身份也是多元文化教育的目标之一。

个体的双语经历或是双文化经历可能会使其看待社会时具有多重视角。精通两种文化的双语者通常会比单语者更具文化敏感性和同情心，更乐于搭建异质文化的桥梁。双文化并不意味着同化，而是对个体的成长具有添加性作用。

单文化者通常对文化抱有内省态度和狭隘观念，而双文化者通常比单文化者更具开放式思维，更具包容心理，对异族文化更尊重。单文化者可能对于主流文化持有积极的态度，而对与主流文化并存的少数民族文化持有消极态度，尤其是对移民文化包容性较差。

一、文化身份的形成

文化对于认知具有连续不断的影响。文化知识像隐形眼镜一样决定着我们的视域，影响个体对外部世界的认知。很可惜的是，这个视域在同一个体的心理空间中没有留下使第二种文化内化的空间。目前跨文化心理学的研究也没有说明个体如何掌握第二种文化。

双语者的文化身份取决于早期的社会化过程。与语言相比，双语者的家庭与社区文化取向对其文化身份的形成有更大影响。其中语言的作用在很大程度上还是未知的。但实证研究表明，双语经历会促进部分双语者产生更积极的认同感和态度。双语性和文化身份的关系是相互作用的。双语性影响文化身份的形成，而文化身份反过来又影响着双语性的发展。值得强调的是，双语者不会形成两种并列共存的文化身份，而是会把两种文化融合，形成独特的文化身份，其中两种文化互相依存，互相影响。

Benet-Martinez和Jana Haritatos等对双语者文化身份的形成和发展进行了较为深入的研究。他们研究了双语者的双重文化身份如何融合、双语者怎样看待双重文化身份以及影响双重文化身份融合的性格因素和文化适应因素（如文化适应压力，文化适应态度，双文化能力）。

Baumeister 的研究表明，探求个体如何在寻求国家、文化、民族和种族归属感的过程中发展社区意识，是很有现实意义的，有助于我们分析文化冲突、文化混合和文化融合的问题。另外，与双重文化身份相关的社会和个体因素也对自我认知的动态性研究有所启迪。Phinney 认为"人们越来越意识到族群矛盾的根源，并非由于人们来自不同的种族、群体，而是源于不同的文化价值观、态度和自我期望值所导致的矛盾和冲突"。

协调多重文化身份通常是复杂而又多面的。对于文化适应的有关文献的分析表明，双语者通常以比较复杂的心情看待他们自身的双重文化身份，他们在描述这个问题时，通常会使用两组完全相反的词汇。一方面是积极的，双语者认为双文化可以使他们具有自豪感、独特感和对社会历史的认同感；而另一方面则是消极的，双语者常常会对自己的文化身份感到困惑，因为他们要面对来自两种文化的高期望值和两种文化价值观的冲突。

个体在协调和内化两种或多种可能互相冲突的文化和价值取向的过程中通常会受到外在与内在因素的影响。Benet-Martinez 着重研究了在双重文化身份的构建与融合过程中的个体差异及相关的人格、情境压力和文化适应等变量，以及相关的社会心理过程。

Berry 指出，移民和少数民族需要应对两个中心问题：（1）他们在多大程度上受到激励或被允许保持原来的文化身份，这种文化已在新的社会环境中成为非主流文化；（2）他们在多大程度上受到激励/刺激以融入主流文化。这两个中心问题可能会导致在文化适应过程中人们采取不同的策略，建立自己的文化身份。

Berry 总结了四种模式：同化（更多的认同占统治地位的文化）、融合（对两种文化都有较高的认同感）、分离（保持原来的文化）、边缘化（对两种文化的认同感都较低）。其中，最理想的模式是融合，即双语者可以既保持原有的文化，又能以较为积极的态度融入新的文化之中。

Berry 认为，对异族文化的适应并不是一个单一的线性过程，而是一个多维范畴。但 Berry 的融合理论也有其局限性，他没有阐释和描述人们如何融合或保持其双重文化，也没有表明为何不同的个体在经历双文化主义的过程中有不同的反应，如有人认为双文化是自相矛盾的，有人则认为"特别，但令人迷惑"。"特别"是由于双文化增加了一重文化身份，丰富了个体的文化体验。"迷惑"是由于双文化者在很多场合中需要在两种文化之间进行选择，但有时却无从选择，无所依附。

最近的社会认知方面的研究表明，个体能够同时具有两种或两种以上的文化取向，双语者经常在两种不同的文化之间进行选择，可以称为文化框架转换。在转换过程中，个体根据不同的社交环境中不同的语境指示或与某种文化紧密联系的文化标志或语言在两个完全不同的文化框架中转换。例如，Hong 的实验表明，香港和美籍华人双语者面对西方文化提示时，表现出非常明显的西方行为方式，而面对东方的文化提示时则以东方的方式行事。这表明文化并非一个单一维度的范畴，人们可以进入多个不同的文化意义系统中，并根据语境在不同的文化适切行为之间转换。

为了阐明双文化之间如何进行文化框架的转换，Hong 把经过内化的文化的概念化过程看作一个抽象的、特定的构造，这些构造只有出现在个体的思维中才能指导认知。双文化者指将两种文化内化并使两种文化同时存在的个体。很多双文化者认为这两种内化的文化轮流指导他们的思想和感知。这表明：（1）内化了的两种文化无须混合；（2）吸收第二种文化并不代表一定要用新的文化代替原有的文化。

为了理解双文化者如何进行文化框架转化，Hong 采取了一种深受建构主义方法影响的方法——动态的建构主义分析。她首先作出了两个假设。第一个假设是：一种文化并不是以一种完整的具有普遍性的结构形式内化的，如一套完整的世界观、价值取向和心理状态。文化是以一种松散的，由特定的语域决定的知识结构，里面包含各种范畴和隐性的理论。第二个假设是：个体能掌握两种或两种以上的意义系统，即使两个系统中包含有互相矛盾的理论，也就是说，互相矛盾、互相冲突的两种结构可以为一个个体同时掌握，但他们并不能同时指导个体的认知过程。当个体在某个特定语境中交际时，他所掌握的一部分文化体系和知识会占统治地位，从而指导其交际和认知过程。

除了把内化了的文化理解为前因变量外，动态的建构主义方法也对文化怎样深植于人们的头脑中，或者说人们怎样适应本族文化和异族文化这个问题提供了新鲜的见解，因而有了文化适应心理学这个研究方向。Berry、Birman、LaFromboise、Phinney 等提出的理论框架对于描述行为（积极的行为是怎样在民族群体和社会团体中发挥作用的），动机态度（价值观在多大程度上受到主流文化的影响甚至同化），现象（在新的文化中，可能遭遇到多少冲突和歧视）等很有价值。然而这些模式都主要关注了文化适应的结果而非过程，即个体融入新文化和保持原有文化的程度。而动态的建构主义方法是对传统方法的一种有益的补充，通过强调内化一种新文化的过程，重视人们在文化适应过程中的文化框架转换问题。

更重要的是，动态的建构主义方法把文化适应的过程看作一个积极的过程，最终的结果——以主体文化的方式思维和行为——是一种状态而非一种特征。当双文化者可以利用主体文化的解释框架时，便会出现上述的状态。我们必须承认，经历文化适应的个体通常会通过一些现有的文化成分来构建新的文化框架。那些想尽快适应新文化的人会将自己置身于主体文化的意义和符号系统之中。而消极的适应者则经常会使自己最大化地接触原文化中的意义系统。

传统研究对于具有双重文化身份的个体在文化适应过程中的个体差异的研究十分有限。即使是那些能够积极地融入主流文化和本族文化的个体之间也存在着较大的差异，这种差异受到多个变量的影响，如社会文化方面（代际地位、社区文化构成、语言同化），社会认知方面（个性、态度）和社会情感方面（歧视、族群内部压力）。

一系列关于文化适应和双文化的定量和定性研究表明，双文化者或有两种或两种以上文化经验并使文化内化的个体，在感知主流文化与少数民族文化的冲突时具有明显的差异。双语者对于主流文化和本民族文化身份的接受程度有两种极端，从相容、融合到对立、冲突。能够将两种文化身份很好地融合的个体通常可以拥有相容性双文化身份。而双文化身份融合度较低的个体则认为自己很难融入两种文化之中，不能形成一种具有凝聚力的文化身份。

虽然他们也认同两种文化，但对于两种文化取向之间的某种冲突特别敏感，并认为这种不相容是自己内在矛盾的根源。而且他们认为应当只选择两种文化之中的任何一种，这样会比较容易适应。

Benet-Martinez 和同事在进行首次研究时，分析了双语者在双重文化身份融合的过程中的个体心理差异。他们研究的对象是受到东方和西方文化影响的双文化人。选择这样的受试者有一定的原因。东西方人自我评价和评价周围世界的方式有很大差异。这是由于个体具有本文化特有的意义系统，即后天习得的价值观、信念、态度和知识等相关系统。这些系统为一种文化的群体所共有。这些某种文化所特有的意义系统也是影响知、情、行的解释框架。当个体习得了两种意义系统，也就获得了两种对客观事物的解释框架，而个体怎样在两种解释框架中转换是一个很有意义的课题。受试者中有一部分是双重文化身份融合度较高的美籍华人，这些人在面对与其掌握的任何一种文化背景相关的外在提示时会表现出文化"趋同"（congruent）行为，而相反的，双重文化身份融合度较低的受试者则在面对同样的外部提示时表现出文化"偏离"行为。双重文化身份融合度较低的双语者在面临文化冲突时，会经历内部文化冲突，并会在某种语境下表现出与人们期待相反的行为和情感反应。Benet-Martinez 的研究表明，双重文化身份融合程度在双语者的行为模式和认知过程中起到重要作用。他们后来的研究主要致力于发现双重文化身份融合过程中涉及的个性和语境等变量。

双重文化身份融合的差异性通常和文化适应过程中的个性和气质特征紧密联系。很多研究表明五个重要的个性特征对于心理过程产生影响，而很少有人研究这些个性特征和文化适应过程的关系。Benet-Martinez 列举了几种可能的关系。例如，认知和情感方面较具开放性的性格特征（如宽容、对新的价值观念和生活方式感兴趣）、情绪的稳定性和灵活性都有助于发展相容性的双重文化身份。而且，与不同文化群体进行接触的经历和灵活性，以及一些外向型的人际特征（如社交能力强、表达能力强、性格随和）等都使双语者以更为积极的态度面对多元文化场景。语言能力也对双重文化身份的融合有影响，通常语言能力较差的个体对目标文化的认同感也较低。双重文化身份融合还可能与情境压力有关。双文化者在使双重文化身份融合或在形成一个具有内在凝聚力的新文化身份时，可能会受到多方面的压力，如文化与种族偏见、定势、文化孤立和不和谐的跨文化交际关系。

二、双语对文化身份的影响

Diebold 研究少数民族群体中儿童的双语性时，发现了一些消极的结果。部分双语者产生了迷失、焦虑、压力以及文化身份的缺失。研究表明除语言因素外，多种因素影响了文化身份的形成，如不同文化间的价值观冲突，成年行为模范的缺乏，针对某一文化的具体指导的缺失以及对于少数民族的消极定势和偏见。很多双语儿童处于进退两难的境地：是应该认同母语文化还是该融入或同化于第二语言所处的主流文化之中？这种困惑使部分儿童产生了边缘化状态。然而 Hamers 的研究表明边缘化并非双语性的必然产物。一些双语能力很强，甚至两种语言都可以达到地道的程度的双语者能够对两种文化都产生积极的认同感。

三、双语作为一种文化特征

和谐的双语与双文化身份的形成需要良好的社会环境，其中人们的价值观中可以接受多元文化。那么在多元文化社会中，双语者保持怎样的文化身份呢？通常人们认为语言是最重要的文化特征，而双语是不同于语言的文化特征。因为单语者认为他们不同于使用另一种语言的单语者，同时也不同于双语者。针对母语与第二语言，大多数的双语者认为熟练使用母语更加重要。

双语的积极作用：双语对不同民族的交流有着积极的影响，如减少人们在交流过程中的心理距离，促进跨文化交流和提高自我认知。能够熟练使用两种语言的双语者更倾向于具有添加性文化身份。同时，双语经历对一种族对另一种族所持的态度有所影响。与单语者相比，双语者会持有较少定势与偏见。第二语言能力会使双语者对另一种族产生积极的认知。可以看出，双语与文化身份是互相紧密联系的。双语能力的形成对文化身份的发展有重要影响，而文化身份的发展对双语能力也有重要影响。

然而，目前对于双语者的文化身份与语言熟练程度两者之间关系的实证研究仍然很少，因此我们可以研究在中国实行双语教育的正面与负面影响，以及如何消除双语性对于本民族文化身份感的负面影响。例如，我们可以在课程设置上、在教学方法上注意减少潜移默化的负面影响，而增加其积极影响。如介绍西方的政治、经济、法律、科技和教育等方面的内容时，适时介绍不同文化对该学科的发展的影响，进行双方的优势与劣势的比较，注重发展潜力的比较等等。

四、双语教学、"文化侵入"与"母语提高计划"

（一）双语教学与文化侵入

双语教学中有过分强调英语语言学习，而忽略母语的矫枉过正的倾向。实证研究表明，对于外语学习者，全英输入并非最佳的教学模式，淹没式双语教育可能会给学生带来认知和心理方面的负面效应。因此，双语教育中用适当数量的汉语是符合双语教育的教学目标的。第二语言习得理论表明，母语的发展有助于第二语言的发展。母语中认知、学术能力的发展对第二语言相应能力的发展具有正迁移作用。随着英语和汉语的平衡发展，学习者更容易发展为平衡双语人。目前高校的教学计划中，有忽略母语的倾向，因此有人担心双语教学会导致"文化侵入"。对此问题，我们应该辩证来看待。

1. 语言的功能互补功能

一般来说，两个民族发生接触时，政治经济发展程度较高的民族使用的语言必然影响另一民族的语言。"文化水平较高的民族，其语言往往容易通过文化教育、文化艺术等渠道影响文化水平较低的民族的语言。也就是说，一旦吸收了先进民族的文化和语言，本民族语言即有可能被先进民族语言同化。"

然而语言之间具有功能互补作用。语言间的影响是相互的、双向的，不同语言成分相互吸收、互相影响。任何一种语言，作为一种符号系统，其活动范围、解释能力都是有限的。当语言集团群体及其成员的社会活动范围超出了本集团语言活动的范围时，该群体必然要学习第二语言，以弥补本族语言功能的不足。

2．文化的自我调节功能

文化具有语言所固有的转换与自我调节功能。每一种文化的存在都具有其合理之处和各自生长的沃土与环境，以及各自适宜的发展和活动空间。"每一种文化作为一种巨型语言，不管在这个系统中发生了什么变化，在任何时候这个系统在总体结构上是完整的。"一个民族的母语系统在吸收来自其他民族的语言成分和文化成分时，一般不会改变该语言的结构系统和文化的整体结构。

3．双语教学的多元文化传播功能

双语教学的多元文化传播功能主要包括两个方面的内容：传播人类积累的优秀文化遗产和传播各民族的先进文化。双语教育是多元文化背景下的重要教学活动之一。不同民族的文化是在相互交流、相互引进、相互吸收和相互融合的过程中发展的。双语教学在传播各民族优秀文化的同时，也促进着不同文化之间的交流与融合。

4．双语教学的多元文化选择功能

人类积累的文化浩繁复杂，而学生在校学习时间是有限的。要解决这个矛盾，课程就一定要具有普遍性、共同性、发生性和起始性，并能适应较为广大的学习和职业发展空间。学生应获得的文化要素可以分为四个部分：（1）关于自然、社会、思维、生产和生活方法的知识；（2）已知经验；（3）创造性地解决问题的经验；（4）对待周围环境和人与人之间社会关系的规范。这些文化要素组织到课程体系中主要包括三个方面的领域：（1）文化科学系统的基础知识；（2）学习文化所必需的基本技能体系；（3）情感方面的经验和体验。上述文化内容是通过显性课程和隐性课程、学科课程和活动课程结合起来传播给下一代的。双语教学的内容就是按照以上标准来加以选择的。个体和社会也是通过双语教学的文化传播来实现多元文化的选择和继承的。

5．双语教学的多元文化创造功能

双语教学的多元文化选择功能保证了文化传播内容的净化和效果的优化，同时，双语教学还具有多元文化创造功能。双语教学的多元文化创造功能主要表现在以下两个方面：一方面双语教学为多元文化的不断更新发展提供大量的具有创造活力的人才；另一方面双语教学与文化创造紧密结合，成为促进多元文化变革的重要力量。

（二）母语提高计划

多元文化背景中，双语教学是历史的必然。只要我们适当在教学计划中融入母语提高计划，双语教学就不会过度冲击本族文化，相反它会使我们的母语更丰富多彩，教学更多样化。同时这也是避免种族同化，加强文化认同、提高文化安全的需要。

因此，我们提出实行"母语提高计划"，即在教师培训和课程设置时应融入母语提高计划，如双语作业、双语背诵、双语文献查询、双语理论阐释、双语学术交流训练和双语思维训练等。这样我们可以借助于母语的正迁移作用发展学生的双语能力。

第二节　双语与跨文化交际

一、语言、文化与双语教育

语言是文化的重要组成部分。文化是由一系列象征系统组成的复杂整体，包含知识、规范、价值观、信仰、语言、艺术、习俗，以及作为该社会群体成员的个体的习惯和技能。语言是文化的产物，又是传达文化的媒介，同时也对文化有着塑造和表达功能。洪堡特认为，语言是一个语言社区的整体心智的外在表现。语言在与如下因素的互相作用下发展：外部世界、语言的本质、国家特征。经过几个世纪积淀的文化塑造着语言，同时语言也反过来影响个体的认知和思维过程。萨丕尔·沃尔夫假设及其后发展的语言决定论和语言相对论也试图从实证角度阐明语言和文化的互动关系。交流假设（The Contact Hypothesis）不同阶段的发展都表明了不同文化之间的接触与沟通可以促进群体之间的友谊，减少群体冲突和消极的种族态度。

实践表明，双语教育也是促进文化交流和族群关系的有效手段。对于学习者，无论是第二语言还是外语都会对其产生多重积极影响。Gardner 的语言学习的社会心理理论表明，语言学习具有语言与非语言两种成果。语言方面，学习者可以获得语言能力并形成新的语言社区；非语言方面，语言学习也是传播文化和促成新的文化价值观形成的积极动因。Skutnabb-Kangas 和 Garcia's 提出，成功的双语教学具有三种主要益处：（1）较为熟练的双语能力；（2）平等的受教育机会；（3）学习者形成多元文化身份并对自己和他人具有积极的态度。

二、双语教学与跨文化交际

语言具有交际功能。当交际双方分属于不同的社会文化群体时，就产生了跨文化交际（Intercultural Communication）。各民族的语言都不可避免地带有本民族文化的印记，因而在习得一种民族语言的知识时，也就是在习得这个民族的文化和传统。所以双语教学与跨文化交际密不可分。在双语教学中，文化教育是不可缺少的一环。由于双语课程承载着重要的语言目标和专业知识目标，为了最大限度地实现以上目标，将学生培养成为掌握前沿学科知识的双语人、双文化人，就应在课程中渗透文化知识和跨文化交际知识。

胡文仲提出，双语教学中的跨文化交际训练应当达到什么目标，是一个值得研究的问题。Hanvey 认为跨文化意识可以分为四个层次。第一个层次中，通过课本或书籍了解到异国文化中的一些表面可见的特点，得到的感受是觉得奇特和富有异国情调。在第二个层次，由于文化上的冲突，看到异国文化中一些细微但重要的与本国文化不同的方面。这时的反应是情绪沮丧，行为反常。在第三个层次，通过理性的分析达到对异国文化的重要而细微的特点的了解，在认知的水平上可以接受。在第四个层次，通过长期生活在异国文化中的体验，学会从当地人的角度看待一切，从感情上觉得异国文化是可以接受的。他认为，应该努力达到第三个层次，同时应该至少达到第四个层次的部分要求。

然而 Hoopes 把跨文化能力的习得看作一个连续的过程，在这个过程中，种族中心主义处于一端，而文化适应过程中的各种个体选择则处于另一端。

跨文化意识是指在跨文化交际中自觉或不自觉地形成的一种认知标准和调节方法，或者是对文化的一种敏感性。Sue 认为跨文化意识包括四个方面：自我意识、对自身文化价值观念和偏见及其影响的意识、差异意识和社交敏感性。可以看出，跨文化意识处于较为感性的层面，属于跨文化交际能力发展过程中的一个必要方面。

Ruben 对跨文化交际能力概念的解释是："具备一种与某一环境中的个体为了实现其性格、目标及期望所应具备的同样的独特活动方式的能力，一种可达到人的基本要求、满足其性格、实现其目标及期望的相对的能力。"Ruben 特别使用了"相对"这一词，意味着这种能力只是一种相对的能力，意为完全掌握这种本族人的文化能力是不可能的。而双语教学由于其多重教学目标，在培养跨文化交际能力方面也具有其自身特色。

教育部颁布的《英语课程标准》，明确了英语教育的跨文化教育（intercultural education，也译多元文化教育）功能，规定英语教育的目标包括"文化知识、文化理解、跨文化交际意识和能力"，并具体规定了各级不同的跨文化教育的目标。在教育的不同阶段，英语学科教育的跨文化教育目标也有所不同，呈递进性。总体而言，跨文化教育目标包括：培养对英语学习中接触到的外国文化习俗的兴趣，乐于了解异国文化、习俗，能意识到语言交际中存在的文化差异，并在学习和日常交际中注意到中外文化的差异；进一步增强对文化差异的理解和认识，能体会交际中语言的文化内涵和背景；初步形成跨文化交际意识，理解交际中的文化内涵和背景，对异族文化采取尊重和包容的态度；具有较强的世界意识。该规定主要针对初、中级教育提出。

教育部发布的《大学英语课程教学要求》也指出："大学英语是以外语教学理论为指导，以英语语言知识与应用技能、跨文化交际和学习策略为主要内容，并集多种教学模式和教学手段为一体的教学体系"。

可以看出，对学生的英语能力的培养应该是贯穿初、中、高等教育的一个有机的连续体（continuum），我们不能在大学阶段把学生在初、中级认知阶段培养起来的跨文化交际能力丢弃或否定，而应当在大学阶段，将跨文化交际能力贯穿大学英语教学、专业英语教学和双语教学的始终，并使其成为一种终身受用的能力。

目前中国经济迫切需要与世界经济全面接轨，因而需要一大批能够直接参与国际竞争的高素质人才，他们应该具有坚实的专业理论基础，了解本学科的前沿动态，通晓各国的文化习俗和国际惯例，能够熟练地运用英语进行国际交往，具有胸怀全球的战略眼光。因此，我们应该在学生完成大学英语课程和专业英语课程后，即掌握了基本的英语知识和一定的专业英语词汇、语法后贯彻双语教学。双语教学的主要目的是通过创造一定的语言氛围，提高学生对英语的实际运用能力和国际交流能力，帮助学生准确迅速地掌握学科基础知识和了解发展前沿，进而达到一种文化的传递和思维方式的拓展。因此我们应在双语教学的目标中融入跨文化交际目标，可以把这一目标称作跨文化双语交际能力目标。

（一）跨文化学术交流能力

Cummins 提出了双语能力不同发展阶段的两种技能，即基本人际交流技能（Basic Interpersonal Communicative Skills，即 BICS）和认知学业语言能力（Cognitive Academic Language Proficiency，即 CALP）。然而在中国的双语教学环境下，由于学生具有初、高中和大学英语的语言基础，到了双语教学阶段，基本人际交流技能与认知学业语言能力是可以并行发展的。因此我们借鉴 Cummins 的分类方法，并基于双语教学的国际化培养目标，把跨文化双语交际能力分为两个同时发展的子目标：跨文化学术交流能力和跨文化人际交流能力。

跨文化学术交流能力作为一个较为重要的子目标，要求学生首先了解国际学术交流规范，其中包括书面学术交流规范和口语学术交流规范。在学习和借鉴国际前沿成果时，很多学生会触犯非故意剽窃的学术禁忌；向国外推荐科研成果的过程中，一些学生不懂得国际学术规范，常被国外高水平杂志拒之门外。口语方面，学生参加国际学术会议时，时常因为不懂得国际惯例而无法有效地进行跨文化交际。究其原因，如上问题都是由于双语教学的培养目标不够明确。全面而合理的培养目标能够有利于指导教学实践，使教材编写者和教师有的放矢，将目标落到实处。教师作为教学目标的贯彻者，可以在教学过程中通过各种形式渗透国际学术交流规范，如专题形式、讲座形式或在课程的适当章节中渗透。日常的专业学习过程中，教师应该培养学生的专业交流能力，如原版文献阅读、学术写作、专业会话等。跨文化思维能力是指学生能够在阅读原版文献、撰写学术论文时，以不同的思维方式对相应的学术内容进行解读或编码，并在母语和目标语的两种思维体系中自由转换。例如，任何一部英文学术著作中，谋篇布局、要点呈现方式、解决问题的方法陈述等都会带有明显的英语思维特色。如果教师在教学目标中明确跨文化思维能力目标，就能在教学过程中有效提高相应的能力。

（二）跨文化人际交流能力

Gudykunst 指出，有效的交际能力包括认知能力（cognitive competence）、情感能力（affective competence）和行为能力（behavioral competence）。而双语教学中的跨文化人际交流能力目标则因学科性质而更加复杂。

1. 认知能力

心理学认为，认知是指人在特定环境中以特定目标为方向处理信息的过程。交际过程中的认知，是指人在特定交际环境中以特定交际目标为方向处理和加工信息的过程。认知的基本过程包括感觉、知觉、记忆、思维和想象等。这里我们主要分析与交际活动的目的性直接相关的知觉与思维能力。知觉是认知活动的基础，交际主体的认知能力首先要依赖于其知觉能力。交际过程中交际主体的知觉对象主要是组成交际环境的各种事物。这就涉及交际环境，即语境的解析。双语人才首先受到交际的宏观语境，即由双文化体系构建的语境的限制。对双文化体系的认知是有效、准确交际的前提。

认知过程的另一个重要环节是思维过程。思维具有解决问题的指向性，思维过程具体体现在解决问题的过程中，思维能力也体现在解决问题的能力上。双文化思维能力决定人际交流过程中问题是否能够解决，目的是否能够达到，是我们考察的重要对象。

情节能力（intercultural episodic competence）的概念是社会语言学者和交际学者最近几年提出的新概念。Gumperz 认为，情节被谈话人当作一套完整的交际惯例（communicative routines），它们独立于其他语篇，而且有一套独特的言语和非言语规则。情节能力包括四个方面：了解社会期望、明确交际目的、遵循交往规则和明确话题与交往场景。而跨文化情节能力是指在跨文化交际场景中能够遵循交往规则，按照社会期望完成交际目的。

2. 情感能力

情感是指人对客观事物是否符合自己需要而产生的态度体验。情感反映的是具有一定需要的主体与客观事物之间的关系，是对客观世界的一种特殊的反映形式，属于心理现象中的高级层面，能够影响到认知层面的心理过程。情感、态度和动机都影响人们对事物的认识和解决问题的方式。

从跨文化交际角度来看，情感能力的一个重要方面是移情（empathy）能力。移情能力是指不以自己的经验和文化准则作为解释和评价别人行为的标准，而是能够设身处地，推己及人。移情包括言语语用移情和社会语用移情，前者指人们运用语用规则和文化习惯，刻意对听话人表达心态和意图，以及听话人从说话人的角度准确领悟话语之用意。而后者则指交际者充分设身处地，以对方的文化准则为标准来解释和评价交际对象的行为。而情感能力的另一个方面则是关系能力。关系能力指交际者的目的在于如何达到人际间的和谐，或通过妥协达到人际间关系的平衡。如上两种能力也是双语者在跨文化人际交流中克服中心主义、定势和偏见，创建良好交际氛围所需的必要能力。

3. 行为能力

跨文化交际学认为，行为能力的一个重要方面就是语言能力和非语言能力。这里指包括词法、语音和句法在内的语言能力和包括体距语、身势语、辅助语以及沉默等行为在内的非语言能力。跨文化人际交流是主要由行为主体通过语言实现的，语言能力是交际活动中建立人际关系、传递交际信息的要素。

策略能力由应用语言学家 Canale 和 Swain 提出，指在交际过程中，因语言或语用能力的不足，难以达到交际目的或造成交际失误时所采用的一种补救方略，是交际能力的一个重要组成部分。当人们受到语言或语用能力的限制，但仍然期望达到有效交际的目标时，可采取以下四种策略，即语码转换策略（code-switching）、近似语策略（approximative strategy）、合作策略（cooperative strategy）、非言语策略（nonverbal strategy）。

本文从多角度构建了如下跨文化双语交际能力的框架，目的在于在双语教学的过程中培养跨文化交际能力。我们应在该目标体系的指导下，进行课程设置，把培养目标转化成具有可操作性的教学实践活动。

三、双语对跨文化交际能力的影响

美国社会语言学家 Hymes 认为，交际能力是指一个人对潜在的语言知识和能力的运用，它包括 4 个重要参数，即语法性、适合性、得体性和实际操作性。其中适合性和得体性的实质就是语言使用者的跨文化交际能力，即与另一个文化的交际者进行和谐交往的能力。在与来自不同语言文化背景的人们交往时，仅靠掌握正确的语法、一定的词汇量和学科知识是远远不够的，还必须懂得如何在恰当的时间、合适的场合得体地进行交际。

Tucker 研究了双语现象与认知发展的积极关系：双语有助于双语者提高跨文化交际的灵活性、创造性和解决问题的能力，并使其发展较为积极的跨文化交际态度和对其他语言社区成员的积极态度、包容性和接受性。

"一种新的语言可以使你发现你曾经忽视的东西，使你开始欣赏你从未意识到它的存在的事物。在学习一种新的语言的过程中，一个人开始有了崭新的视野，甚至崭新的自我。"双语者如能熟练掌握目标语和母语两种语言，通常这两种语言具有互相促进作用。对两种文化的理解也有助于双语者发展跨文化交际能力。从认知心理学角度来看，跨文化交际能力的发展需要在以下四种能力较为平衡发展的基础上得到发展，即智力发展、概念形成、态度与动机、文化敏感性与交际灵活性。我们将从认知角度探讨双语对跨文化交际能力中四种重要能力发展的影响。

（一）智力发展

加德纳在其《智力的重构 21 世纪的多元智力》（Intelligence Reframed：Multiple Intelligences for the 21st Century）一书中，对智力进行了进一步界定，认为"智力是个体处理信息的生理和心理潜能，这种潜能可以在某种文化背景中得到激活以解决问题和创造该文化所珍视的产品"。他强调，智力是一个动态的发展过程，是从生理和心理潜能到解决问题和创造产品能力的一个发展过程。每一个体的智力最初都只是一种潜在能力，在环境和教育的影响下，个体所具有的潜在能力会得到激发并获得持续的发展。积极而有效的双语教育则赋予学生两种文化背景和学习框架，可以使学生在更宽广的课程领域接受两种文化的熏陶，既能继承本民族的优秀传统文化，又能吸纳丰富多彩的世界文化。两种不同文化的融合与优势互补，有助于开阔学生的视野，使他们摆脱传统狭隘观念的束缚，以开放的心态和跨文化的素养迎接全球化社会所带来的诸多挑战。因此，双文化背景可以最大限度地激活学生的潜能，从而使其智力得到较快发展。

（二）概念形成

从心理学的角度看，绝大多数的思维活动赖以进行的基本单位是存在于我们头脑中的概念。每个语言都有它自己特有的概念系统。许多概念只存在于一种语言之中，表达这些概念的词汇在另一种语言中没有对等语。

即使是两种语言中的对等词在语义上也往往不是完全对等。双语教学因其特殊的多重教学目的，会在教学中渗透两种概念系统供学生吸收和选择。

在建构主义理论基础上发展起来的概念转变学习理论（conceptual change learning）认为，学习就是学生原有概念的改变、发展和重建过程，就是学习者的前科学概念向科学概念的转变过程。这时，两种概念系统能够有效地促进学生概念的形成、发展与重建。

Pavlenko 指出，学习过英语的俄罗斯人在概念化过程中有一种向二语系统转移的倾向，"这种转移在情感概念化方面表现得尤为突出，实验参与者求助于英语表达法来对自己的情感进行编码，在此过程中他们突破了俄语的句法和语义制约"。这从情感角度证明了双语对概念化的积极作用。所以说，双语教学能够促进学生在概念形成过程中突破一种语言的规则的束缚，从而促进学生认知、情感的概念化。

（三）态度与动机

双语教学中最大的情感因素当属态度——动机变量，其中包括互相联系的社会心理因素，如态度、焦虑、自尊和民族中心主义。Gardner 的社会—教育模式强调，学习者对于语言学习任务有两种认知取向，一种是融合性取向，即学习者有想要模仿目标群体的愿望；另一种是工具性取向，即学习者学习第二语言是为满足一系列实际的需要。社会教育模式的四个层次的变量：社会环境、个体差异、语言习得环境和语言习得成果。双语教学和态度与动机变量是互相影响的。双语教学赋予学生用第二种语言接触专业知识的机会，有效的教学能够使学生产生积极的态度和动机，或融合性或工具性。而积极正确的态度和动机又促进了双语教学的教学效果。双语教学还会使学生具有多种动机取向，如结识其他种群体，对少数民族关联性的认识，希望对其他群体施加影响，对目标群体的社会文化的兴趣、学术兴趣。

（四）文化敏感性与交际灵活性

文化是语言联想机制的心理投射。著名语言学家 Saussure 在《普通语言学教程》中，把构成语符的词语称为"能指"（signified），把词语的指称对象称为语符的"所指"（signified）。任何语符都是由"能指"和"所指"构成的，二者之间的联系，其实是一种心理联想。不同的民族由于思维方式、文化传统的差异，所形成的联想方式也会不同。双语教学在双文化框架下讲授专业知识，旨在使学生透彻了解两种语言的联想机制，提高对文化差异的敏感性和交际灵活性及变通性。

因此，我们可以得出结论，成功的双语教学对跨文化交际能力具有积极的影响。

四、跨文化交际中双语者的交际策略

跨文化交际中，交际者可以采用多种策略提高交际效果。双语者具有与众不同的交际特征，即能够区分两种语言的语用功能。说话者能够根据参与者的语言熟练程度和情景语境来选择使用语码，这也表明双语者既然能够分开使用两种语言，他们就能够根据不同的社交环境和情境需要选择一种最为恰切的语码。双语者能够了解和掌握影响语码选择的外部变量，也叫语境提示，如交际场景、交谈话题、交际中的社会因素（年龄、性别、语言流畅程度、交际者之间的社会关系等）。

根据语码选择的灵活性，Fantini 细致地总结了语码使用的十种模式：（1）每个语言群体都只使用本族语，并只进行本族内部的交流；（2）两个双语者进行交际时可以都采用一种新的语码，即两种语言的融合体；（3）如果双语者属于复合双语范畴，会经常依靠他的第一语言来构建第二语言的语篇；（4）当双语者与单语者进行交流时，会直接使用交际对象的语言；（5）交际双方均为平衡双语者时，两人可以在两种语言之间自由转换，即使用语码转换；（6）交际双方均为双语者时，并能进行恰当的语码转换，则形成"迁移"；（7）如果双语者与单语者交际时使用了语码转换，便造成了对交际的干扰；（8）双语者交际时一般只使用一种语码，但必要时适当地"迁移"；（9）双语者可以在交际时使用二者都掌握的第三种语言；（10）双语者如果尝试使用对方并不熟悉的第三种语言，会导致交际的失败。

其中，2、3、4、5、6、8、9表明，双语者会有效地利用其双语背景，比单语者更积极地采取多种有效策略。本节将探讨双语者所采用的交际策略，如言语调节、语码选择、言语修饰和语码转换等。探讨双语者在交际过程中的交际策略有助于提高双语者在日常言语交际中的交际能力和在课堂教学中的学习效率，同时也对我们研究双语教学策略有所帮助。

（一）言语调节（speech accommodation）

所谓言语调节，是交际者通过对自身交际语言的适当调节，以达到与交际双方一致或区分的一种策略。言语调节可以分为一致性言语调节（convergence）和区分性言语调节（divergence）（也有学者称作聚合和偏离或趋同和偏离）。一致性言语调节是指说话者为了谋求对方承认彼此的一致性或拉近社交距离，在言语上努力去适应对方的策略。区分性言语调节表明说话人想要强调彼此的区别或分歧，因此在言语上也要坚持强调使用不同的语码。某些语境中，为了社交寒暄，交际者会采取一致性言语调节策略。中国学生在主动和外教打招呼的时候经常会说"Hi！""How are you doing？"而有时外教也会在打招呼时用学生的母语，来表示亲切随和，如"你吃了吗？"另外一些场合中，为了异质相吸，凸显本民族特性等原因，交际者可能会采取区分性言语调节策略。例如，面对带有质疑和生硬口吻的海关问询"Are you a Japanese or Korean？"有的中国公民会回答"我是中国人"，以此凸显本民族特性。

在动态的交际过程中，言语调节是一个双向的行为。交际者双方都会适当采用言语调节策略来促进交际。如上例中，双语交际者的言语中带有口音或语族标记也是一种交际策略，通过这种标记，交际者可以明确其民族归属，并与其他民族的交际者区分开来。这种心理区分也是跨文化交际中交际策略的一部分。

Taylor 和 Giles 认为，使用言语调节策略的原因有三种：（1）缺乏熟练运用目标语交际的能力；（2）交际中言语风格的选择受到外界压力的影响；（3）交际者缺乏减少差异和缩短社交距离的手段。

从社会语言学角度来看，双语者的言语调节通常受到社会和语言等因素的影响。文化群体或社会群体的关系决定了权利距离和言语调节的方式。在不同语族的跨文化交际中，言语调节可以分为自下而上和自上而下两种。通常，社会地位较低的个体或语族进行更多的言语调节以适应对方，属于自下而上的言语调节。反之则属于自上而下的言语调节。

目前大多数关于言语调节的研究都只是着眼于较短时间的交际活动，而真实生活中的言语交际是一个动态过程，通常会持续较长的时间。对于真实交际过程中言语调节策略的动态变化的研究数量也较少。

考虑到心理与社会因素，Giles 和 Cheshire 又把言语调节分为客观言语调节和主观心理调节。前者指交际者根据社会权利距离选择自下而上和自上而下的言语策略以适应对方。而后者指交际者会根据社交环境进行非言语调节，如语言或方言选择、非言语行为适应等等。

Giles 进一步研究了受话人对言语调节的心理接受。以下几种情况，受话人会对一致性言语调节有积极的评价：（1）说话人的交际风格与受话人一致；（2）说话人的交际方式与受话人头脑中的语族定势一致；（3）说话人的交际方式与广泛认同的交际方式一致；（4）说话人展现出最优化的语言特征；（5）说话人对交际过程作出切实的努力，语言选择得体，目的积极。

如下几种情况中，受话人会对区分性言语调节作出消极的评价：（1）说话人的交际风格与受话人不一致；（2）说话人的交际方式与受话人头脑中的语族定势相去甚远；（3）说话人的交际方式与广泛认同的交际方式不一致；（4）说话人过度频繁地使用区分性言语调节策略，使社交距离过于疏远；（5）说话人刻意使用区分性言语调节策略，目的自私而具有恶意。

言语调节理论为研究人们在不同交际场合中采取不同言语行为的原因和方式提供了有效的理论框架。事实证明，从社会心理学角度把文化认同、文化态度、社会认知和跨文化关系等因素纳入言语风格和言语变化的研究范畴之内是积极而有益的。此类研究为我们研究单语者和双语者在跨文化交际中的言语行为提供了理论支持。

（二）语码选择（code choice/selection）

跨文化交际中，双语者为达到最好的交际效果会采取一系列的策略，包括语码选择。语码选择是指交际者根据交际场合、交际目的和自身能力等多种因素选择交际语言。语码选择通常会遵循以下四种原则：

1. 语言能力原则

双语者会根据自身的语言能力选择最有利于交际过程的语言，如选择 A 语言而非 B 语言，选择某种语言的某个变体，或是选克里奥尔语等。

2. 强调语族身份原则

如果选择某种语言要以威胁到自身语族身份为代价，交际者会放弃语言能力原则，而采取区分性策略强调其身份。

3. 交际意图认知原则

如交际者发现对方对自身或本种族带有偏见或敌意，就会不顾交际效果而采取区分性策略。

4. 个人、情境和社会因素综合原则

交际者会综合考虑多种因素作出语言选择。

值得强调的是，双语者采用的语码并不是一成不变的，而是会随着交际场合、话题、角色关系等的改变而不断调整。此外，双方的种族、教育状况、性别、年龄、社会地位和经济状况等诸多因素也会影响到语码的选择。

实证研究表明，双语儿童从早期就开始通过观察对方的体貌和种族特征来选择跨文化交际中正确的交际语言，并不断发展应对各种典型交际场合的交际策略。他们会自觉调整语言以适应交际情境、受话者和自身角色。

（三）言语修饰（speech modification）

一旦交际者作出了语码选择，便需要采取一系列的言语修饰策略来调整具体交际语言。言语修饰是指交际者在交际过程中采取较为简单易懂甚至偏离常规的语言以实现交际目的。对于双语者来说，他们的策略选择要比单语者灵活得多。他们可以调用所能及的全部语言，采用两种语言之中的任何一种或是采取中介策略来进行交际。

1. 外国式语言／非地道语言（foreigner talk）

外国式语言与洋泾浜有相似之处，是交际者与不精通交际语言的另一方进行交际时采用的一种言语。通常，交际者为使自己的语言更容易理解，可能会简化语言、减慢语速和同义重复。外国式语言的一个鲜明的特点是省略动词的屈折性变化，如将 He loves singing 简化为 He love sing。其次就是省略冠词和代词，不分主动和被动语态，用简短的句式来完成意义的传递，这种方式类似于电报体文字。这种交际策略其实反映了人类交际中本能的简化倾向。Clyne 发现一个有趣的现象，有些澳大利亚的移民儿童在和父母交流的时候也使用外国式语言，或者交替使用母语和外国式语言，用以填补语言空缺，使交流顺利进行。

2. 片语（broken language）

片语是说话人对某种语言并不精通，或略知皮毛，为达到交际目的而采取的策略。片语属于中介语的范畴，交际者会采取简化（simplification，如 I like swim）、过度概括（overgeneralization，如用 tool 代替 pincers）、迁移（transfer，如把汉语语序运用到英语中，

I and you)、套语（formulaic language, 如用 Not at all 回答 Thank you）等方式。跨种族交际中，交际者经常会一方采取外国式语言，而另一方采取片语。

3. 二语交际策略（communication strategies in two learning/use）

当交际者的第二语言的熟练程度不足以应对交际场合时，通常会采取两种策略：一种是回避策略（avoidance strategies），即交际者放弃了交际中的某个自己语言难以应对的话题，甚至放弃了原来的交际打算；第二种是补偿策略（compensatory strategies），即为了解决交际中的问题可能采取副语言等其他的交际手段。虽然这两种策略可以用于解决语言的各个层面的问题，但大多数的研究都主要关注词汇问题，因为词汇在交际中起到中心作用，并很容易切入。

Faerch 和 Kasper 根据学习者的语言来源区分了交际中可以使用的几种不同的语言策略：学习者的母语、中介语、母语与第二语言的综合体和副语言。但这种分类也停留在语言的表层，忽视了语言使用的认知过程。

有研究者提倡采用基于心理学的策略分类，将补偿策略分为概念策略（conceptual strategies）和语言策略（linguistic strategies）。概念策略又可以分为分析策略（analytic strategies）和整体策略（holistic strategies）。分析策略是指说话人对某个概念或事物难以清晰阐述时，会转而描述其属性，如颜色、尺寸和用途等；整体策略是指说话人采取借代等修辞手段来表达相关的概念，如用 the little beard 代替某位具有相应特征的人。语言策略是指基于词素的创新方法，如说话人不知道 iron 这个词有动词意义时，可能会根据自己对目标语造词法的理解自创某个词汇，如 ironize。

（四）语码转换

1. 定义

双语者可以选择让一种语言处于不活动状态而激活另一种语言，也可以选择同时激活两种语言，这样就产生了语码转换现象。Hamers 和 Blanc 认为，语码转换（Code-switching）是指同一次对话中两种或两种以上语言或变体的交替使用，是语言接触和跨文化交际中的一个普遍现象，也是双语教学中较有价值的研究课题。语码转换也是跨文化交际的一种策略。双语者为了达到交际效果的最优化，经常会调用自己所能及的全部语言，只要形式和功能对等即可。在双语教育开展较早的欧美国家和双语现象较为突出的港台地区研究较多，但内地涉及较少。研究双语教学中的语码转换现象、规律和理想模式对于改进双语教学，促进学生外语学习都有积极意义。

2. 语码转换的类型

Poplack 总结了语码转换的三种类型，我们以《大学物理》双语教学示范课中提取的课堂用语为例进行说明。

（1）句内转换（Intra-sentential Switching），例如，"这不是一个 steady state system，一个 time changing system"。

（2）句间转换（Inter-sentential Switching），例如，"Why should I choose this surface？我

们可以看到它是抛物形的"。

（3）附加语转换（Tag Switching），例如，"Who can answer this question？Does Ampere's Law need to be modified？那么哪位同学回答一下"。

根据语码转换的方式，还可以分为两种类型：（1）插入型转换（Insertional Switching），例如，"这个公式，是 Ampere's Law，安培定理"；（2）轮换型转换（Alter-national Switching），例如，"我们看一下 PPT，changing magnetic field can generate electric field，那么，我们用上次学过的这个公式"。

根据语码转换中涉及的语码范围，可以分为：双语或多语情况下的语码转换、同一语言的标准变体与非标准变体之间的转换以及同一变体之中的转换。

Peter Auer 则将会话分析引入对会话语码转换的研究，并提出了一个会话语码转换研究的框架，即四程式分析框架。他将会话中出现两种语言的情况叫作轮换（alternation）。轮换包括两种，转移（transfer）和语码转换。转移主要关注对话中插入的语法单位，即单词或短语、名词还是动词等，语码转换关注对话中两种语言进行转换的位置。同时转换可以是与语篇相关（Discourse-related），也可以是与参与者相关（Participant-related）。这两对概念进行交叉组合可以得到四种程式，即与语篇相关的插入、与语篇相关的语码转换、与参与者相关的插入以及与参与者相关的语码转换。

语码转换通常呈现出许多种不同的形式，如两种语言连续的句子的改变、短语的改变或是单词的改变。据 Cook 认为，双语者一般在谈话中单词转换占 84%，短语转换占 10%，句子转换占 6%。由此可见，语码转换中，单词转换的频率非常高，其次是短语转换，而完整的句子转换不常见。然而我们会后发现，不同的双语课堂会因学科、教材、教师水平与语言倾向性和学生的英语水平等变量的改变而呈现不同的转换风格。如在一门《市场营销》的双语辅修课程中，教师拥有商务英语本科和经济管理硕士的学历背景，专业知识的讲授及英语表达都相当的流畅自如，而申请辅修课程的学生英语水平属于全校学生的中上等水平，对英语授课接受能力也较强。在课堂上呈现出这样一种特点，即教师经常针对一个概念或问题进行一长段的英语解说，然后用汉语解释其难点和精要部分。这样，教学中既实现了专业知识目标，又实现了语言目标，收效较好。

五、双语课堂中的语码转换策略

（一）双语者语码转换研究的理论基础

语码转换作为双语者交际过程中的一种常见现象，得到了诸多领域研究者的重视。研究者们从不同的角度切入，采取不同的研究方法，取得了卓有建树的研究成果。社会学把语码转换视为一种社会现象，企图在宏观的层次上探讨语码转换与社会因素之间的内在联系。人类学把语码转换看作某个具体社团或社会文化的一个组成部分，或者是该文化在语言层面的具体体现。语言学则认为语码转换是交际者的语言能力在语言使用中的表现。而语言学内部的分支学科也从不同的研究视角出发，对语码转换所涉及的诸多因素进行了细致地研究，如社会语言学、语法学、心理语言学、会话分析和语用学。

1. 社会语言学视角

社会语言学主要研究语码转换和影响语码转换的各种社会因素之间的关系以及语码转换的社会动机。Gumperz 和 Blom 探讨过语码转换的社会意义，在 Social Meaning in Structure：Code-switching in Norway 中，他们区分了两种不同类型的语码转换：情景型语码转换（Situational code-switching）和喻意型语码转换（Metaphorical code-switching）。情景型语码转换指那些由于改变场合、时间、话题、参与者等因素而引发的语码转换。这类语码转换意味着只有一种语言或语言变体适合在某个特定的情景中使用，讲话人为了保持语言的得体性，需要改变自己的语言来适应情景因素的改变。喻意型语码转换指在情景不变的情况下，交际者为了表达一定的交际意图而实施的语码转换，如表示强调、引人注意、表示某种情感和传达某种信息等。喻意型语码转换打破了情景与语言选择之间的规约关系，交际对象需要通过复杂的心理过程来推理语码转换的用意。

Fishman 提出了"社会域"概念，社会域指一种文化里同语言相联系的活动领域，如家庭、工作场所和教育场所等等。社会域主要是根据语言选择与角色关系、话题及场所等因素的相关关系来定义的。Platt J. 和 Weber H. 采用社会域分析方法对马来西亚和新加坡的语码转换进行了研究。一般来说，多数的马来西亚人或新加坡人能够很轻松地为某个特定的情境选择一种恰当的语码，因为他们多年的多语社区生活使他们自幼习得了何时何地对谁采用哪种语言变体的规则。多语社区的语码选择取决于四个因素：说话者自己的语库、他对情境的识别、他对适用于特定情境的语码的了解和对话人的语库。

Gumperz 和 Fishman 从社会学角度研究了决定语码转换的一些社会因素，考虑到各种社会变量对语码转换的影响，但忽略了语码转换过程的认知和心理等因素。

2. 语法学视角

语法学领域对语码转换的研究也为我们提供了理论支持。语法学家研究参与语码转换的语言在转换过程中受到的语法和句法限制，并且探讨哪些语码转换可以发生，以及何时何地发生。McCormick 认为语码转换的语法研究可以分成四类：（1）研究某种语言的具体语法限制；（2）探讨普遍适用的语法限制；（3）探讨语码转换的语法模式；（4）研究语码转换语法假设的信度问题。Poplack 从语法学角度研究了句内语法转换（Intrasentential code-switching）的两条"限制原则"：自由词素限制（Free Morpheme Constraints）和对等限制（Equivalence Constraint）。自由词素限制是指在黏着词素和词根之间不会发生语码转换，除非该词根已经在音位上融入了黏着词素所属的语言，而对等限制指在不违反任何一种参与转换的语言的句法结构的情况下进行语码转换。

Poplack 的语法制约原则提出后，引起了广泛注意，其普遍性在对部分语言的调查中得到了证实，但在差距较大的语言中却不适用。而且除了适用性外，Poplack 的语法制约受到的另一个批评是它忽略了语码转换中的非对称性（asymmetry），即两种语言的不同参与程度。

Myers Scotton 试图进一步研究语码转换的非对称性，提出了标记理论（Markedness

Model），并首创了普遍适用的"主体语言构造模式"（Matrix Language Frame Model，MLF Model）这一概念，她把决定混合成分语法结构的语言称为"主体语言"（Matrix Language），参与语码转换的其他语言称为"嵌入语言"（Embedded Language）。在混合语言中，主体语言和嵌入语言呈现非对称关系，主体语言占有主导地位，决定了构成句内转换的补足语的投射结构。但是在同一次会话中，主体语言也具有动态性，会随着话题的改变或新成员的加入而改变。Scotton还提出语码选择存在"无标记"（Unmarked）和"有标记"（Marked）之分。无标记选择指在规约化语境作出符合社会规范或期望的语言选择，有标记选择则相反。Scotton认为说话人进行语码转换有两个目的：或重新明确一种更适合交谈性质的不同社会场景，或不断更换语码，以避免明确交谈的社会性质。语码转换是一种能动的策略，每次语码转换总是对先前的那一种姿态或社会场景的某种程度的否认，是态度转变和新的社会场景建立的一种标志——建立新的权利义务集。

然而，我们必须注意一点，有标记选择和无标记选择也是动态变化的。一个语言社区最初使用某种语码转换可能属于有标记选择，但当人们频繁并较有规律地使用这种语码转换，那么该种转换就成为一种规范，可以被看作无标记选择。

3. 心理语言学视角

心理语言学方面，Dina Belyayeva在《语码转换的心理语言学分析》（A Psycholinguistic Analysis of Code-Switching）一文中提出了"概念结构绘图模式"（the Model of Conceptual Structure Mapping），将语码转换视为一种表述方法问题，指出由于表述不成功产生的语码转换既受结构因素又受经验因素影响。Clyne也从心理语言学角度区分了两种类型的语码转换：外部调节的语码转换（Externally conditioned code-switching）和内部调节的语码转换（Internally conditioned code-switching）。顾名思义，外部调节的语码转换指的是由外界因素引起的语码转换，内部调节的语码转换则指由于语码转换者自身的原因而引起的语码转换。

Li Wei则从会话分析角度切入研究语码转换，关注语码转换的动态过程。他认为"要想充分地研究语码转换的意义，语码转换本身必须严格地作为一种会话活动来对待"。他主张应从相关性（Relevance）、过程推断（Procedural Consequentiality）、社会结构与会话的平衡（Balance between Social Structure and Conversation）三个方面对语码转换进行会话分析。相关性是指既然语码转换是有意义的社会行为，分析者的分析应与会话参与者有关；过程推断则研究语言语境以外的因素以及这些因素如何对会话活动的结果产生影响，因为交际过程本身就是一个不断变化的动态过程。谈话中，说话者语码转换是为了表明其身份、态度和权利关系等，这种有意识的行为会对会话过程产生一定影响，因此分析者也要结合社会结构关系来分析会话过程中的语码转换。

4. 语用学视角

语用学则把语码转换作为一种交际策略来研究。Verschueren提出了"顺应性理论"。他认为语用学旨在发掘语言使用的复杂性，包括语言使用过程中的语言、认知、社会和文化等方面的种种因素。人类之所以能够在语言使用时进行语言选择，是因为自然语言具有变异性、商讨性和顺应性。人们在交际过程中会自觉地进行语码转换以顺应语言现实、社会规约、交际风格和心理动机。对语言现实的顺应是指不同语言和文化在接触过程中有词汇空缺（lexical gap）或语意不对称现象，抑或词汇具有不同的文化内涵，从而出现语码转换。对社会归约的顺应是指对社会文化，如风俗习惯和行为方式等的顺应。在典型的双语社会中，交际者可以选择较为正式的高变体语言（High Variety）或较为日常的低变体语言（Low Variety）。这样语言使用者就动态地顺应或遵守了社会规约，或者出于交际的需要违背了社会规约。对心理动机的适应指交际者为实现特定的交际目的而采用的一种积极主动的交际策略。交际者可以通过语码转换实现创造幽默的效果或表明社会地位等种种心理动机。

此类分析能够比较充分地描述和分析语码转换的动态变化，但却忽视了双语者进行语码转换的认知过程和语言环境等多方面因素。

（二）语码转换与跨文化交际

"跨文化交际"（Intercultural Communication）这个概念是一个涵盖面极广的术语，它通常指任何不同文化背景的人之间的交际。因此，跨文化交际不仅包括国际间的跨文化交际，还包括跨种族交际、跨民族交际以及同一文化背景下不同群体之间的交际，包括不同年龄、不同职业、不同社会阶层、不同教育背景的人之间的交际。影响跨文化交际的因素有社会准则、价值观念、文化取向、生活方式等。社会准则指人们交往中必须遵守的各种规则和某些风俗习惯。价值观念包括人与自然的关系、道德标准等。文化取向在不同程度上规定了人们对外界行为的感知，决定人们的交际行为。跨文化交际也可以分成单语文化背景下的交际和双语文化背景下的交际。单语文化交际指在同一文化背景下，不同群体之间的交际，如同属汉文化背景下不同言语群体，不同年龄、职业、社会阶层、教育背景的人们之间的交际。双语文化交际指的是在不同文化背景下不同群体之间的交际，如国际间的、跨种族的、跨民族等的交际。

语码转换是一种跨文化交际的现象，这种跨文化交际的言语行为的适当性不能完全依据使用什么语言来决定。比如，来到中国的美国商人虽然用英语与中国人交往，却不可坚持其美国文化的语用制约，至少应在一定程度上顺应中国文化环境的交际适当性，所以他们在交流中，经常会不失时机地夹杂些汉语，以增加其话语的幽默或补充英语词汇的缺项。留学回国的中国人，虽然熟悉中国的文化背景，但是他们的词汇和他们的思维方式受到国外文化的影响，交流时也经常求助于语码转换。

（三）双语者语码转换的现象分析

双语者在交际过程中使用某一语言而不用其他语言是有其社会动因和心理动因的。由于社会制度、历史文化、风俗习惯的不同，相同的社会因素，可能会对不同的言语社团所使用的语言变体造成不同的影响。因此人们在日常交往时，会选择合适的语言或方言以便于顺利地交流和沟通。

首先，语码转换具有其社会动因。Scotton 的标记模式理论认为：（1）谈话选用的语言变体具有一种指示力（indexicality），指示说话者此刻希望与听话者保持符合自己角色身份的权利义务集（rights-and-obligations set），并期望听话者也持相同看法；（2）说话者转换语码是想与听话者协商权利义务集的手段，这时他遵循的是协商原则（negotiation principle），用来选择指示希望在此刻交谈中维持的两人之间权利义务集的语言形式；（3）说话者在社会规范的导引下是有判断力的行事者（actor），语码转换是一种有目的的、巧妙的言语行为；（4）在规约化语境中，交谈双方都具备一种"标记性尺度"（the markedness metrics），用来衡量语码选择是否符合社会规范或期望。这种"标记性尺度"具有普遍性，是其内在的交际能力（communicative competence）的一个组成部分。

其次，语码转换具有心理动因。语境制约交际者的言语选择，而交际者的言语选择同时也反映出交际的主客观语境特征，两者相互作用。语码转换是一种理性行为，特定的交际双方在特定的语境中，其语言和言语选择会受到相应社会语言规则的制约。但交际者常在交谈中违反期望中的社会语言规则，这种现象不是出于偶然，而是反映出交际者的主观意愿。

语码转换作为一种交际策略，是双语者的社会语言工具；它可以保持交际渠道畅通，同时也是扩充语言交际的手段。说话者转换语码不仅不会妨碍交流，反而能消除交际中的障碍和隔阂，使谈话继续进行，这有助于增强交际者的信心，克服焦虑感并获得更多语言输入。说话者为适应对方语言能力的不足或在自己表述遇到困难时进行语码转换，可以营造交际氛围，保证交谈顺利有效地进行。

Daniel Smith 调查了西班牙语与英语双语儿童的语码转换现象后发现，双语者的语码转换受到其语言能力发展程度、个人偏好、年龄和与两种语言接触机会的多少等等影响。另外，话题和交际环境也对语码转换者较大影响。

Monica Heller 在 The Journal of Multilingual and Multicultural Development《语码转换专刊》中提出：语码转换的存在和不存在具有相同的意义。如果它在双语使用的系统中是自然而然发生的，那么它一定对语言的学习者或使用者具有重要功能。这种自然语言功能可能和传统的语言形式及对"正规语言"的态度产生直接冲突。所以我们应该更加积极地从语言、认知和交际等方面看待它。

（四）双语课堂中的语码转换

目前，大多数的研究都是从宏观层面对实施双语教育的国家中教师或学生的语码转换进行研究，而较少有从微观层面对于双语教学课堂上的语码转换研究，因此我们应该做这方面的实证研究。

双语课堂中语码转换的探讨离不开母语与目标语使用的问题。国外的诸多探讨对我们研究中国双语课堂中的语码转换的现象和规律有一定借鉴价值。自从 20 世纪 60 年代以来，国外语言学界一直对外语课堂教学中应不应该使用母语，使用时应遵循哪些原则有争议。

应用语言学家和教学法研究专家对语码转换有几种看法：（1）在内容课程教学中应该严格控制语言的转换，不鼓励任何形式的混合语码教学。然而，我们并没有证据表明同时使用两种语言教学会妨碍语言能力的提高，双语社会的儿童虽然接受的是混合的语言输入，但却可以成功地习得两种语言。（2）接受两种语言同时出现，但要求语码的转换具有系统性，在教师支配下进行。Jacobsen 认为系统化的语码转换有助于学生在两种语言之间都能平衡发展语言技巧。（3）接受语码转换的使用，主张教师在教学中增强语码转换的意识。

Duff 和 Polie 则认为外语课堂教学中教师只能使用目标语言，任何时候都不应该求助于母语。很多教师也坚持认为最大限度地使用目标语言就是要避免使用母语，这一传统极大地限制了"语言教学的多种可能性"。

Cook、Anton 和 DiCamilla，Atkinson 认为为了避免误导和不切实际的教学，在外语课堂教学中应该适当地允许使用母语。目标语和母语共存于课堂教学中，必然出现语码转换现象。Cook 认为，语码转换是一种自然现象，可以便于教师给学生营造一个真实的语言学习环境。

Castellotti 和 Moore 认为母语是辅助外语教学的一个重要的工具，有利于学生吸收并理解新输入的目标语言信息。教师可以把语码转换看作一种有效的外语教学策略。教师在课堂教学中有意识地、适时地进行语码转换对于目标语的学习有着积极的促进作用。当然，在教学过程中母语只是用来帮助学生建构目标语言的知识，不能享有和目标语言同等重要的地位。

20 世纪 80 年代应用语言学家展开了关于课堂语码转换对课堂内的师生互动和人际沟通意义的研究，近年来的研究主要探索对课堂语码转换的概念建构和研究范式。

课堂语码转换研究领域的第一个发展是对课堂语码转换的概念建构。Gumperz 提出"语境暗示"的概念来说明参与互动的师生用来表明课堂主题之变化的情况，分析语码转换所展现的各种连贯作用。Auer 提出语码转换的话语语境具有多样性，对课堂语码的研究不应脱离校园以外的社会语言语境。普遍的语言态度和语言模式会影响到课堂内的语言表现，因此，对语码转换的解释应该将方言学与社会语言学所揭示的环境因素结合起来。

Hamers 和 Blanc 认为，双语者可以在两种语言中选择一种折中策略，包括修改其中任何一种语码和成比例地使用两种语言。语码转换意味着如果双语不够熟练，也至少有一定的使用这两种语言的能力。使用语码转换可以达到两个目的：（1）填补语言空缺；（2）达到多重交际目的。

Guthrie 曾经针对在美国学习英语的中国学生做过双语与单语的对比实验。他发现，双语教师在使用母语和目标语时具有一定的连续性。尤其是从英语转换为汉语时，他发现这种转换的五个交际功能：（1）翻译；（2）建立并加强彼此认同感（即使用学习者的母语进行交流，母语在交际中起到"we code"的作用）；（3）解释过程与给予指示；（4）讲解新课程时澄清疑惑，避免歧义；（5）检查学生是否接受新信息。

Flyman-Mattsson 和 Burenhult 研究了法语作为外语的课堂上的语码转换问题。他们发现，教师与学生交流的过程中大量进行语码转换，目的有以下几种：语言安全、转换话题、情感功能、社交功能和重复功能。

在过去的一年中对双语课堂进行了大量网上调研和实际观察。从 27 个双语课程录像中选取了两个较为符合国家对双语课程的界定的课程进行了实证研究。首先把录像转为文字，然后计算语码转换的次数和在课堂总话语中的比重后发现，双语课堂中使用语码转换的频率相当之高，在一门40分钟的《大学物理》双语示范课中，教师汉英之间的语码转换竟多达91次。从师资水平和学生英语程度来看，双语课堂中的语码转换有其存在的现实基础。对于教师和学生来说，用一种陌生的语言传授和接受知识并进行互动交流无疑会遇到各种各样的困难。我们不得不接受的一个事实是，虽然学生经历了多年的英语学习，大多数学生的语言水平并未达到学术交流水平，很多学生连基本的人际交流也有障碍。这样的客观现状使双语课堂中的学生和教师不得不求助于语码转换，尽管他们多数情况下是在无意识的使用。我们的观察验证了前人的研究成果，即一些社会学因素也会对语码转换产生影响，如学生的英语水平、话题和性别。

首先，课堂语码转换与学生的英语水平有密切关系。通常情况下，学生的英语水平越高，转换就越频繁。原因是英语水平较高的学生英语的词汇量和句式的储存会更为丰富，驾驭英语语言的能力越强，为两种语码之间进行转换提供语言的可能性就越大，转换就越便利和自如。

第二，课堂语码转换与话题有一定联系。课堂上，当教师与学生谈论双方共有一定背景知识的话题时，语码转换的频率较低，而当双方谈论新知识、新话题，双方的交流缺乏宏观和微观语境时，语码转换的频率会较高，教师和学生都会为实现其交际目进行语码转换。

第三，课堂语码转换与性别也可能有一定关系。性别对语码转换也有一定的影响。如果不考虑个性、语言态度等个体因素，就平均频率而言，女生比男生更倾向于使用语码转换，频率更高。我们对多个双语课堂的观察发现，女生更愿意在课堂上主动地发表意见，参与性更强，她们在发表意见时也会较为频繁地进行语码转换。

基于以上前人的研究成果和对黑龙江省多所高校双语课堂的观察，我们发现教师和学生在课堂教学过程中会采取不同风格的语码转换，以实现不同的交际目的。下面分别总结了教师课堂语码转换和学生课堂语码转换的目的和功能。

1. 教师的语码转换

教师的语码转换，无论是无意识还是有意识行为，目的都在于实现课堂教学效果的最优化。通常包括以下几个目的：情境规范和文本讲解。

（1）情境规范

语码转换的一个重要功能就是情境规范，即明确交际双方的社会身份和社会角色。课堂上，语码转换可以作为明确教师和学生角色的一种标志。教师经常会提前进入教室和同学们像朋友一样的寒暄聊天，以增进师生感情，了解学生课业进展。但当上课铃响，教师会立刻进入角色，很明显的标志就是转换语码，如用目标语向学生问好，然后用目标语进行导课，以此进行鲜明的情境规范。

（2）文本讲解

教材讲授中的语码转换，在学生的双语学习经历中起到积极的作用，有助于文本意义的准确传递和新语言知识框架的构建。在学生过渡到以英语作为授课媒介的过程中，或者说在为不能完全掌握英语授课内容的学生建构知识框架的过程中，语码转换都意义重大。语码转换通常能够增强信息语势，使语言精练，有助于阐释新概念。尤其是在基于内容的双语教学过程中，教师可以通过语码转换帮助学生理解所学内容的主旨。语码转换在教师围绕课程内容进行讲解、评论和与学生讨论的过程中扮演着重要而又积极的角色，有助于阐释关键词和关键句。另外，由于英汉思维方式有较大差异，语码转换有助于语言能力较强的学生从不同的视角理解和吸收新知识。他们可以通过不同的元语言解析，获得不同层面的概念意义，从而对两种语言和文化有更深刻的理解。

2. 学生的语码转换

Selinker 认为，在第二语言输入的心理过程中，学习者在习得第二语言时试图采用某种方法以解决这些特定的问题,这种心理倾向被称为"策略"。Seiinker 将"策略"分为"学习策略"和"交际策略"。学习者在进行第二语言输出时经常会自觉采取一些辅助性策略，使学习与交际得以顺利进行。语码转换是一种学习策略和交际策略，这一点已经得到很多语言学家的认同。

目前的课堂观察表明学生采用语码转换具有如下目的：

（1）补语言空白

Crystal 认为，填补语言空白是学生进行语码转换的重要语用动机。当一种语言的词汇知识和表达能力不能满足交际需求时，说话人会转而求助于自己更熟悉的语码形式，以保持会话状态并避免交际的中断，重述用目的语未能表达清楚的信息或观点，解释用目的语不能够解说清楚的真实意图,以避免误解,从而将自己从困惑、尴尬中解脱出来。Clyne 认为，这表明语码转换是由寻找最简便的表达方式的愿望激发的；也就是说，语码转换的运用受表达思想时所须付出的努力或者所经受的压力的影响，因为双语者总是倾向于使用最不需要努力或决定的语码或形式，或者说尽可能地少费力气来完成交际任务。

（2）提高语言准确性

双语课堂上，学生在回答问题时，经常对自己的语言能力不够自信，因而担心涉及逻辑、数理方面的精彩观点无法用目标语讲得透彻、明了，因而采取更加稳妥、安全的办法，即使用母语流畅地表达。这有时会使学生失去用目标语进行表达观点的机会，但却使信息更准确、完善地传递，因而也不失为一种有价值的做法。

（3）与会话者同步

Wardhaugh 指出，三大基本因素对语码转换具有制约作用，包括交际的参与者（person）、交际场合（place）和交际的话题（topic），各个因素之间也会互相影响。课堂教学环境中，作为交际参与者的学生通常会在与教师或同学对话的过程中，为适应对方、交际场景和交际话题而适当采取语码转换。

目前应用语言学家和教学法研究专家对语码转换有几种看法：①在内容课程教学中应该严格控制语言的转换，不鼓励任何形式的混合语码教学。然而，我们并没有证据表明同时使用两种语言教学会妨碍语言能力的提高，双语社会的儿童虽然接受的是混合的语言输入，但却可以成功地习得两种语言。②接受两种语言同时出现，但要求语码的转换具有系统性，在教师支配下进行。Jacobsen 认为系统化的语码转换有助于学生在两种语言之间都能平衡发展语言技巧。③接受语码转换的使用，主张教师在教学中增强语码转换的意识。Faltis 曾在美国的一个西班牙－英语双语班做过"新和谐理论"的实验，实验中规定有三：只允许句间的语码转换，所有转换都由教师开始，教师转换时应具有明确的暗示。Williams 认为要想最大程度地发挥教育效果，语码转换应该是结构化和系统化的。一些结构零乱，但却清晰明确的事例中，语码转换就是在解释和翻译中进行的，即用一种语言表达一次，紧接着再用另外一种语言重新表达一次。

国外语码转换理论的支撑点之一是，在特定的教学环境中语码转换这种交际方式广泛存在且不可避免。至今还没有事例证明课堂语码转换是有害的，我们反而应当把它作为一种交际策略进行研究。但我们必须注意到，如果教师在课堂上过度使用语码转换容易让学生产生依赖心理，降低对目标语的学习兴趣，学生过度进行语码转换也会减少其使用目标语表达思想和与人交流的机会。

目前需要解决的问题是："第一，语码转换的程度和比重。是单纯使用目标语还是语码转换的方式或是二者兼备，应该采用什么样的比例才能更好地实现语言教学的目标。第二，语码转换的分类和范畴。当如何区分交替使用、插入式转换和词意提示，不同种类的转换，不同强度的转换的研究。第三，语码转换的纵向和横向的测量尺度。前者有助于我们了解近年来随着语言传播媒介的发展，实践中的语码转换发生了哪些变化；而后者通过对比不同的课堂语码转换可以使我们更好地理解产生不同模式的语码转换的影响因素。第四，教学中语码转换的实证研究。"

（五）语码转换的原则

Jacobson 认为，双语课堂中语码转换的运用应考虑如下因素：（1）母语应达到何种熟练程度才能有助于外语的习得；（2）学校中母语的使用占多少比重才能够使学生对母语产生积极的认知态度；（3）初级教育中应当怎样使用母语才能避免对之后的外语学习产生负面影响；（4）以两种语言作为媒介进行教学的学科适用性。

考虑到以上因素，双语课堂中语码转换应遵循如下三个原则：

1．内容优化原则

鉴于双语课程目的是用英语讲授专业知识，应坚持内容优先。教师应该积极调用各种教学方法和手段来促进教学效果的最优化。其中的策略当然包括调用两种语言。

2．科学使用母语原则

语言学家针对目标语和母语的使用情况所作的定量和定性分析表明适当使用母语有助于师生互动、文本讲解、有效传递信息。教师在课堂教学中在保证目标语信息最大限度输入的情况下，可以适量使用母语，并有效地在两种语言中适时转换。

3．顺应性原则

教师应该时时观察学生在课堂上的反应，或及时通过提问了解学生对知识的掌握情况，以便适时调节授课内容，适当转换语码，以促进学生学习。

Rodolpho Jacobson 提出了"新一致方法"（New Concurrent Approach），认为在以内容为基础的教学过程中应该采取有规律的结构和可以预知的语码转换。教师应该精密地规划语码转换的频率和时机，以完成教学目标。通常教学内容通过两种语言的加工和重构能够给学生留下更为深刻的印象。教师应该在一些关键点诸如讲述或复习重要概念、学生注意力分散及表扬、批评学生时进行语码转换。这样，教师在每一堂课的教学中就会保持语言使用的平衡性，从而使语码转换成为有效的教学策略。

第四章　双语教学的科学性与必要性

第一节　双语现象与双语者的优势

一、双语现象

（一）双语现象的含义

研究双语教学，首先需要研究双语现象，明确什么是双语现象，双语现象的由来、分类与发展；同时还需要研究双语者，明确双语者的特点、类型与双语学习规律。

国内外学者对什么是双语现象，有着诸多不同的见解。W.F. 麦凯（Mackey）认为："如果我们要研究双语现象，我们必须把它看作某种完全相对的东西。同时，它不仅必须包括两种语言的使用，还必须包括多种语言的使用。所以，我们认为，双语现象就是同一个体交替地使用两种或两种以上的语言。"W.F. 麦凯也是从个体的角度来定义双语现象，他（Mackey）又补充说，双语现象不一定只限于两种语言，还包括三种或更多种语言的情况，即三语现象（trilingualism）、四语现象（quadrilingualism）或多语现象（plurilingualism）。因为讲双语和讲三语或多语之间并没有什么重大差别，但讲双语和讲单语之间却存在着本质的差别。

布卢姆菲尔德认为，如果一个人外语学习得很完美，同时没有对第一语言带来妨碍，就会导致双语现象，即如同母语般地掌握两种语言。这是根据个体双语现象所做的界定。

《辞海》对双语现象的解释是："指某个语言社团或其部分成员经常使用两种语言进行交际活动的现象。"这种界定指的是社会的双语现象，而非个体的双语现象。

在中国，盖兴之教授认为："双语是个人或一个语言社会使用两种语言的现象，尤指一个国家的少数民族使用主体民族语言的现象。"虽说这是针对中国少数民族地区的双语现象所作的界定，但是它涵盖的却是个体和社会两种双语现象。

综上所述，双语现象可以定义为"个人或一个语言社会使用两种或多种语言的现象"。其中，第一语言指的是，一个人从咿呀学语起，最先从父母和周围环境里习得并用于交际的语言，亦称本族语或母语。第二语言则是指一个人在习得母语后又掌握的另一种语言。在中国少数民族地区的民汉双语教学中，第一语言指的是少数民族语，第二语言是汉语。在中国汉外双语教学中，第一语言是汉语，而英语只是一门外语。个人双语现象被称之为 bilingualism，而社会双语现象则被称之为 diglossia。本研究着重讨论个人双语现象。

（二）双语现象的成因

双语现象形成的原因多种多样。它可以是殖民主义统治的结果，可以是多民族共存的结果，可以是民族冲突的结果，也可以是多元文化需要的结果。但最根本的原因是不同国家、不同地区和不同民族之间的交往与接触。产生双语现象的原因大致归为五类：

1. 移民

由于社会、政治、经济等原因，当新迁入某一地区的人口在与当地人口接触时，就可能产生双语现象。这种双语现象有不同的模式：要么新来的移民与原来的居民彼此学习对方的语言，如巴拉圭的西班牙移民和瓜拉尼印第安人那样；要么新迁来的移民学习当地居民的语言，如移民至美国的居民学习当地的英语；要么原来的居民学习新移民的语言，如罗马帝国时期法国的高卢人和英国的凯尔特人学习入侵的罗马人的拉丁语。由军事入侵继而殖民化所引起的人口迁移起着特别重要的作用。例如，西班牙征服新大陆导致了西班牙语在几乎所有中美洲和南美洲国家的推广；罗马帝国的入侵导致拉丁语在西至英国，南至北非，东至中东的广阔范围内使用；阿拉伯语由于穆斯林的入侵而被推广到地中海东部、北非及伊比利亚半岛等地。但由军事入侵从而导致双语现象的产生须有以下几个条件：①入侵之后须有较长的一段稳定时期；②被入侵地区存在多语现象，而入侵者的语言被用作交际语；③入侵者的语言能给被征服者带来社会、政治、教育及经济等方面的益处。移民也可由社会或经济的原因引起。例如，19 世纪爱尔兰因马铃薯减产而引起的饥荒导致大量人口涌入美国，这些人为了生存不得不学习当地的语言即英语；当今西欧有不少工人是从土耳其、南斯拉夫、阿尔及利亚等较贫穷国家迁去的，他们也成为双语者：工作时他们说所在国家的语言，在家里和朋友之间说自己的母语。贸易也是人口迁移的一个重要原因。例如，公元前 3 ~ 5 世纪，地中海的贸易中心希腊吸引了许多商人，他们既会说自己的母语，也会说通用的交际语。另外，政治原因也促成人口外移。

2. 联合

民族主义的情绪对于扩散民族语言、加深双语程度有很大影响，而不同民族在政治上的联合又对维护民族语言起着有效作用。因此，许多非洲国家的双语或多语现象能够稳定地存在。在一些联邦制国家里，少数民族语言也被政府承认为官方语言。

3. 教育和文化

例如，罗马帝国时期，大多数受过教育的罗马人既会说拉丁语，又会说希腊语，富家子弟从小就要学希腊语。

4. 世界主义

在整个历史过程中，商业和交往已经促使建立了许多新的居民点，这就吸引了双语媒介，同时促进了国际交往的语言的使用，促进了混合语的发展。从很早开始，地中海的港口大批商队来往道路上的沙漠绿洲、大型商业市场就成为这种现象的典型例子；今天，世界性大城市、国际组织的总部、旅游中心和机场扮演了同样的角色。由于互联网和交通的日益发展，世界上大量使用的国际交际语言更显得十分必要了。

（三）双语现象的分类

1. 国外双语现象的分类

国外语言学家大多把双语现象分为社会双语现象与个体双语现象两大类。

（1）社会双语现象

社会双语现象是"根据两种语言用来作为一个社会、群体或特定社会机构的交际手段而确定的。在相同社会背景中两种语言的存在，意味着有一些或者许多个体是双语者，尽管社会双语现象并不取决于双语者的数量或这种社会现象出现的频度。"社会双语现象按国家划分，大致可分为三类：单语国家、双语国家和多语国家。

单语国家指的是只有一种官方语言的国家。单语国家的双语现象又可分为两类。第一类基本上是单语的国家，即该国家的官方语言为绝大多数居民的母语。例如：日本，它有三个少数民族——阿伊努人、朝鲜人、中国人，这三个少数民族约占总人口的 0.7%。因此，绝大多数的日本人虽然只讲日语，但是阿伊努语、朝鲜语和汉语与日语同时存在。第二类单语国家实际上是多语国家，即该国除去一种官方语言外，还有许多其他少数民族或部落的语言同时存在。这一类的国家比前一类要多得多，其中尤以非洲和亚洲为最。这些非洲和亚洲国家原先大多是殖民地，独立以后便面临着选择一个官方语言的问题。它们的做法主要有两种：一是选择一门本国的语言作为官方语言，如菲律宾选择菲律宾语，印度尼西亚选择巴哈萨印度尼西亚语，马来西亚选择马来语作为官方语言；二是选择一门非本国的语言作为官方语言，如赞比亚、加纳、塞拉利昂选择英语作为官方语言，而乍得、加蓬、塞内加尔、上沃尔特则选择法语作为官方语言。虽然上述国家的官方语言只有一种，但许多国家的多语程度相当高。例如，在菲律宾，除去官方语言菲律宾语外，还有 100 多种语言，既说土语又说官方语言的双语现象、既说官方语言又说西班牙语和英语的多语现象相当普遍。再如，黎巴嫩有 15 个少数民族，较重要的语言有官方语言阿拉伯语、法语、英语、亚美尼亚语和土耳其语，几乎有一半的人口同时操阿拉伯语和法语，许多人同时操阿拉伯语和英语，还有不少人同时操阿拉伯语、法语和英语，双语和多语并用的现象在该国的法律文献、广播、电视、路牌、电话中随处可见。

（2）个体双语现象

个体双语现象指的是个人使用双语的现象。从个体运用双语的程度和习得途径的角度分类，个体双语现象可分为：并列双语现象（compound bilingualism）和复合双语现象（coordinated bilingualism）。使用并列双语者运用两种独立的言语系统。一方面运用语言 A 理解同样用语言 A 传达的信息并给予回答，另一方面运用语言 B 理解同样用语言 B 传达的信息并给予回答。而使用复合双语者只具有一种占优势的语言系统即语言 A，因此，当他们收到语言 A 的信息时，他能用这种语言进行理解、做出回答；而当他收到语言 B 的信息时他要把它翻译成语言 A 进行理解，并用语言 A 做出回答，然后再翻译成语言 B 表达出来。有学者从掌握和运用双语的平衡程度的角度，把个体双语现象分为平衡双语现象（balanced bilingualism）和非平衡双语现象（unbalanced bilingualism）。

2．国内双语现象的分类

近年来，国内许多专家学者从不同角度对中国的双语现象进行分类，其中概括比较全面的是把中国的双语现象划分为以下六种类型：

（1）汉语普通话与汉语方言的双语现象

这种双语现象主要分布在汉语言区。许多人除说方言母语外，还会说普通话，而且随着普通话的不断推广，这类双语的适用范围还会进一步扩大。

（2）汉语普通话与少数民族语言的双语现象

这种双语现象主要分布在少数民族地区，如内蒙古、新疆、西藏、云南、贵州、广西等。这些地区的少数民族同胞既能说少数民族语言，还会说普通话，而当地的部分汉族人也能说少数民族语。

（3）少数民族方言与汉语方言的双语现象

主要分布在汉族同少数民族毗邻或杂居的地区，例如内蒙古、青海、宁夏、新疆、西藏、四川、云南、贵州、广西、海南等。这些地区的少数民族除了说本民族方言外，一部分人还会说当地的汉语言，例如新疆、青海、宁夏和内蒙古的少数民族说的多是西北官话，而海南的少数民族说的则基本上是闽南方言中的海南话。

（4）汉语方言与汉语方言的双语现象

这种情况在中国方言交界的地方常见。如在湖南省南部的永州和郴州，就是官话作为区域共同语和土话构成的典型的双方言地区；在中国深圳，汉语几种大方言都有，它的语言状况简直是全国语言状况的缩影。

（5）少数民族语言与外国语言的双语现象

主要分布在中国边境的少数民族地区，例如内蒙古、新疆、西藏、云南、广西等。随着中国边境同相邻国家的经济、文化交流的日趋活跃，再加上传统关系，双语的使用越来越频繁。

（6）汉语与外国语言的双语现象

主要分布在一些大中城市，特别是沿海开放城市。在某些领域，如在教育界、科技界、经贸界、旅游界及外交界等,能用外国语同外国人直接交际的中国人越来越多。汉语与英语、汉语与俄语、汉语与日语、汉语与韩语、汉语与法语,以及汉语与德语等双语现象实际上已经存在。随着中国对外开放的不断扩大和各领域同国际社会的进一步接轨,这种类型双语的使用范围还会不断扩大。

（四）双语现象的发展

1.双语的持续和单语的还原

格鲁斯让（Francois Grosjean）把世界范围双语现象的发展归结为两类:一类是双语现象持续发展,另一类是由双语还原到单语的现象。

双语现象持续发展的国家主要有比利时、加拿大、瑞士等。起初,这些国家是由不同的单语共同体构成的,各单语共同体的成员只讲一种语言。如在比利时,各单语共同体要么使用佛兰芒语,要么使用法语,要么使用德语;在加拿大,要么使用法语,要么使用英语。后来,每个单语共同体内都有一些成员学习对方语言,因为只有这样,各共同体之间才有相互交往的可能。这种情况一直延续到第二代和第三代。各共同体成员之间接触所用的语言通常是当时占主导地位的有威望的语言。比如,在加拿大,说法语的人学英语的多,而不是说英语的人学法语的多;在比利时,说佛兰芒语的人学法语的多,而不是说法语的人学佛兰芒语的多。在非洲,许多新独立的国家出于不同民族之间交往的需要,也存在这种持续的双语现象。这些国家的儿童通常先学自己的母语,再学另一种交际语言,就这样一代一代地延续下来。

持续的双语现象出现的另一个原因是各国自身发展的需要。例如在巴拉圭,西班牙语是政府、学校、广播通讯等方面的用语,而瓜拉尼语通常只用于农村、非正式的场合以及民间文学中。这种情况在瑞士及许多阿拉伯语国家也都存在多时。

由双语还原到单语的现象,主要有三种原因:一是为了维护母语,所以回到原来的单语,致使第二语言消失;二是语言更换（language shift）的结果,即原来的语言逐渐转为第二语言直至消失;三是语言的混杂化（pidginization 和 creolization）,即产生既不是原来的语言,也不是第二语言的皮钦语（pidgin）或克里奥耳语（creole）。后者由前者演变而来。

2.语言维护和语言更换

影响语言维护和语言更换的因素很多,W.F.麦凯和 M.西格恩分别从人口和地理、社会政治、语言学、外部关系、文化、语言群体中的自我意识和理解、公共机构的支持、双语家庭等多因素进行了分析。阿佩尔（Rene Appel）和谬斯肯（Pieter Muysken）将其简洁归因为:地位因素、人口因素、公共机构的支持和控制的因素。

（1）地位因素

地位因素首先指的是说话人的经济地位。经济地位是影响语言维护或更换的一个重要原因,经济地位较低的语言集团总是向经济地位较高的语言集团的语言转变。例如在美国,说西班牙语的人的经济地位较低,他们为了改善自己的处境,不仅自己学说英语,还让他们的子女也学说英语。地位因素还包括社会地位。秘鲁、厄瓜多尔、玻利维亚等国说奇楚亚语（Quechua）的人的社会地位较低，所以他们专说代表较高社会地位的西班牙语。地位因素还包括语言地位。法语、俄语、西班牙语、英语等作为国际交往的语言享有很高的地位，因而在加拿大的魁北克维护法语比维护诸如乌克兰语、越南语要容易得多。在中国也有类似的情况存在。

（2）人口因素

人口因素包括使用某种语言的人数及其地理分布，第一是人口的密集情况。在同一种语言的人集居的地区，最容易维护这种语言。例如，魁北克地区操法语的人口比较密集，因此在很大程度上维护了法语的地位和发展；而在加拿大的其他地区操法语的人口比较稀疏，因而人们趋向说英语。再如，美国的旧金山等地有华人集居的唐人街，这对汉语的维护起了很大的作用。第二是人口的城乡分布情况，居住在农村的人口比居住在城市的人口更容易维护自己的语言。

影响语言更换的因素很多，其中很重要的一点就是说话人对语言的态度。如果使用某一种语言的集团对该语言持积极态度，对该语言文化传统感到自豪，并努力把它传给后代，就会对该语言的维护起到促进作用。例如，19世纪的美籍德国人，不论是知识分子、牧师、专业技术人员，还是工人、农民，都积极维护自己的传统文化，结果维护了德语的发展。相反，如果使用某种语言的集团对该语言持消极态度，就会导致语言更换。例如，美国的一些移民，为了在社会上获得一定的地位而学习英语、唾弃母语，结果导致了语言的更换和母语的消失。另外，整个社会对某一言语集团及其语言的态度也是影响语言维护和发展的一个重要因素。如果整个社会对某一种语言持消极态度，就会影响人们不去积极地学习和使用该语言，从而导致语言的更换。

3. 国家共同语和国际共同语

当今时代，人类社会已经进入了一个全球化的时代，一个国家共同语和国际共同语并存的双语时代。其实，早在春秋战国时期，孔子周游列国，不带翻译；对弟子讲学，向诸侯宣讲仁义，不说曲阜老家的方言，而是说当时天下的"共同语"——"雅言"。孔子的语言就是"双语言"：雅言和方言。

国家共同语指的是一个多民族国家通用的主体民族语言，简称国语。例如，中国的汉语、德国的德语、日本的日语、澳大利亚的英语都是国语。有的国家的国语还不止一种。例如，印度的国语是印地语和英语；加拿大的国语是英语和法语；新加坡的国语是马来语、英语、汉语和泰米尔语；瑞士的国语是德语、法语、意大利语和罗曼希语。

国际共同语是指在国家和国家之间的交往中所通用的主要国家的国语。英语、法语、西班牙语、俄语、汉语和阿拉伯语是联合国六种工作语言，就是国际共同语。事实上这六种语言在世界上的通行性是不一样的。英语是联合国用得最多的工作语言，也被许多国际会议当作唯一的工作语言使用，被冠以最重要的国际通用语。它是国际政治、世界贸易和科学技术的主要用语，是目前世界上通行最广泛的国际共同语。世界上几乎各个国家都把它作为第一外语推行。在中国，汉外双语现象已成为中国对外开放和适应全球化社会发展的产物，也是中国基础教育阶段双语教学研究的一个重要领域。法语是法国、比利时、加拿大、瑞士、海地、卢森堡和非洲一些国家的国语。

二、双语者及其优势

"掌握另一种语言在传统上不仅看作为强化个体交际潜能提供有利条件，而且也看作丰富文化和个性的真正源泉"。"就那些使用两种语言并用它们表现不同文化的群体而言，在这些群体中的双语者似乎能够把自己融汇或结合到一种更高一级的文化统一体中去。因此，这种双语现象将是双语者丰富和完善自我的源泉"。在全球化与信息化的当代社会，拥有两种或多种语言能力被普遍看作国家与个人发展的财富。因此，具有多方面优势的双语者的培养受到世界各国的高度重视。双语者是一个广义的概念，不同模式的双语教学培养的双语者有着很大的差异。然而，不论何种类型的双语者，都具有一定的优势。

（一）双语者的概念厘定

一般来说，"掌握并使用两种语言的人"就是双语者（Bilingual : a person who knows and uses two languages）。国内外专家学者大都依据不同的标准对双语者做出不同的界定。W.F.麦凯和 M. 西格恩认为："一个人除了他的第一语言外，对另一种语言能够达到熟练的程度，并能够在任何场合中同样有效地使用其中任何一种语言，这才能称他为双语者。显然这是一种完美或理想的双语现象，因为我们在现实生活中所遇到的个体或多或少都不那么理想，但是作为衡量一个个体的双语熟练程度的尺度，这个定义是有效的。"布卢姆菲尔德认为："如果一个人外语学习得很完美，同时没有对第一语言带来妨碍，就会成为双语者，即如同母语般的掌握两种语言。"柯林·贝克等人认为，"双语者"就是精通两种语言的人。

本研究认为，"双语者"可指称能够熟练地运用两种语言进行交际、工作、学习与生活的人。"双语者"的本质特征就是必须对两种不同语言达到非常熟练掌握的程度，而且能够轻松自如地运用两种语言中的任何一种进行交流。

从不同视角，双语者可以分成多类。从双语熟练程度的角度看，可分为平衡双语者（balanced bilingual）和不平衡双语者（unbalanced bilingual）。在现实生活中，绝大多数双语者是不平衡双语者，他们在语言质量上至少有一种语言是明显区别于相应的单语人。个人双语现象的第一阶段是初步双语者，进而发展为接受型和产出型，甚至是平衡型和完美型的双语者。掌握了四种基本语言能力（听说读写）的一种，便可以成为功能双语者，而双语能力发展的理想标准是平衡双语者。因此，无论是从心理学、社会学，还是从语言学的角度来看，这种非熟练的不平衡双语者都是更有价值的研究对象。依据获得双语的年龄和情境，可分为并列型双语者（compound bilingual）和复合型双语者（coordinate bilingual）。按照语言敏感期理论，儿童期双语者要比青春期双语者形成得快，而青春期双语者的培养又比成年期双语者省时省力得多。因此，双语教学最好起始于儿童青春期之前。从儿童期或早期双语现象的角度出发，又可将双语者进一步分类为同时性双语者（simultaneous bilingual）和继时性双语者（consecutive bilingual）。并列型双语者通常是同时性双语习得者，而复合型双语者通常是继时性双语习得者。

（二）双语者的语言习得

1．双语习得的途径

W.F.麦凯和 M.西格恩通过对 20 世纪中叶世界范围双语现象的分析，归纳出双语者习得双语的四条基本途径。

（1）通过婴儿期早期习得双语能力

一系列著名研究得到的经验证明，幼童在开始学话时接触两种语言，他们可以毫不费力地掌握这两种语言，就像他掌握一种语言成为单语者（monolingual）一样。儿童不仅能够掌握两种语言系统，而且能够把这两种语言系统区别开来，并按照情况的变化，从一种语言迅速地转换到另一种语言。他们甚至在幼小的时候就能懂得两种语言系统的存在，意识到自己是个双语者。此外，在学生习得第一语言时就使他们同时学习第二语言，习得的两种语言会有一个扎实的基础。原因是，学生不仅会比较牢固地掌握两种语言，而且还能够用其中的一种语言进行思维。基于此，许多人认为，幼儿期双语能力习得的途径无论是从广度上讲，还是从深度上讲都十分明显，完全的或平衡的双语习得现象也只有在学生的婴儿期才可能出现。

（2）通过两种语言环境习得双语能力

儿童生长在一个只说一种语言的单语家庭（monolingual family）里。上学后遇到了第二语言，它可能是一种教学语言，也可能是所生活的社会使用的语言。这种情况常常发生在这样一些儿童身上，这些儿童属于有自己语言的少数民族，或者生长在一个移民家庭，而这种家庭使用与其居住国不同的语言。用这种方法实现的双语习得的基础可能是相当扎实的，但是，由于社会环境的不同会造成两种语言在功能和使用上的长期不平衡。这样，儿童会出于个人的和日常生活的需要而继续使用他的第一语言；同时，仍然保留在学校中掌握的另一种语言以满足更加正式场合的交往和高层次的社会交际的需要。

（3）通过使用两种语言习得双语能力

通过童年后与使用第二语言的社会的直接长期的接触自然而然地掌握第二语言。这里有一个典型的例子。对成年移民或留学的青少年来说，居住国语言并不是他们自己的母语，他们在这种环境中所能掌握的第二语言的熟练程度也是有限的，但是却可以达到实现交际的水平。

（4）通过课堂教学语言获得双语能力

通过在自己国家的学校里上课来学习外语。这样掌握的语言熟练程度十分有限。但在这样的课堂教学中，语言结构与书面语言的理解受到特别的关注，而交际熟练程度往往被忽视。因此，在这种情况下习得的双语读写能力往往比较强。

这些分析对中国基础教育阶段的汉外双语教学研究，特别是在如何发挥语言习得效应以加快双语人才培养方面，具有十分重要的借鉴价值。

2．语言习得与学习

语言习得主要指的是儿童的第一语言习得（first language acquisition），或称母语习得

（mother tongue acquisition），即儿童从咿呀学语起就在父母和周围环境的作用下自然获得母语的过程。语言习得是幼儿自然掌握语言的一种特殊过程和特殊方式，不需要正式的课堂学习，也不需要系统的教材和组织学习的教师，同时也不受儿童智力发展的限制。不论是聪明还是愚拙，都能同样掌握第一语言，即母语。

儿童习得母语一般具有以下特点：（1）儿童有一种内在的语言学习能力；（2）儿童习得语言是自然的，不必专门教和专门改正错误；（3）儿童通过群体用接触语言的方式学习；（4）儿童掌握语言的规则是无意识的；（5）儿童从语言实践、语言交际中学习；（6）习得过程是从不自觉到自觉。

克拉申（D.Krashen）认为，儿童获得第二语言是通过两种不同的途径：习得和学习。第二语言"习得"的过程同儿童习得母语的过程相似，也是在一种自然交际的环境中使用语言并"潜意识"（subconsciously）地发展语言的过程。而第二语言"学习"则是学习者"有意识"（consciously）地掌握第二语言规则的过程。"习得"主要发生在以传递信息为主要目的的自然交际的"语境意义"，而不是"语言形式"；而"学习"则主要发生在课堂上，其关注对象是语言形式和语法规则，发现错误和纠正错误往往是学习过程中的重点。

（三）双语者的优势

过去有研究证明，双语儿童在语言智商和学校学习方面有缺陷，他们似乎两种语言都掌握不好，都是"半拉子"。但这些研究的重要缺陷是时间掌握不好，比如一个研究在三年级和五年级测试学生，一种语言在时间上的要求就没有达到，当然不可能有好的结果。另外，这些研究没有说明儿童学习语言的环境和条件，研究结果不完整。

现在的研究，证明双语学习对儿童的一般智商、多种思维、分析能力以及对反馈的敏感度有利。维果斯基（Vygotsky）认为，儿童用两种语言表达一个思想，这种能力使他们看到自己的语言系统是许多语言系统中的一个，也帮助他们感觉到自己的语言操作。但是，良好的认知优势是与较高的语言能力连在一起的。语言需要达到一定的水平才可以避免不利因素，发挥有利因素。加拿大著名的双语教学专家卡明斯（J.Cummins）的"阈限理论"说明，双语教学需要提高两种语言水平，双语教学应当是附加的而不是减少的。

双语者不同于单语人，他们在认知、语言和文化等方面具有以下优势：

1．认知优势

卡明斯认为"双语教学对大脑来说不但没有坏处，而且很可能大有好处。"双语教学有利于思维、智力和语言加速发展。据有关研究表明，"双语者"认知方面的优势直接涉及他们的创造性思维，有助于他们早期认知水平的快速发展，增强他们语言的敏感性与语言的领悟能力。譬如，"双语者"一般会利用更丰富的话语对客体与观念作出比较确切的诠释，这就意味着"双语者"的思维流畅、敏捷、灵活、语言丰富，而且极具创新性；同时也意味着"双语者"在应对两种语言的过程中，具有较强的联想能力，具有高效的发散性思维能力与丰富的想象力。此外，"双语者"用两种不同的语言表达同一事物时，会对这一事物解释或描述得更加透彻与清晰，且还会延伸词语自身的含义。双语者具有以下认知优势：（1）在重新组织感知情境方面能力较强；（2）在文字的和非文字的智力测试中，以及思维发散性和独创性测试中得分较高；（3）在完成发现规则的任务时表现较好；（4）在完成文字变形和符号替换的任务时双语者成绩较好；（5）更正句子的语法错误成绩较好，更善于发现模棱两可的语言点；（6）类比思维成绩较好；（7）更清楚地认识到语言的人文性质，以及词、所指对象和意义之间的关系。

2．双语能力

首先，双语者拥有两套不同的语言编码，并能根据不同的环境使用其中的任何一种编码。这一事实表明，双语者可以使这两套编码保持分离，而不混淆。其次，双语者的双语转换能力很强，而且十分迅速。他可以随着环境的变化毫不费力地从一种语言系统转换到另一种语言系统。再次，双语者的翻译能力特强。他不仅能够掌握两种不同的语言系统，而且还能熟练运用两个语言系统表达相同的意思，即把一篇文章从语言 A 翻译成语言 B。

3．跨文化素养

语言不仅是人际交往和思维的工具，还是文化传播的媒介。由于双语者掌握两套交际和思维的工具，所以，双语者学习和使用双语的过程既是增长能力的过程，又是两种不同文化撞击和内化的过程。虽说双语不等于双文化，双语者也未必都能掌握两种文化，但是，从总体上来看，双语者特别是那些接受过正规双语教学的双语者，比单语人有着十分鲜明的跨文化素养。因为每一种语言的背后都蕴含着讲这种语言的民族长期形成的风俗习惯、生活方式以及价值观念和信仰系统。双语者既能够保持本民族的优秀文化传统，又能吸收另一种语言所带来的先进文化。两种文化的交融便形成了双语者的跨文化素养，使他们融汇到一种更高更深更广的文化体中，丰富和完善自我，获取教养和文明。如果第二语言是一门国际共同语，便可使双语者很快融入国际社会，自如地应对多元文化和全球化社会带来的诸多挑战。

4．经济潜能

双语者在经济方面的潜能主要体现两个方面，一方面有利于国家经济的发展，另一方面有助于个体职业及其职位的选择。在当今挑战与机遇并存的全球化、知识经济与信息化社会，如果个体掌握了两种或两种以上的语言，可供他们选择的职业与职位就远远要比单语者多很多。而且，随着经济贸易障碍的突破、国际关系的日益密切以及各个国家之间交流的扩展，有许多新兴职业与职位需要"双语者"或"多语者"。尤其是在多国合资公司的推销、出口业务中，或是在欧联体的各跨国公司内，其雇员中的"双语者"人数远远超过单语者人数。一般来说，双语者工作在企业与商业部门都具有较高的经济价值。而且随着地球村态势的上升与国际贸易的增加，相对于单语者而言，"双语者"肯定会在激烈的职业竞争中处于一个绝对的优势地位，而且，在当今社会背景下，"双语者"对社会的发展具有更为重要的作用。

第二节 双语教学与人的现代化

现代化是人类经历的一场巨大变革，是以工业化为根基，以改变经济落后面貌和促进社会持续发展为目标的全球运动。一个国家只有努力推进现代化，才能不断增强综合国力，才能使国家屹立于世界之林，并为推动世界文明进步做出贡献。一个国家要推进现代化，就必须具备一大批现代化的人才。无论是世界的竞争，还是未来的竞争，归根到底都是人才的竞争。发生在 20 世纪中叶以后的以体力为基础的经济早已转变成为以脑力为基础的经济。

21 世纪是一个崭新的时代，它给世界各国的教育带来了新的挑战，这就是如何培养出全球政治、经济和科技发展和各国现代化所需要的国际化人才，促进各国的现代化建设。21 世纪是一个充满激烈竞争的时代，其主要特点是知识经济化、经济全球化和社会信息化。这样一个时代势必呼唤大批具备现代性素质的人，他们不仅必须具备扎实的专业科学知识并献身于现代化的事业，还必须具备较高的语言应用能力，才能满足在全球化的背景下，实现现代化所要求的信息沟通、知识的传播和应用、物质和精神财富的创造，并最终实现社会进步和发展的需要。由此观之，双语教学成为各国现代化的一种重要的有效社会资源，双语教学与人的现代化之间的关系十分密切。

一、现代化进程中的双语教学

以培养人们熟练掌握外语语言运用能力为主要特征的汉外双语教学，不仅能帮助人们通过国际通用语言的学习来掌握国际最先进的知识和技能，而且还能在将中国文化和文明成果介绍给世界各国的同时，传播西方多种文明成果，给发展中国家的人们开启一扇融入世界大家庭、建构和分享世界文明成果的窗户。中国正在现代化进程中，汉外双语教学将是一条培养学贯中西的国际化人才的有效途径。

任何一种教育制度的实施都是为一定的社会利益和社会发展服务的，所以在全球化趋势日益加速和中国社会经济发展迅猛的背景下，汉外双语教学的目的自然得顺应时代进步的总趋势，主要表现在以下几个方面：①适应中国改革开放和现代化进程的需要；②适应当前国际社会"全球化"发展的需要；③适应学生的实际语言水平和他们未来个人发展的需要，使之成为在国际舞台上具有文化人格、文化话语权和技术竞争力的世界人。中国目前的汉外双语教学应主动服务于国家现代化发展的需要。本研究以为，汉外双语教学应"早起步、大容量、多渠道、重习得、创情境、促迁移"，注重激发学生猎取多学科知识、了解多种文明成果的兴趣和能力，提高学生的多维认知水平，帮助学生构建适应全球化环境的多重文化心理和跨文化交流的技能，进而真正掌握这一能使得个人和群体长久受益且可持续发展的重要社会资源。

二、双语教学与人的现代化

何谓"人的现代化"？英格尔斯认为人的现代化内涵至少包括四个层次的内容：一是生活；二是素质；三是能力；四是关系。只有在上述各个层次上的全面发展，才能实现人的现代化，因而一种诱人的替代办法是只用心理社会特征的术语（如价值取向、意见和行为倾向），给个人现代性下定义。这显然有利于消除许多个人层次测量标准中的累赘和循环重复现象。英格尔斯曾提出把人作为注意的中心，特别是普通人，因为人是生产力的决定因素，只有确立人的主体地位，才能使人的全面自由发展成为可能；同时，社会的发展为人的发展提供了必要环境。人和社会相互依存，共同发展，而不难理解人的现代化和社会的现代化也是一种双向、互动的过程。

英格尔斯还根据调查研究数据，归纳出了现代人的九个心理特征，从中又可以归纳出现代人的四个最重要的心理特征，即：（1）他是参与型公民，并有丰富的知识；（2）他对个人的效能抱有充分的信心；（3）他在受到传统势力影响时，特别是在处理个人事务上做出决策时，有高度的独立性和自主性；（4）他愿意接受新的经验和新的思想，即他是个头脑开放的人。英格尔斯把现代人的这些心理特征称作为"现代性精神"。现代性精神是一个国家的经济增长和社会发展的必要前提，因此，不发达和落后归根到底是一种心理状态。传统的人的精神状态和心理因素阻碍了许多国家有效的经济发展和社会变化。所以，培养现代的心理特征、态度和行为，即造就现代人的战略，是建立现代社会秩序的各种战略中极为重要的一环。

在影响人的现代化的众多因素中，教育对人的现代化所起的重要作用已为许多学者所认同。英格尔斯在调查中发现：在受教育较少的人中，具有现代型品质的人的平均比例是13%，而在受教育较多的人中则占到49%。这说明受教育水平与人的现代性有着直接的关系，教育是培养人的现代性的最有力的因素。与过去时代的人相比较，现代的人格可被说成是更加开放，更加宽容，更加关心对环境的控制，而且或许更少自恃，更不安于现状。实践证明：在全球化进程中，汉外双语教学作为一种不可替代的社会资源，它的实施在一定程度上有利于个人智力水平、双语能力、社会交际能力、经济潜能等方面的提高以及双重文化心理的构建，由此促进了个人综合素质朝着现代性方向发展。

（一）智力水平

语言是大脑思维的载体，与智力水平的提高有着极为密切的关系。由于现代科学的发展，科学家们发现：同其他动物相比，人类的大脑已经大大进化，与语言有关的运动皮质区逐步扩大，而这些区域却与思维的发展极为相关。思维能力属于智力的范畴。人类的智力很难定义，智力理论也有很多，最著名的有斯皮尔曼的智力二因素论、瑟斯顿的智力群因素论和吉尔福特的智力三维结构学说。一般认为智力是成功地认识世界和改造世界的各种稳定的潜在能力，是通过注意力、观察力、记忆力、思维力、想象力、创造力、自觉能力和自我监控能力等因素组成的整体综合能力，是学习或习得知识、技能、能力和策略性知识的总和。抽象思维能力是智力发展的核心，但必须通过语言来加以实现。有研究表明：双语有助于思维的逐步发展。两种不同的语言系统是两种不同的思维系统，尽管在它们之间语言材料有可译性，但在思维方式上未必有可公度性。对两种或多种语言的掌握可以化解它们之间的不可公度性，即体现为抽象思维能力的提升。这一点也可以用发散性思维（divergent thinking）来加以说明。发散性思维是一种与聚合性思维相对立的思维方式，经常等同于创造性思维或求异思维，具有开放性、自由性、流畅性、灵活性和独创性？更富有想象力。加拿大的卡明斯等人曾通过给实验对象展示一个个独立的单词（如 book），然后让他们尽可能多地举出这些词的用法，从而来测试他们的发散性思维的能力。结果是：掌握双语的孩子的发散性思维远远高出只说单一语言的孩子。而美国、墨西哥、新加坡等国也曾开展了有关双语能力与发散性思维相关性的研究，绝大多数研究表明：双语者的发散性思维优于单语者，他们思维比较自由、灵活，想象力也比较丰富。比如在记忆单词或其他事物的时候，他们也会采取多种手段：如联想法、替代法、比较法等等。根据近年来研究的总的情况，加西亚（Garcia）就双语者在智力方面的表现得出结论：与单语者相比，双语者在某些皮亚杰测验、元语言测验、概念形成及创造力和认知能力测验中表现较好。皮尔和兰伯特在加拿大蒙特利尔开展的双语教学研究表明：双语者与单语者在智力结构方面存在差异，双语者具有更多样化的智能；双语教学更能提高大脑的灵活性，提高了学生的抽象思维能力，尤其在概念形成方面更具优势；一个比较浓厚的双元文化环境有益于智力的发展；两种语言之间存在正迁移，并有益于语言智力的发展。如果有一个良好的汉外双语学习环境，教学得法，再加上学习者自身努力，汉外双语的学习在很大程度上对学习者的智力发展是有益的，目前越来越多的研究已经证明了这一点。特别是处在今天这样一个高度信息时代，我们应提倡双语学习，用自己所掌握的双语技能更好地去适应日趋全球化的生存环境，为自己和社会的发展打下坚实的基础。

（二）双语能力

很多国内外语言专家通过长期实验表明：双语教学对个人语言运用技能发展起良好的作用。①双语者更多注重语言的主要内容和主要意义，而不是单纯机械地记忆语言的外部结构和语音；②双语者具有较强的语言分析能力，能够区别两种语言或避免两种语言的混淆；③双语者替换单词的能力优于单语者；④双语者不仅在把握句子意思方面，而且在把握语法规则方面，都优于单语者。分析认为，双语者在掌握和使用两种语言的过程中，必须应对两套不同的语言系统，时时克服和避免两种语言所产生的种种干扰。因此，他们在语言方面具有较强的分析能力，具有较强的灵活性；由于双语者熟悉和使用两门语言，他们的语言意识优于单语者，这有助于他们更好地分析和理解句子。

这些研究的结论恰巧印证了维果斯基先前提出的观点。早在 1961 年，维果斯基就明确指出：双语能力能够促使儿童把他的语言视为许多语言系统中的一个语言系统，并从多种语言的角度看待语言现象，这有助于形成语言运用的意识。一个人对某事物的认知过程就是其对该事物感知的过程。语言是用来表达思想的,但在语言实践中,还要依赖认知推导。反过来,掌握一定的语言能力也有助于培养个人的认知水平。

在中国,汉外双语教学作为一种外语教育途径,可以向学习者展示另一套与母语不同的语言符号系统,可以促进学习者对语言多样性的理解,对两种语言之间的差异产生敏感。而且,随着学习的深入,他们会逐渐意识到两种语言之间的差异,在学习和运用不同语言时能够及时调整自己的学习策略,以此来丰富学习者的多种语言经验,还可以促进学习者语言能力的发展。美国神经科学家乔伊•何西(Joy Hirsch)通过使用功能磁共振成像术(Functional Magnetic Resonance Imaging,FMRI)来观察 12 个双语者,发现较早接触双语的相对更容易获得纯正、地道的第二语言。由此看出较早学习第二语言或外语应该是有利的。此外,实施双语教学还能使学习者运用母语的技能变得更加熟练和完善。玛尔赫伯(Malherbe)在南非的单语及双语学校对 18 000 名学生做了一个实验。双语学校的孩子同时使用母语(一种非洲语言)和外语(英语)来上课,单语学校的孩子则仅把外语作为一门学习科目。玛尔赫伯对双语孩子和单语孩子的学业成绩及语言成绩进行了对比,发现双语学校孩子的成绩(包括母语成绩)明显比单语学校的好。由此可见,双语教学对个人语言技能的训练大有裨益,能够协助社会培养大批语言(英语和母语)技能娴熟的人才,以便及时了解国外最新资讯和掌握国外最先进的科技知识。

(三)社会交际能力

"交际能力"这一概念最初是由美国社会语言学家德维尔•海姆斯提出的。他认为,交际能力不仅包括对一种语言的语言形式的理解和掌握,而且还包括对在何时何地、以什么方式对谁恰当使用语言形式进行交际的知识体系的理解和掌握。交际能力是一个复杂的概念,涉及语言、修辞、社会、文化、心理等多种因素,包括一个人运用语言手段(如口头语或书面语)和非语言手段(如身势语)来达到某一特定交际目的的能力。成功的社会交际通常包含四个相关因素:(1)语言能力:掌握语音、词汇和语法等语言规则,能辨别和造出合乎语法的正确句子。(2)社会语言能力:具有在真实的社会情景中即席性地使用语言规则进行社会交际的能力。(3)填补信息差的能力:交际双方一方知道信息,另一方不知道信息,形成一个信息差。一方使用语言把信息传递给另一方,另一方获得信息,填补了信息差,双方获得信息的平衡,就完成了交际活动。(4)话语能力:在不同的真实社会情景中,得体地使用上下文连贯的话语进行交际活动的能力。成功的交际需要较强的交际敏感性。20 世纪 70 年代和 80 年代的一系列研究和实验表明,双语者比单语者具有更强的交际敏感性。他们能够在交际过程中更快地感受某种"暗示"或接受某种"提示",一旦获得某种反馈,也能够更快地做出反应。分析认为,双语者在掌握和使用两种语言的过程中,必须应对两套不同的语言系统,迅速捕捉某种"暗示"或"提示",及时转换语言,并且时时克服和避免两种语言所产生的种种干扰。久而久之,他们必然形成较强的敏感性。跨文化的社会交际还要求交际双方在上述每个环节中体现出色的双语能力和较高的双文化素养,这样才能确保交际活动的顺利进行。

可见，在有利的社会环境中，双语教学在某种程度上还可以改善人的个性特征。在双语教学中不断增强和提高交际敏感性和社交沟通技能，不仅能够帮助双语者提高其跨文化背景下的交际技能，还能帮助双语者形成更为开放的性格和更为宽容和善解人意的人格特征。这既是社会现代化发展的需要，也是人的现代化的发展需要。

（四）文化心理的双向构建

文化心理的双向构建指跨文化交流背景下，人的心理结构的丰富和发展。文化从广义上讲就是"人化"，它反映的是历史发展过程中人类的物质和精神力量所达到的程度和方式，是一个国家、社会发展的深层基础。人是文化的创造者；同时人也是特定文化的产物。语言是文化的载体，是文化主要的表现形式和传播工具。教育是制度化的文化，也是一个文化传承的过程。文化对社会发展所起的作用并不是直接显现的，而是一种深层次的依托作用。马克斯·韦伯提出，西方原发型现代化国家之所以有如此进展，除了经济、政治运动和科技革命之外，从文艺复兴始到启蒙运动所带来的社会文化及价值观念的变革也为现代化道路扫清了思想上的障碍，是养育现代经济者摇篮的护卫者。社会发展的最终尺度是人与文化的进步。汉外双语教学中不仅表现为使用英语和汉语这两种语言，还表现出使用双语言（英语和汉语）者和单语言（汉语）者实际上在国家、民族、社会、文化方面的认同感以及在社会地位、经济收入等方面权利的不平等性。任何国家的教育体系都是为权力阶级儿童参与分享他们的文明成果做准备的。从其他文化体系或亚文化群进入该文化体系的儿童，会意识到，自己的语言以及讲这种语言的群体处于该社会的劣势，意识到掌握较强的语言以便被学校及学校教育系统接受的必要性。同样，在全球化进程中，由于一些说英语的西方国家走在了社会经济发展的前列，使得其他国家文化体系或亚文化群的人们意识到，掌握英语以便融入全球一体化系统的必要性。汉外双语教学为这些国家的人们提供了学习西方文化知识、掌握专业技能和优化人文社会环境的机会。曾有研究者对一位来自法国、身为法英双语者的外国专家进行采访，其结果显示，双语经验使双语者比单语者更能适应并接受新的文化环境。文化的差异性在于其形成中受到了不同的自然和人文环境影响，它们所体现的价值观念和行为准则也会有天壤之别。这也许就是世界不得安宁的根源所在。汉外双语教学的任务之一，便是在不同文化人群间建构相互理解和相互信任的沟通桥梁。当两个桥堡在经济上属于不均衡、在文化价值观和行为准则上呈多样性时，这就要求架桥者必须具备较高的设计理念和运作技巧。既要像自然界保护生物种群多样性那样保护文化种群的多样性，又要在不同的文化价值观和行为准则发生冲突时，协调和处理好各种关系，使其达到相互取长补短、和谐共生和共同升华的境界。在英汉双语教学的过程中，对于处在强势和弱势地位的不同语言及其文化，既要提防语言文化的霸权主义，又要警惕语言文化的自卑奴化心理，在语言文化上要尊重各自的文化话语权和沟通的平等地位。这是正态的文化心理双向建构的前提和目标。对于弱势群体面临第二种文化在一个阶段或某种程度上占优势时，更应及时调整因认知和情绪上的压力而造成的自卑心理或文化失语症。伟大的文化总是从其他文化中学习思想观念，并受到这些思想的激励，同时，他们也惊讶地注视着他们的思想观念在被其他文化所借鉴，并在其他文化中产生新的生命。实际上，各种文化只有通过某种程度的比较，才最有可能自觉认识到自己与众不同。

三、人的现代化对双语教学的内在要求

双语教学与现代化问题密切相关。中国人的现代化也对汉外双语教学提出了非传统形态的新的需要，对于中国教育的现代化事业的发展和改革有着重要的启示。

（一）双语能力是人的现代化进程中的重要资源

在中国的现代化进程中，有必要整合各种社会资源，以实现人的现代化这个最终目标。现代的汉外双语教学已经不同于封闭锁国时代的汉外双语教学，其历史和现实的定位已远远超出应用工具的属性，双语能力已经成为在全球化进程中人的现代化不可缺少的一种发展资源。作为一种软性和隐性资源，如果挖掘和应用得当，它不仅会对个人发展，而且会对国家和社会产生其他资源和手段无法替代的作用。

双语教学资源的优越性已在世界上一些国家和地区的发展过程中得到充分的体现和证明。中国是个人口大国，只有发展教育事业，提高全民族素质，把沉重的人口负担转化为人力资源优势，才能满足中国现代化建设事业发展的需要。因此，有必要加强汉外双语教学政策的研究，加大双语教学投资，创造良好的外部环境，确保教育目标的实现。

（二）建立客观公正的汉外双语教学社会评价体系

教育实践往往受制于教育评价体系。目前的中国，"科举制度阴魂不散"，"小学升初中，初中升高中，高中升大学的激烈考试使教育严重异化……扭曲了教育的本性"。学校普遍盛行的以升学率为评价标准、在社会盛行的将文凭和学位作为人才评价标准等做法"抑制了中华民族的创新精神"，成为制约中国教育现代化和中华民族崛起的主要障碍。现行的评价体系将一个人应具备的文化素养和知识技能人为地加以分隔，偏重知识技能而忽略了素质培养，这也是中国教育界应试教育盛行、学生心理和人格素养欠缺的重要原因。因此有必要重申，文化知识不等于文化素质，文化技能更不等于文化人格的教育理念。在全球化的过程中，社会竞争日趋激烈，对人才的要求也越来越高，其中不仅是针对人的知识和技能含量，同时也针对人的文化涵养和道德修养。对人才评价的最有效的方法是依据其工作实际业绩和发展潜能，而不是仅仅视其衡量知识水准的学位和证书。因此，中国需要建立社会多层次参与的长效评价体系，取代目前单一的人才即时评价体系，使得评价本身朝更加科学公正、更加公开透明、更加理性化的方向发展。

（三）更新双语教学的内容和方法

教育要对社会发展起促进作用，就需要在社会巨变之中实现自我变革和创新。《学无止境》指出，转变人类学习方式，使之从原来维持性的学习转变为创新性的学习，是人类走出"发展极限"的关键。教育必须在关注社会发展的基础上，与时俱进，不断推行教育创新，这是繁荣经济、发展教育的关键。双语教学应该根据全球化发展的现实和趋势，确

定人才培养的目标和规格，根据中国大、中、小学不同层次的教育特点，确立不同的教学内容、方法和手段，以体现教学过程中的"一条龙、分层次、个性化、自主式"的教学理念。在教学内容上，充分考虑语言知识、语言技能、学科知识、文化素养、学习策略、情感态度在各个学龄层次的比例；在教学方法上，突出应用技能型课程特点，采用"学中做""做中学"的理念，强调语言交际技能培养。同时，积极应用现代信息技术，多媒体辅助教学，创造良好的语言学习应用环境，提高双语学习的效益和效率，保持学生学习的积极性和主动性。

（四）提高学生中西文化素养和跨文化交际能力

汉外双语教学是一个文化传承、嫁接、升华的过程。在教学过程中通过介绍、宣传、比较、借鉴、批评等活动，积极引导学生建构理性化的中西文化双向交流平台，处理好本土文化与外来文化交流和融合关系，培养良好的个人心理素质和性格特征，形成适应全球化竞争环境的人格力量和语言知识能力结构。培养更多具有现代化意识和技能的人才，为社会发展和变革提供更多的"发动机"和"推进器"。

（五）大力加强双语教学研究师资队伍建设

培养适应现代化建设需要的双语人才，必须改革传统的外语教学模式，探索新的能够高效优质地培养双语人才的教学途径。为此，培养一支能够胜任这一历史使命的双语师资队伍是重中之重。目前的师资队伍现状不论在质还是在量上都不能适应形势发展的需要。一方面要实施继续教育和引进竞争机制，提升和更新现有队伍；另一方面，要明确汉外双语教学师资的任职标准，并以此来改造现有的英语师资培养机构，逐步推行不同层次的双语教师任职证书制度。

总之，人的现代化是推进实现社会可持续发展的动力和源泉，而双语教学是实现人的现代化的一个重要途径和手段。实践证明，英语对一个发展中国家来说，是一个不可低估的可持续发展资源。通过有效的发掘和运用，汉外双语教学在现代化人才培养方面的功能和作用要远远超出培养语言知识和技能的范畴，它还能有效地促进学习者的智力发展、跨文化交际能力的提高、文化心理的双向构建和国际竞争力的提升，进而能有效地促进学习者个人综合素质朝现代化的方向发展。为了满足现代化人才培养的需要，国家必须加大对双语师资队伍建设的人力、财力和物力的投入，使之真正成为强有力的工作母机。

第三节 双语教学的多学科理论依据

许多国家大力开展双语教学，一是源于它的多重功能所体现的实用价值，二是源于它的必要性、科学性和可行性。从双语者的优势可以了解双语教学的必要性，从双语教学多种学科的理论基础可以了解它的可行性和科学性。双语教学涉及的重要因素和学科很多。

本研究将主要从生理学、心理学、语言学、教育学、社会学等学科进行论证。

一、双语教学的生理学理论依据

（一）大脑侧化与双语学习关键期

据研究，儿童发育阶段语言能力受大脑右半球支配，成长过程中语言能力会从右半球转移到左半球，即大脑产生侧化（lateralization），侧化一般发生在2～12岁。据此，莱那伯格（Lenneberg）提出了语言习得关键期的概念。他的"关键期"认为，学生自然的语言学习只可能产生在2～12岁，这一时期比其他任何时期都更容易习得语言。原因是此阶段学生大脑的侧化期还未结束，所以此时学生最具有可塑性与灵活性，可以迅速而轻松地吸纳新的语言信息，自然而然地习得新的语言。一旦超过此"关键期"，语言的习得只能依靠学生有意识的努力，并花费很多精力与时间，而且语言学习的效果也不一定最理想。著名的精神性神经病学家彭菲尔德（Penfield）博士用纯生理学解释了双语学习开始得越早，结果将会越好（如果学习的目的是充分掌握的第二语言，如果社会文化和社会政治环境与此目的不相矛盾）。根据彭菲尔德博士的观点，在大脑神经组织的发展过程中，存在一种关键期，在这个时期，不仅一种甚至几种语言符号系统的同时准自动获得都是可能的。一旦超过了这个时期，任何新的词语符号系统都将不得不间接学会。二语习得专家艾利斯（R.Ellis）通过研究也发现，儿童接触第二语言的时间越早越容易达到讲该语言的本族人的水平。约翰逊（J.S.Johnson）和纽伯特（E.Newport）的研究认为，非英语国家的人从3～7岁开始不断学英语，到成年时，他们的英语有希望达到或接近以英语为母语的人的英语水平。

W.F.麦凯和M.西格恩也从生理学、心理学和教育学三个维度论证了引入第二语言的最佳年龄应该是越早越好。因此，一个人最好在幼年时期就开始双语学习。这时候他的发音动作和习惯以及语言知识等方面受母语影响较小，加上儿童模仿能力强，容易习得纯正的外语语音，可以避免外语教学中的"哑巴现象"，从而学得一口纯正、流利的外语。双语教学强调儿童尽早接触英语，正是想要抓住儿童学习外语的关键期，"抢在春天播种"。

（二）双语能力与大脑功能

对绝大多数人来说，大脑左半球是语言信息处理的中心，但右半球也或多或少地参与语言处理。根据施奈德曼（D.Schneiderman）的观点，在正常的语言学习过程中，大脑右半球的参与是有限的，它的主要作用是感知、记忆和初步理解新的语言刺激。不过，除此之外，它还会对左半球的信息处理起着辅助作用。临床观察表明，大脑右半球的损伤不仅会导致交流困难，还会影响到不明显的语言活动，影响到语调、推理和类比等方面。

为了解答"双语者的大脑功能与单语者的大脑功能是否有所不同？""双语者组织语言和处理语言的方式是否与单语者有所不同？"，为解决这些问题，科研工作者开展了一系列有关神经语言学与双语能力的研究，并达成了如下共识：

（1）精通双语者在处理第一语言和第二语言的过程中，其大脑右半球的使用多于单语者；（2）在第二语言的习得过程中，大脑右半球对语言的处理多于第一语言的习得过程；（3）随着第二语言水平的提高，大脑右半球的参与呈下降趋势，大脑左半球的参与呈上升趋势。这表明，大脑右半球主要关注语言的语用和情感，左半球主要关注语言的分析（如句法等）。也就是说，语言处理的核心部分位于大脑左半球；（4）在语言处理过程中，在自然状态下（如在大街上），习得第二语言的人在语言处理过程中，其使用大脑右半球多于在正规状态下（如在课堂上）学习第二语言的人。在学习第二语言时，大脑左半球较多地参与了语法、单词拼写、不规则动词等方面的学习，而右半球较多地参与了自然状态下习得语言以及在直接交流中使用语言的过程；（5）与低龄时期成为双语者的人相比，大龄时期成为双语者的人较多地使用右半球。

（三）大脑发育与双语、思维、智力三方面的加速度发展

卡明斯研究证明："双语教学对大脑来说不但没有坏处，而且很可能大有好处。"英国约克大学科学家在《心理学和老化》杂志上发表了一项研究成果：由于双语人总是不停地辨别两种语言，所以拥有快速整理重要信息和排除无用信息的能力，在解决复杂问题上的反应速度超过只懂母语的人。英国伦敦大学的科学家在《自然》科学期刊发表研究成果，发现学习第二语言具有刺激大脑灰质增生的效果，就如同运动可以使肌肉强壮一般，年轻人越早开始学习第二种语言，对大脑的健全发展越有益。

一系列有关双语者与单语者的对比研究认为：（1）双语者熟悉两种语言，并且有可能熟悉两种文化。与单语者相比，他们拥有更广泛、更多样的经历。（2）双语者必须从一种语言转换到另一种语言。这种转换机制使得双语者的思维更加灵活，更富有独创性。（3）双语者势必有意识或无意识地对两种语言进行比较。譬如，比较两者的不同发音、不同词义、不同的语法体系，避免两种语言之间可能产生的干扰，从而促进了他们元语言技能和认知的发展。

由此可见，双语教学不仅能够促进儿童语言的加速度发展，而且能够促进儿童思维的加速度发展，能够促进儿童智力的加速度发展。

二、双语教学的心理学理论依据

（一）内化理论与语言运用

皮亚杰（J.Piaget）认为，人的认识是从感知活动开始的，尔后感知活动在适当的认识发展水平上逐级内化协调，变为理性认识结构。双语学习中的"内化"就是指在教育活动中，学生把所接触到的外部的、客观的语言知识，转化成自己自身的语言知识，形成自己的心理特征以及新的认知结构和认知能力的过程。从外在表现来看，其最终结果就是使学生的思维在接触语言时，能产生一种接近自动化和直觉化的反应。内化在儿童的外语学习中有着极其重要的作用。可以说语法规则不是教会或者学会的；教会或者学会的语法规则达不

到自动化的程度。只有将所接触到的语言知识内化为自己本身内在的一种心理品质、一种认知，才能轻松自如地运用语言进行交流、学习等活动。双语教学特别重视内化，强调习得，强调给学生提供大量接触英语的机会，而不是简单地教给学生大量的语言知识，从而使内化产生的可能性增大，使学生能够产生一种自动化的外语思维。

（二）智力行为与双语学习

雷诺兹（D.Reynolds）借助著名的斯腾伯格（F.Sternberg）智力模式做出如下解释：智力行为是一种适应环境的行为。参加聚会、会见朋友、观看演出等一切行为都要求人们不断地适应环境、选择环境和改变环境。由于双语者经历了比较广泛的语言环境、社交环境和文化环境，因此他们比较能够适应变化的环境。

智力行为是一种可变的行为，它取决于人们已经拥有的经验。只有有效地适应各种新的环境，才能产生理智的行为。行为习惯形成得越早，适应新环境的能力就越强。双语者由于拥有两种语言，并在生活中较早习惯两种语言的转换，因此具有较强的应对能力。

智力行为是一个实施、控制和监控信息处理的过程。由于双语者必须应用、控制和监控两种语言系统，因此他们具有较强的习得语言的能力，表现行为举止的能力以及获得信息、接受信息和同化信息的能力。

（三）建构主义学习理论

最早提出建构主义的是皮亚杰，其后，科尔伯格、斯腾伯格和卡茨、维果斯基、奥苏贝尔、布鲁纳的研究成果为建构主义奠定了基础。建构主义是当代西方最流行的一种学习理论，它为实施双语教学提供了一种全新的教育心理学基础。建构主义学习理论主要包括知识观、学习观与教学观三个方面，其中学习观是建构主义学习理论的核心。

建构主义认为，知识不是对现实的纯粹客观的反映，而是人们对客观世界的一种解释或假设。尽管语言赋予知识一定的，也是获得了最普遍认同的外在形式，但这并不意味着学生通过知识外在的语言形式就能领悟或掌握这种知识。学生对知识的领悟与掌握只有依据自身已有的经验的重新建构完成。因此，建构主义强调学习的过程其实是学生主动建构知识的过程。这种建构过程是双向的：一方面，通过使用已有的知识，学生建构当前事物的意义，以超越所接受的信息；另一方面，被利用的原有知识结构并非从记忆中原封不动地被提取，而是本身也要根据具体实例的变化而重新得到建构。可见，知识的获得是每个学生以自己原有的知识经验为基础，对新接受的信息重新编码及其建构。然而，学生要成为知识的主动建构者，就必须把当前学习内容所反映的事物尽量与自己有的经验联系起来，并对这种联系加以反思，原因是"联系"与"反思"是知识建构的关键。此外，建构主义提倡积极学习、建构性学习、累积性学习、互动性学习、目标指引性学习、诊断性学习与反思性学习。

依据建构主义学习理论，学生认知结构的变化是通过"同化"与"顺应"这两条途径实现的。或者说，学生的学习就是"同化""顺应"的认知建构过程与"平衡—不平衡—

新的平衡"的认知发展过程。所谓"同化"，是指学生个体把外部刺激所提供的信息整合到原有的认知结构内的过程，同化的结果是认知结构量的扩展；而"顺应"则是指学生个体的认知结构因外部刺激的影响发生改变的过程，顺应使认知结构发生质的变化，而形成新的认知结构。学生在某种特定的学习环境中学习，可以促使学生利用原有认知结构中的有关知识同化当前所学习的新知识，并赋予新知识新含义。假如学生原有的知识或经验不能同化新知识，就必须通过创设新的学习环境，引发认知冲突，促使学生通过"顺应"这一途径，改组或建构新的认知结构，接纳新知识。可见，学生个体的认知结构就是在"同化"与"顺应"过程中渐次得以重新建构，并在"平衡—不平衡—新的平衡"这一循环往复中得到不断丰富与发展。

建构主义的知识观与学习观势必要求在教学过程中重新定位师生关系。建构主义提倡在教师指导下以学生为中心，兼顾学生个体的认知主体作用与教师的主导作用。要求教师在教学过程中注重学生已有的知识经验，并把学生已有的知识经验作为新知识的生长点，引导学生在原有的知识基础上增长新的知识。同时充分调动学生的学习积极性，激发学生的学习兴趣，主动建构知识。因此，教学中教师绝对不能单方面地"灌输"，或简单地直接告诉学生知识，而应该共同针对某些问题进行探究，交流彼此的观点，进行互动。这样一来，教师就必然从传统的知识权威者变为学生学习的合作者；由传统的知识传授者变为学生知识建构的促进者与引导者。

建构主义还强调理想的学习环境的营造。建构主义认为理想的学习环境包括情景、任务、合作交流与知识建构四个部分。所谓"情景"特指学生获取知识的真实的或接近真实的场景。由于不同的学习环境可能导致学生对知识与技能的不同领悟，欲使学生建构直接应用于真实环境的知识与技能，就必须将学生置于真实的环境之中，使其在真实的环境中建构或习得知识，使学生承担具有挑战性的学习任务是建构主义学习理论的一大特征。建构主义认为具有挑战性的学习任务就是问题解决式的任务。学生只有通过问题的解决才能建构新的知识与技能。

依据建构主义的观点，合作交流应该始终贯穿于整个教学过程。在整个合作交流的教学过程中，每个学生及其教师的经验可以供大家分享。这样，不仅可以促进每个学生的学习进程，而且可以保持平等民主的教学氛围，最大限度地提高学生的学习效果。知识建构是教学过程最终要求达到的目标。在教学过程中，教师促进或帮助学生建构知识就是促进或帮助学生对当前的学习内容加深理解，并在此基础上建构具有个性化与创新性的知识。

双语教学以建构主义为心理学理论基础，非常重视学习者先前的经验（包括生活经历）和相关学科知识，注重以学习者为中心，尊重个人的观点，强调有效互动。

（四）真实性原则与活动教学

罗杰斯（R.C.Rogers）认为，要使学生全身心地投入学习活动之中，必须让他们面临对他们个人有意义或有关的问题，即让学生直接面临生活中的各种真实问题。学习者遇到的目标语项目是在自然的语境中出现的，而不是在教材编写者设定的情景下出现的。真实性原则要求我们从真实生活出发，找出特定场合中语言交际的特征，并在学习和测试中适当地引入这些特征。课堂中的学习任务可以是填补信息差、解决问题、做决定、交换意见等现实生活中的任务，也可以是听磁带和复述、角色扮演、以小组为单位解决问题等类似的任务，这和传统的语法教学和词汇教学大不相同。

双语教学强调主题活动教学，强调在一个主题之下进行活动教学，在教学之中为学生创设真实的语言环境，倡导生活化的教学，提倡任务型教学，使学生在使用目标语的过程中感觉不到语言学习的压力，完全沉浸在完成各种任务的努力和成功的喜悦之中，完成这些任务的语言使用方式与真实世界里的语言方式又比较相似。这样，不仅能够促进学习者语言能力的发展，而且能够提高学习者解决问题的能力和创新能力。

三、双语教学的语言学理论依据

（一）"i+1"输入输出理论与双语教学

1. 克拉申的"i+1"输入理论

克拉申（D.Krashen）是最早关注第二语言习得理论研究的专家之一，他有关第二语言习得的"监控模式"最为著名。他的第二语言习得"监控模式"理论的核心包括五个基本假说：（1）语言习得与学习假说（The Acquisition–Learning Hypothesis）；（2）自然顺序假说（The Natural Hypothesis）；（3）监控假说（The Monitor Hypothesis）；（4）语言输入假说（The Input Hypothesis）；（5）情感过滤假说（The Affective Filter Hypothesis）。其中"输入假说"是"监控理论"的核心。他认为，第二语言学习往往是通过对第二语言输入信息的理解而渐次习得第二语言。因此，"理解性第二语言输入"是第二语言习得的必要条件。在他的假说中，所谓的"理解性第二语言输入"，是指第二语言在输入的过程中，既不能太难，也不能太容易。也就是说，第二语言的输入难度应当稍稍高于学生目前的第二语言水平。假如学生现有的语言能力为"i"，那么第二语言信息的输入的难度应该就是"i+1"。但前提是这些信息的输入必须是学生可以理解的。因为只有当学生所接触到的第二语言材料是"可以理解的"，才能对第二语言的学习与提高产生积极的作用。否则，对第二语言的学习是没有任何作用的。

这一理论从某种程度上讲揭示了第二语言习得的规律，无疑是应用语言学的一个重大飞跃，对双语教学过程中第二语言的习得与教学有一定的指导意义。

2. 斯温的"i+1"输出假说

斯温（K.Swain）在对加拿大许多接受双语教学的学生第二语言习得状况进行研究的基础上指出，尽管理解性输入对第二语言的习得是必不可少的条件，但它并不能保证学生在语法准确性方面达到近似母语（英语）的水平。而学生只有通过对所习得的第二语言的广泛使用（第二语言的输出）才能达到这一要求。因此，斯温认为第二语言的输出也很重要。斯温的第二语言输出就是指创造性地使用第二语言。在她看来，第二语言输出有三大功能：（1）可以促使学生有意识地注意第二语言的相关语法知识，其原因是第二语言输出需要清晰的第二语言规则知识。换言之，学生为了使第二语言准确、连贯地表达自己的思想，必须掌握第二语言的语法知识。斯温称这种情况为"语境化"（contextualized）或"迫使语言使用"（pushed language use）。（2）学生通过对第二语言的口头表达不仅能够比较流利地习得第二语言的各种表达方式，而且还能够对输入的错误的第二语言信息加以纠正。（3）通过使用第二语言可以促使学生从语义操作转向句法操作。她进而指出，只有通过第二语言输出，学生才能够迅速地建立起第二语言信息交流的方式，但学生所建立的第二语言交流方式不一定是最完善的。为了进一步改善学生的第二语言交流方式，使学生能够更准确地表达习得的第二语言信息，教师在教学过程中应该促使学生深入分析第二语言的语法规则与具体的用法，产生略高于学业水平的语言输出"i+1"模式，这就是"理解性输出假说"。

针对传统外语教学中"哑巴"这一致命弱点，双语教学遵循听说领先、读写配合这一原则，一改传统英语教学中一开始就学音标、学语法的做法，突出强调语言习得，强调主题活动教学，强调在语言的运用中去学会语言，从而使学生完全突破口语关，在课堂内外能够大胆自如地使用英语。

（二）整体语言教学论与语言的整体感知

美国学者古德曼（K.Goodman）的整体语言教学论（Whole Language Approach），又译为"全语言教学法"，认为语言是不可分割的一个整体。如果外语教学把语言割裂成语音、词汇、语法，或者词、词组、句子、段落等一个个独立的成分，会使语言丧失其完整性。儿童在自然环境中学习母语根本不是将语言切分开来，而是作为一个整体来学，只有这种语言学习才是最为成功的。传统的外语学习是为了学习语言而学习语言，人为地将活生生的语言分割得四分五裂，这样学习语言难以满足学生现实生活中的真实需要，学生不能用外语来解决实际生活中的实际问题。除了在语言本身要作为一个整体来学之外，整体语言教学观还要求将语言教学扩展到与学生生活有关的各个方面，把语言和语言环境也作为一个整体。双语教学强调学生从整体上感知语言，反对将语言分解开来的纯语言教学，认为那种为语言而教语言的做法是注定要失败的，提倡将外语学习扩展到非语言性课程，强调语言环境的作用。

（三）目标语输入量与双语教学成效

克拉申的输入假设强调外语习得要有足够的输入量，儿童的母语学习是一种内隐的获得，靠的是大量恰当地输入。他指出，大量可以理解的语言信息的输入，是婴儿成功学习母语和成人学习外语失败的分水岭。心理学研究表明，学习一种语言，如果不能直接到目标语国家去实践学习，那么要想取得成功，主要在于接触这种语言的时间量和使用目标语的多寡。

因此，双语教学要保障有一定密集度的、接触和使用目标语的时间量，有了时间量，才能有语言量，才能为营造好的语言环境奠定基础，才可能形成语感，才能使学生有更多的机会接触和使用目标语，从而有可能较好地掌握一门外语。

（四）语言相依原则与母语地位的保留

卡明斯(J.Cummins)提出的语言相依原则(The Linguistic Interdependence Principle)认为，如果有足够的接触时间和学习动机的话，学习一种语言有效性的程度可以转移到另一种语言上。也就是说，一名接受汉外双语教学的中国学生，其英语阅读和写作技能的提高同时能够促进汉语读写能力的提高，换句话说，两种语言显露出来的表层（比如语音、词汇等等）是不同的，但是两种语言都处于大脑的同一部位，有着共同的认知和学术熟练程度，可以互相加强，在双语者的头脑中有一种"双重冰山"的模式，两种语言之间的认知和学术熟练程度以及读写技能可以互相迁移。这个假设已经得到了一些成功的双语教学计划的证实。提出添加式双语教学的兰伯特（W.E.Lambert）也认为，学习者在学习第二语言时，并不会对其母语的学习产生干扰，而是共同发展两种语言。所以双语教学不仅不会影响母语的学习，反而会促进母语和外语的共同发展。

双语教学并不排斥母语（即汉语）的学习，提倡保留母语的优势地位和纯洁性，只是适当增加学习和使用外语的课时，而不是在所有（或者大多数）课程中使用外语来教学。尽管外语和汉语可能不属于同一个语系，有许多相异之处，但两种语言不是敌对关系而是互相依赖的关系，两者之间存在正迁移。

四、双语教学的教育学理论依据

隐性课程是针对显性课程（也就是正式课程）而言的，是学校课程的重要组成部分，包括物质的、精神的、社会关系的和校内文化的（如校内建筑、校园自然环境和校内人文景观等物质性的设施；学校的光荣榜、好人好事、课外的随机表扬与肯定、奖状、小奖品等；校内的各种人际关系的处理和态度；课外活动等等）。隐性课程对学生学术和非学术品质与能力具有"润物细无声"的潜移默化作用。

中国人学外语，除了在课堂上和考试中学习和使用外，除非有机会出国或在一些外企工作，否则就很少有机会再接触和使用到外语。这就给我们的外语学习带来极大的困难。按照传统的学习方式，由于我们没有学习外语的语言环境，要造就具有交际能力的外语人才也是非常困难的。为了尽可能好地解决这个问题，双语教学主张给学生提供充足的、良好的语言学习条件（包括环境和师资、设施等），让学生能在语言敏感期以直接的方式接触到大量的标准英语，并创设和提供使用语言的良好环境，使学生学以致用。双语教学注重英语隐性课程的设置，在儿童学习和生活经验的基础上，通过创设各种尽可能真实和丰富的目标语情景，以单元主题的形式，以活动的方式，让学生在轻松愉快的情景下自然地习得语言，弥补外语教育缺乏像第二语言学习一样良好的语言环境，让双语学习与学生的日常生活和经验相联系，巩固和提高外语学习的效果。例如，在学生日常能接触到的事物上都写上英文，在杯子上贴上"cup"，在黑板上写上"black board"，在树干上挂上"tree"。学生置于这样的环境中会自觉或不自觉地学会很多日常生活中的常见事物的名称。再如，学校的课室、办公室等公共和专门设施也可用英语来标明；在课室或走廊显眼的位置用英语写上尽可能多的名言警句及标语，或设置一些完备的陈列室或展览馆，以及对各国的地理、民族、风情、人种、习惯等做一些英文（或中英对照文）的介绍。

为了丰富学生的生活，锻炼学生实际使用英语的能力，双语学校可以开展一些英语节日晚会、英语生日会、化装晚会、英语表演会、英语夏令营、故事会、报告会、学习经验交流会、电影晚会等各种类型的活动，或者鼓励学生用英语来编写墙报、手抄报、使用外语来通信和交友等。在比赛和活动中让学生有实际锻炼和运用语言的机会，提高学生学习英语的兴趣和积极性，不断提升学生的语言能力。隐性课程与显性课程互相配合，可以大大提高学习效果。

五、双语教学的社会学理论依据

双语教学理论针对语言敏感度、多元语言能力，以尊重并欣赏不同语言文化为主旨，使人们充分认识到自己是在这样空前多样化的文化、语言、种族的现实中接受教育，从而确认如何能够用一种多元文化观来实现全球教育理念的哲学。

班杜拉的社会认知理论认为，学习是在环境、学习者、认知行为三个要素的互动下进行的。儿童是通过观察他们生活中重要人物的行为而学得社会行为的。儿童为了自己的行为模仿，他们通过心理表象或其他符号表征的形式来将所观察到的东西储存在大脑中。它对双语教学的启示在于：在课堂中，教师自己如何解决问题，如何进行逻辑思维都是学生的榜样，如教师说出他们的思维过程，好奇心、情绪控制、对其他人的尊重和兴趣、良好的倾听和交流习惯等。这些行为可引导学生具有相同的品质。

布鲁纳（J.Brunner）、贝茨（E.Bates）、麦克惠尼（B.Macwwhinney）重视儿童语言交往中实践的重要性，提出了语言获得理论的社会交往说，认为儿童和成人语言交际的互动实践活动对儿童的语言发展起着决定性的作用，儿童只有在语言运用中才能获得语言。因此，传统的外语课通过传授语言知识的方法是难以教会学生外语的。汉外双语教学强调英语学习中语言实践的作用，反对教师"一言堂"的做法，提倡小组活动，让学生在小组活动之中进行语言的实践，同时也提倡有条件的情况下和英语教师以及外教进行交流，真切地感知语言的运用，在语言交际的互动之中学习英语，这是符合社会交往学说的。

以上从生理学、心理学、教育学、语言学和社会学等几个方面探求了双语教学的理论依据，说明双语教学绝非凭空想象出来的，也不是单纯地建立在实践基础上的。而是综合了各个领域最新成果，并将他们运用到双语教学之中，是适应当今外语教学和双语教学潮流的一种教学方法和教学模式。

第五章　双语教学过程

教学过程的理论是教学论的基本理论问题，是关于教学工作的基本原理。双语教学过程理论同样是双语教学理论研究中的基本问题。因此，对于双语教学过程基本理论的研究，是双语教学理论研究中的基本问题之一。

第一节　双语教学过程概述

任何一个事物，都是作为一个过程而展开的，双语教学同样如此。恩格斯说过："世界不是一成不变的事物的集合体，而是过程的集合体。"研究双语教学过程理论，对于探寻双语教学的基本规律，揭示双语教学本质，具有重要意义。同时，这也是完成双语教学任务，实现双语教学目的的重要保证。

双语教学是一种特殊的教学活动，它是以两种或两种以上的语言为媒介的教学活动。在具备了一般教学活动所应有的基本特点以外，双语教学又具有其自身独到的特点。因此，双语教学过程与一般教学过程，是一般与个别的关系，他们既有共同的一面又相互区别。

一、双语教学过程与一般教学过程异同分析

双语教学是一种特殊的教学活动，它具备了一般教学活动所具备的基本特点。双语教学同一般教学一样，是一种特殊的认识过程，是在教师指导下学生学习前人已经认识了的知识技能的过程，是把社会历史经验变为学生个体的精神财富的过程。这是双语教学过程与一般教学过程的相同之处。但是，双语教学过程与一般教学过程并不完全相同，二者之间具有一定的差异。这主要体现在以下几个方面：

（一）教学交流媒介的特殊性

双语教学以两种或两种以上的语言为媒介，其中一种语言常常但并不一定是第一语言。这是双语教学不同于一般教学的最显著特征，也是二者在进行过程中的主要差异之一。在一般教学情况下，教学交流媒介通常只涉及一种语言，而且这一语言常常是学生的第一语言。这样，教师与学生更多时候接触到的是某种单一语言及其所负载的文化，接受的是一元文化教育。这是由一般教学活动的特点所决定的。而在双语教学过程中，第二语言介入教学活动，使两种不同的语言同时成为教学的交流媒介，双语教学过程成为以双语为媒介的活动过程。这样，教师与学生便有机会接触到不同于自身语言的第二语言及其所负载的文化，增加了对于异质文化的理解与认同，能够促进多元文化的融合与交流。从这一点上来讲，双语教学不仅仅使第二语言介入教学过程，更为教师和学生了解本民族以外的文化开辟了新的途径。教师与学生不仅成为懂得两种不同语言的人即双语人，更成为与两种语言相关联的"跨文化人"。"跨文化人"代表了一种全球化时代的公民素养，它事实上即体现了一种世界公民品格。它的基础是德克海姆所说的那种："不受民族国家疆域限制的共同文化观：人的文化。"

（二）人文性的不断增强

双语教学是以两种或多种语言为媒介的教学活动，这是双语教学不同于一般教学的最显著特征之一。语言是文化的载体。美国人类学家南德（Nanda）甚至说："没有人类语言，人类文化即无法产生"。语言与文化有着血肉关系，二者实难分开。这样，双语教学过程中不仅仅涉及两种不同的语言，更是两种不同文化的交流过程。双语教学的文化人类学基础就是对双语教学必然伴随着的双语文化领域的探究。由此，双语教学过程中，多元文化背景成为双语教学活动中人文性的不断增强的一个重要体现。在双语教学过程中，多种语言所负载的多种文化具有很大的差异性，每一种文化都具有其自身的独特的价值和文化内涵。文化没有先进与落后之分，任何一种文化都具有其存在的价值和意义。文化的多样性特征正如生物种类的多样性一样，具有珍贵的价值。无论哪一种文化，在与其他文化进行交流的过程中，都是以平等的姿态出现的。只有通过多元文化的不断交流与互动，才能达到多元文化融合的目的，才能适应全球一体化的发展趋势，促进国与国之间的交流与对话。因为"真正多元与开放的社会应该容纳不同的声音与立场"，"但'多元、开放'本身又不是绝对的价值，而是不同社会实践、思想和意识形态的冲突、互动的结果"。在一般的教学活动过程中，大多是以某一主流文化为背景，宣传与维护的是主流文化意识。课堂教学所传递的文化是一种规范文化，即"与社会统治阶层价值取向相吻合的规范、价值、信仰和表意象征符号的复合体"。在这一过程中，可能也会涉及其他不同的文化，也具有很强的人文性。但这与双语教学过程中的多元文化背景及其所具有的人文性特征是不可同日而语的。文化背景的多元性以及丰富的人文性特征，是双语教学区别于一般教学的主要特点。

（三）语言能力与学科知识并重

双语教学过程中，第二语言介入教学活动，使得双语教学在交流媒介上不同于一般教学，这是显而易见的。除此以外，双语教学通过第二语言所传授的教学内容也与一般教学具有很大的差异，双语教学更注重学生语言能力与学科知识的共同发展。双语教学过程以传授相关的学科知识为主，这是双语教学的基本任务之一，也是双语教学过程中的一个主要内容。但是，单纯的学科知识并没有涵盖双语教学内容的全部。双语教学过程中对于第二语言及其相关知识的传授，构成了双语教学过程中另外一个重要的教学内容。在双语教学过程中，学科知识是其显性的教育内容，整个教育过程以其为核心。但另一方面，教师通过使用第二语言进行教学，势必在教学过程中将第二语言及其所负载的文化传授给学生。这一过程以显性的方式进行，抑或以隐性的方式完成。因此，双语教学过程中的教学内容，除了相应的学科知识外，更包括了教学中的第二语言及其相关文化的丰富内涵。因此，双语教学不仅注重学生对于具体学科知识的掌握，更注重学生对于第二语言及其所负载的文化的接受。这一特殊性是由双语教学本身的特点所决定的。而在一般的教学过程中，主要传授以某一学科为主的知识，学科知识的系统性是一般教学过程中的重要内容，是保证一般教学有效性的重要条件。因此，双语教学中的语言与知识并重，成为双语教学过程与一般教学过程的一个重要差异所在。

（四）教学主体的特殊性

教学活动中的主体，一般来讲，包括教师和学生两个方面。教学活动进行的过程，也就是教学双主体——教师与学生平等交往、积极互动的过程。在双语教学过程中，由于双语教学与一般教学的一些显著差异，导致双语教学过程中的主体也具有了与一般教学主体所不同的特点。

1. 教师主体的特殊性

在双语教学过程中，通常以两种或多种语言为媒介进行交流。这便对双语教学中的教师主体提出了更高的要求。教师作为整个双语教学的主导因素，首先必须能够很好地驾驭整个教学过程。这不仅要求教师具备课堂管理、教学组织等方面的能力，更要求教师能够灵活掌握并熟练运用课堂教学中的两种或多种语言，及能够运用双语或多语进行教学。双语教师是双语教学进行的前提。如果教师不具备双语能力，双语教学的顺利进行只能是空中楼阁。教师在掌握双语言的同时，也具备了充分了解双语所负载的文化的能力，最终成为"跨文化人"，具备了一种"跨文化人格"。教师的这一"跨文化人格"代表了一种全球时代的公民素养，是现代国际社会发展所产生的一种现实人格，并与全球一体化趋势相适应。由此，双语教学中的教师具备了与一般教学中的教师所不同的特点。这是由双语教学本身的特点所决定的，也是进行双语教学所必然产生的结果之一。

2. 学生主体的特殊性

双语教学过程中，由于教学媒介的变化，使学生不再单纯地以一种语言为媒介进行交流。学生对于双语言的掌握和使用，成为双语教学过程中所必须达到的教学目标之一，也是双语教学对于学生所提出的特殊要求。但是，双语教学的目的，并不仅仅在于使学生学习第二语言，成为"双语人"，其更深层的目的在于培养学生的"跨文化人格"。这一目的要求培养学生的跨文化适应能力，给学生提高文化选择的权利和机会，增强学生对于异质文化的认同、接受和理解能力，培养其成为"跨文化人"，适应现代社会的发展需求。这是全球一体化趋势对于未来公民所提出的发展要求，也是时代发展的必然。在目前的社会发展过程中，几乎每一个民族都生活在某种跨文化环境中。对于"文化差异"采取接纳、宽容和借鉴的态度，促进了文化思维的发展和"跨文化人格"的形成。这也是双语教学的根本目的所在。因此，双语教学为学生接纳多元文化提供了捷径，更有利于其更好地适应社会发展。由此，双语教学中的学生具备了比一般教学中的学生更强的多元文化适应能力，充分体现了双语教学与一般教学的差异所在。

较之双语教学中的主体，一般教学中的主体缺乏相应的双语言掌握任务，同时也没有更多地接触多元文化的机会。这是由一般教学的特点所决定的，也是一般教学过程与双语教学过程的差异所在。

通过了解双语教学过程与一般教学过程的异同，我们可以进一步了解双语教学，掌握其特点所在。在上述的分析过程中，我们只是针对双语教学过程与一般教学过程的异同作了简要的分析。这其中并不体现笔者的价值取向，也并不意味着在评判双语教学与一般教学的孰优孰劣问题。分析双语教学过程与一般教学过程的异同，只是为了更好地了解双语教学，揭示双语教学本质，为我国乃至世界双语教学提供可供借鉴的理论依据。这对于双语教学理论与实践问题均具有重要意义。

二、双语教学过程的本质特点

双语教学作为一种特殊的教学活动，首先具备了一般教学活动所应具有的一切特点。虽然双语教学在交流媒介上不同于一般教学活动，但双语教学却具有与一般教学过程相同的本质。双语教学过程同一般教学过程一样，也是一个特殊的认识过程，是人脑对于客观世界的反映。这一过程具有反映者——认识主体以及被反映者——认识客体，是一个特殊的认识过程。这个认识过程具有间接性、领导性以及教育性。在具备了这些本质的同时，由于双语教学内在的特殊性，又使它具有与一般教学过程所不同的特点。这主要体现在以下几个方面：

（一）认识客体的多元性

在一般的教学过程中，教学活动主要以一种语言为交流媒介，对于学生实施的是一元文化的教育。因此，一般教学过程的认识对象也具有一元性特征，主要是以某单一文化为背景进行教学。这是由一般教学本身的特点所决定的。在双语教学过程中，则以两种或两种以上的语言为媒介，对学生实施的是多元文化教育。在双语教学过程中，教师与学生有更多的机会接触到本民族以外的异质文化，能够不断拓宽其文化视野，进一步加强教师及学生对于多元文化的认同能力。从这一点来讲，双语教学过程是一个多元文化教育的过程，是人类文化多样性在教育领域中的一个重要表现。因此，双语教学过程中，教学主体的认识对象具有多元性的特点。在这一过程中，教师与学生不仅要掌握教学过程中的某一学科知识，更要进一步熟练掌握两种语言及其所传递的文化信息。学生在习得某一种语言的同时，也习得了与这一语言息息相关文化内涵及文化传统。因此，作为一个特殊的认识过程，双语教学的认识对象具备了多元性特征。

（二）认识主体的特殊性

双语教学过程是在教师指导下学生学习和掌握前人所认识了的知识和技能的过程。这一过程与一般教学过程最大的区别在于第二语言的介入。两种语言同时作为交流媒介，为教师和学生掌握本民族以外的文化提供了便利的条件。但是，这同时也增加了教学的难度，对教师和学生提出了更高的要求。首先，从教师方面来讲，双语教学需要的是熟练掌握两门语言的教师，即双语教师。双语教学必须以双语教师为基础。这是双语教学得以开展的前提条件。缺乏具备双语能力的教师，双语教学便成为无源之水，无本之木。因此，教师突出的双语水平，是双语教学对于教师所提出特殊要求。其次，从学生方面来讲，如何针对不同的学生开展适当的双语教学，是双语教学过程中的重要问题之一。双语教学过程中的学生主体，由于其年龄差异的存在，在心理、生理及智能的发展等方面都存在着很大的差异。即使是同一年龄段的学生，由于所处环境的不同，也具有不同的个性特点。因此，如何根据学生主体的特点来开展适当的双语教学，促进双语言及双文化的习得，是双语教学过程中的关键任务之一。双语教学过程中，认识主体的特殊性，是由双语教学的内在特点所决定的。同时，这也是双语教学区别于一般教学的一个重要内容。

（三）认识过程的复杂性

双语教学过程中，以两种或两种以上的语言为交流媒介，就必然涉及两种语言的相关问题。这使得双语教学这一认识过程比一般教学认识过程更为复杂。不同的语言介入教学活动，必然产生不同程度的交融与冲突。如何更好地解决这些矛盾与冲突，是使双语教学顺利进行的一个重要保障。双语教学这一认识过程的复杂性，主要表现在如下一些方面：

1．两种语言介入教学活动这一现象本身的复杂性

较之以单一语言为媒介的教学活动，双语教学过程中，两种语言作为交流媒介，这一现象本身就增加了教学活动的难度和复杂度。因此，双语教学过程对于教师和学生提出了高于一般教学过程的要求。双语教学过程中，教师与学生都必须面对双语或多语的教学媒介。这首先要求教师能够很好地驾驭双语进行教学。教师作为双语教学活动的主导因素，必须能熟练掌握并灵活运用双语。这对于教师教学能力提出了一个更高的要求。双语教师是双语教学进行的前提所在。与此同时，学生也必须具备较高的语言领悟能力。在双语教学过程中，除了自身的第一语言外，学生必须进行第二语言的学习与交流，这对于学生来讲，是更为复杂的一个学习过程。因此，双语教学过程中，无论是对于教师主体还是学生主体，

这一认识过程都是更为复杂的一个认识过程。

2．两种语言的使用顺序问题

双语教学过程中，有关两种语言的使用顺序问题，也是构成双语教学过程复杂性的重要原因之一。在双语教学过程中，有关两种语言的先后问题，主次问题，可谓仁者见仁，智者见智。在这一问题上，有人主张先学第一语言，再学第二语言，如语言学家考利尔（CoUier，V.P）认为，儿童若不持续发展本族语的能力，那么本族语和外语能力的发展都将受到影响。卡明斯（Cummins，J）也认为，两种语言是相互联系的，即第二语言的熟练程度受到第一语言所能达到的熟练水平的制约；而有的学者则认为可以同时掌握两种语言，认为第二语言的掌握也是从取代手势交流开始的，后随着词汇的扩大，逐渐形成句法结构……在这一问题上引起的争论，从另一个角度证明了双语教学过程的复杂性。在双语教学过程中，简单地排出两种语言的教学顺序，并使他们适用于一切情况和所有学生是不可能的。这不仅需要考虑学生的接受水平、语言的相关度、社会语言环境等一系列问题，更需要有相应的理论研究来为双语教学提供指导。这需要在双语教学过程中，综合考虑各种因素，不断加强对于双语教学的理论研究和实证研究，从而促进双语教学更好的发展。

3．两种语言的相关度问题

根据语言学的分类，世界上的语言根据各自的起源，大致可以分为九大语系：汉藏语系、印欧语系、乌拉尔语系、阿尔泰语系、闪—含语系、伊比利亚—高加索语系、达罗毗荼语系、马来—玻利尼西亚语系和南亚语系。在这些不同的语系中，任何一种语系都有其各自的特点和规律，不同的语言在词汇、语法、语音、语义等方面均存在着很大的差异，都体现着不同的语言特色。因此，在双语教学过程中，必然涉及两种语言的相关度问题，这是双语教学认识过程复杂性的又一个方面。双语教学过程中，如果第二语言与第一语言处于同一语言谱系中，那么，两种语言的相关度比较高，先前的语言学习将有利于学生对于第二语言的学习，两种语言之间的相互转化、相互学习和相互理解将会变得更加容易，二者将相互促进。反之，如果双语教学过程中的第二语言与自身第一语言处于两个毫无关联的语言谱系中，两种语言的相关度不高，则可能导致在学习第二语言的过程中，迁移很难发生，这将对学生的语言学习形成很大的障碍。两种语言的相关度，在很大程度上决定了双语教学效果的优劣。因此，双语教学过程中，两种语言的相关度问题，是制约双语教学效果的一个重要因素。这也是双语教学认识过程的复杂性的一个重要因素。

综上所述，双语教学过程是一个特殊的认识过程，这一认识过程具有间接性、领导性和教育性。同时，双语教学认识客体的多元化、认识主体的特殊性以及这一认识过程的复杂性等，同样构成了双语教学的本质特征。

第二节　双语教学的基本规律

双语教学过程的运动、发展和变化是有规律的。这些基本规律蕴含在双语教学的各个阶段。这些规律不但具有必然性和稳定性，更对双语教学的性质、结果具有决定作用。因此，根据双语教学的规律设计、组织双语教学活动，是有效地开展双语教学、提高教学质量的根本保证。经过对双语教学的多种因素及其相互关系进行系统分析之后，可以将双语教学过程的基本规律总结如下：

一、双语教学与社会文化发展需要紧密相关

这一基本规律是从宏观角度来探讨双语教学的基本规律。双语教学作为一种社会现象，有其存在的客观的社会基础。因此，双语教学的产生、发展，有其特定的历史文化条件，都与社会文化发展紧密相连。

（一）双语教学的产生与社会文化需求紧密相连

双语教学过程中，双语言的习得与应用，并不是双语教学的唯一目的。双语教学的最终目的是要促进多元文化的交流与融合。双语教育是全球多元文化融合的产物。20世纪60年代以来，西方国家掀起了一场持续了几十年的多元文化主义的浪潮。"多元文化主张各种各样出身和族裔的人，都能平等地参与社会生活，同时自由地保持和发扬自己的文化。"世界文化的这一发展趋势，在教育领域最终体现为双语教育的出现。双语教育的实施为学生了解全球多元文化提供了一个很好的契机，给学生提供了文化选择的权利和机会，能够增进学生对于异质文化的理解和认同，使他们获得适应本民族文化，以及全球社会所必需的知识、技能、态度。双语教学是实现这一目标的必由之路。因此，从根本上讲，双语教学是顺应全球社会多元文化的需要而产生的，社会发展需要是孕育双语教育的土壤。因此，双语的产生与社会文化发展需要紧密相连。

（二）双语教学的目的、任务和内容受社会文化的制约

双语教学特定的产生背景，决定了在其实施过程中，教学的目的、任务和内容都要受一定的社会文化所制约。

1. 双语教学的目的、任务和内容受特定社会文化的制约

全球文化的多元性需求，是双语教学产生的特定背景。具体到每个不同的国家，双语教学又具有各自不同的目的、任务和内容。这是由各个国家特定的社会文化所决定的。每个不同的国家和民族，都有其特定的文化价值和意识形态，每一种文化都有其独创性，都有权保留自己的文化特质。这是双语教学过程中的潜在的决定因素。在各种不同的文化意

识的支配下，双语教学按照特定的理念、观念、信仰和思维方式发生某些深层的、隐蔽的变化，使不同国家和地区的双语教学带有明显的个性特征，表现出不同的民族特色和区域特色。由此，不同的社会文化对于双语教学的影响可见一斑。

2. 双语教学受到一定社会文化发展水平的制约

双语教学的教学目的，总是和一定的社会文化发展水平相适应的。双语教学的最终目的，体现为促进多元文化的交流与融合，这与全球经济一体化的浪潮密不可分。在世界飞速发展的现代社会，任何一个国家都不可能在封闭的状态下谋求发展，人类活动的全球化趋向日益明显。这种趋向首先表现在经济贸易领域的全球化，随之而来的是科技发展、文化交流的全球化。全球化背景下，人们需要的是更深层意义的相互理解与尊重。双语教学应运而生。具体到每个不同的国家和地区，双语教学又受到当地文化发展水平的制约。这是制约双语教学过程的隐性因素所在。生产力发展水平高，经济发展快的地区，文化发展水平也较高，双语教学水平则较高，双语教学的效果也就更好；反之亦然。因此，如何根据当地的社会经济和文化发展水平，制定与之相适应的双语教学的目的和任务，更好地完成双语教学，是双语教学实施过程中的重点所在。

二、双语双文化的相互作用与影响

这一规律是从中观角度来探讨双语教学规律的。双语教学以两种语言为媒介，使得双语双文化共同存在于双语教学过程中。由此，两种不同的语言和文化必然相互作用与影响，从而制约双语教学。

（一）双语言的相互作用与影响

双语教育以两种语言作为媒介，这是双语教育区别于常规教育的主要标志之一。语言是文化的基本组成部分，同时也是文化的基本载体，是人类所特有的一种社会现象。两种不同的语言同时出现于教学活动过程中，由于其在词汇、语法、语音、语义等方面均存在着很大的差异，都体现着不同的语言特色，必然会产生相互的作用与影响。双语教学过程中，有关两种语言的相关问题，学术界存在很多争论，其中包括对于儿童的语言习得规律、引入第二语言的最佳时期以及双语言的相互作用等问题的探讨。按照语言学和心理学的观点，第一语言和第二语言之间存在着迁移（transfer）。正迁移（transfer）指由于第一和第二语言之间存在共同之处，第一语言的体系规则能正确地运用于第二语言；负迁移（negative transfer），亦称干扰（interference），指由于第一语言和第二语言存在着差异，双语使用者错误地将第一语言的规则运用于第二语言。对于这些问题的研究，其根本目的都在于使两种语言在教学过程中相互促进，使双语教学更好地进行。因此，在双语教学过程中，应注意利用正迁移，尽量减少或避免负迁移，从而提高教学质量。

（二）双文化的相互作用与影响

在双语教育过程中，由于第二语言的出现，使得原本单一的文化模式被打破了，取而代之的是双语双文化的共存局面。两种不同文化同时存在，使传统的一元文化受到了异质文化的冲击，双文化的相互作用与影响从而产生。这是双语教学过程中的一个重要现象。任何一个民族，在其发展过程中，都要极力维护自身的民族传统，保持自身的文化特色，文化学上称为"自我认同"。文化是一个民族的历史积淀，是一个民族独特性的重要构成因素。正如本尼迪克特所说，"每个文化具体特殊的气质趋向"。因此，每个民族都在尽可能保持自身民族文化的特色，即在最大程度上实现自我民族的文化认同。然而，双语教育打破了这一宁静。双语教育过程中另外一种文化的引入使原本封闭的一元文化开始与另一种文化进行交流，不同的文化蕴含着不同的价值取向，每一种文化都试图将另一种文化完全同化，融入自身的文化体系中，希望在自己的文化基础上通过吸收其他民族的文化来繁荣和发展自己的文化。每一种文化的存在，都有其特殊的价值，不可能自觉融入其他的民族文化中。因此，双语教育中两种文化本身的相互作用与影响，成为双语教学过程中的一个重要特点。双文化的相互作用与影响，可能导致弱势文化被强势文化所同化，最终趋同于强势文化；抑或是两种文化相互交融，从而形成新的第三种文化；或者两种文化共同存在，只是两种文化本身都已经发生了很大的变化……双文化的相互作用与影响，是双语教学过程中的一个潜在的文化现象，是影响双语教学的一个重要因素。

（三）双语、双文化制约双语教学

双语教学过程中，双语双文化的共同存在，是双语教学区别于一般教学的一个重要特点。同时，也正是这一特点，成为制约双语教学过程的重要因素。双语双文化的相互作用与影响的结果，直接影响着双语教学的效果。这是影响双语教学过程的一个重要的潜在因素。不同的两种语言与文化，可能相互抵制和排斥，使得双语教学进行过程中充满障碍；同时，两种语言和文化也可能相互融合与促进，使双语教学能够顺利进行。双语教学过程的双语双文化特性，是制约双语教学的一个重要因素，这是双语教学过程中的重要规律之一。双语教学过程中，如何根据这一规律，协调双语双文化的关系，使二者成为双语教学的促进因素而不是阻碍因素，是双语教学过程中的一个关键问题。

三、双语教学效果取决于教学系统的和谐优化

这是从双语教学的微观层面来探讨的，主要涉及双语教学中的各个要素、各个环节及教学结构。双语教学过程中，教学的各个要素，各个环节是否和谐优化、教学结构是否合理有效，并作为一个整体发挥其最佳功能，决定着是教学的最终效果。这是制约双语教学的一条基本规律。

（一）双语教学过程各要素的和谐优化

双语教学过程是由一定的教学要素构成的。在这一过程中，各种要素都具有各自的存在价值，发挥各自的作用与功效，其中任何一个要素都不能为其他要素所取代。但是，双语教学各个要素并不是孤立存在的。他们之间相互联系、相互制约，并最终作为一个整体

决定着教学效果的优劣。因此，教学各个要素的和谐优化，是保证高效双语教学的一个重要因素。这便要求教师在教学过程中致力于充分发挥各要素的作用，优化教学过程中各要素的相互联系，使各要素充分发挥各自的积极作用并最终形成强大的合力，共同促进有效双语教学的实现。

（二）双语教学各环节的和谐优化

双语教学过程是由一系列的教学环节所组成的。教学的进行过程，也就是教学各环节的实施过程。双语教学过程，包括了一般教学过程中的基本环节，诸如备课、上课、作业的布置与批改、课外辅导以及考核评定等。教学实施过程中，教学各环节逐步展开，形成一个连贯的过程。教学各环节之间紧密联系，环环相扣，并最终形成一个完整的整体。教学各环节是否和谐，直接影响教学的整体构架，从而影响教学的质量和效果。因此，双语教学过程中，教师必须有目的、有计划地对教学各环节进行合理安排，统筹兼顾，使每个环节都得到有效实施。在双语教学过程的各个环节中，上课是教学的中心环节，应当予以更多的重视。但这并不意味着可以忽视其他环节。教学过程中的任何一个环节的缺失或无效，都可能导致整个教学的失败。因此，保证每个教学环节的质量和效果，促进教学各环节及教学整体的和谐优化，才能最终圆满完成双语教学活动。

（三）教学结构的和谐优化

双语教学的实施过程，是一个完整的活动过程。双语教学的这一整体构架，由不同的几个部分构成，其中包括组织教学、检查复习、讲授新教材、巩固新教材和布置课外作业等。这些不同的部分组成了完整的教学结构。其中任何一个部分都不可或缺。在双语教学进行过程中，教师必须根据教学实际合理地安排各个部分在整个结构中的地位、顺序以及时间分配，不能偏颇于任何一部分而忽视其他部分，使这些部分构成一个和谐完整的结构体系。在这一过程中教师必须做到合理计划、统筹安排、有效操作、协调配合、从而促使教学结构和谐优化，实现有效的双语教学。

综上所述，双语教学过程具有一定的规律性。这些规律具有客观性、必然性，是对双语教学过程的客观的、本质的反映，制约着双语教学过程的质量与效果。因此，根据这些规律开展双语教学活动，按规律组织教学，才能保证双语教学的有效性，并最终实现双语教学目的。

第三节　双语教学的基本环节

双语教学是一种特殊的教学活动，它是以两种或两种以上的语言为媒介。在双语教学实施过程中，包含了一般教学活动中所必须的几个基本环节。双语教学的实施过程，正是这些教学环节逐步开展的过程。教学环节处理的优劣与否，直接关系到双语教学效果的好坏。因此，关注双语教学过程，就必须认真处理好双语教学的基本环节，实现高效的双语教学。双语教学过程的基本环节，主要包括备课、上课、作业的布置与批改、课外辅导以及考核评定五个环节。

一、备课

备课是双语教学活动开展的初始环节。备好课是上好课的前提。备课就是教师根据教育目的、教学计划和教学大纲的要求，结合学生的具体情况，依据本门课程的特点，选择最合适的教学方法，预期安排教学各个环节，以促进双语教学的有效完成。对于教师来讲，备课过程是加强教师对于教学过程的预见性和计划性，发挥教师主导作用的重要保证。

教师在备课过程中，主要涉及教学内容与教学对象两个方面。这两个方面构成教师教学备课的主要内容。因此，对于教学内容的钻研以及对于教学对象的了解，是教师备好课的重要保证。

（一）钻研教学内容

双语教学过程中，对于教学内容的钻研，主要体现在对于教学大纲、教科书、教学参考资料等的熟悉与了解。通过对这些教学内容进行钻研，教师可以进一步明确教育目的，熟练掌握教材内容并有计划地对这些内容进行合理安排，明确教学内容中的难点、重点以及关键问题，合理分配教学时间，从而有条不紊地进行教学。此外，双语教学过程中，教师备课还需要掌握与教学内容相关的第二语言的有关知识，这是双语教学的内在要求。双语教学过程中，教师以两种语言为媒介进行教学，首先必须熟练掌握第二语言，能灵活运用第二语言进行学科教学。这是双语教学区别于一般教学的最显著特征之一。因此，在备课过程中，教师在熟悉教学内容的同时，也必须对第二语言进一步地了解与掌握，从而实现有效的双语教学。

（二）了解教学对象

双语教学备课过程中，为了进一步提高教学的有效性，促进教师的教以及学生的学，教师还必须充分了解自己的教学对象。在任何一种教学活动中，教师教学活动的对象都是整个学生群体，是学生与教师积极互动的过程。因此，更细致更充分地了解学生，因材施教，是保证教学有效的关键因素之一。教师了解教学对象，首先，要掌握学生的年龄特征以及与此相符的认知特点，根据学生的认知特点开展适合的双语教学。其次，教师还必须了学生的心理特点与个性差异，掌握学生的学习风格与特点，开展有针对性的双语教学，因材施教。只有这样，教师才能在教学过程中有的放矢，实现双语教学的最终目的。

二、上课

上课是双语教学过程中的中心环节，是备课环节的后续阶段。上课的过程，是教师的教与学生的学相互作用的过程，是教学整个过程中的实践环节。上课对于每个教师来讲，是体现其思想业务水平和教学能力的集中反应；对于学生来讲则是掌握系统知识，发展个性与能力的过程。双语教学过程中，对上课提出如下要求：

（一）目的明确

双语教学过程中，师生双方首先必须对教学具有明确的目的。目的明确不仅仅指教师与学生对所要完成的教授与学习任务明确，更指教学过程中一切活动都紧紧围绕这一问题进行。双语过程中，教师所教授的不仅包括某一特点的学科知识，更要向学生传递有关第二语言及其所负载的文化信息，从而促进学生对于异质文化的理解和接受。学生的学习任务同样包括这两个方面的主要内容。因此，双语教学过程中，确定课的目的是一节课的灵魂，具有明确的教学目的，是保证双语教学有效性的前提。

（二）内容正确

这是就双语教学内容的科学性、思想性而言的。双语教学内容的科学性，是教学活动开展的根本前提。双语教学过程中，教师必须充分了解教学内容中的难点、重点以及关键所在，有针对性地实施有效双语教学。同时，双语教学内容的科学性、思想性还包括了第二语言的正确合理的使用。双语教学过程中，教师必须熟练掌握第二语言，具备正确运用第二语言进行教学的能力，从而促进学生语言能力的发展。这是双语教学对教师提出的特殊要求，是由双语教学的本质特点所决定的。

（三）方法恰当

在知识的传授过程中，教师选择什么样的方法来进行，是决定双语教学效果的关键因素之一。教学方法不当，可能导致整个教学活动效率低下。因此，在上课时，教师应根据所讲授的学科内容的特点，针对学生的认知发展水平以及学生个性特点，选择适用的教学方法来进行教学。这样，教师通过自如地运用各种教学方法，向学生有效地传递知识，从而实现双语教学的目的。

（四）节奏紧凑

上课过程中，教师如何处理有限的教学时间，使教学过程紧张而有序，也是影响教学效果的一个重要因素。这就要求教师对于课堂教学要有严密的计划和组织，合理安排课堂教学时间，从而实现高效教学。同时，也只有这样，才能保证课堂教学有条不紊，使整个课堂教学充满活力，圆满完成整个课堂教学活动。

三、作业的布置与批改

作业的布置与批改是上课的后续阶段，是整个课堂教学的有机组成部分。作业的布置与批改，是巩固课堂教学内容，使之内化为学生知识与能力的一种过程。课外作业通常是由学生独立完成的。学生通过对作业内容的独立思考，合理安排课外时间与学习任务，培养自身的独立学习能力。因此，作业的布置与批改，是巩固课堂教学成果的重要步骤，是提高教学效果的重要环节。作业的合理与否，以及作业评价的科学性、有效性，是保证双语教学质量的关键因素之一。因此，双语教学过程中，对作业的布置与批改提出如下要求：

（一）科学的作业内容

作业内容的科学性，是作业的布置与批改这一环节的前提条件。失去了科学的作业内容，这一环节也就失去了其存在的意义。对于作业内容的科学性要求，首先，体现在作业内容的合理性，即要求作业内容能够充分反映课堂上的知识范围，体现这些知识中的重点、难点以及关键内容，从而促进学生更有针对性地掌握知识。其次，科学的作业内容要求实现作业内容的全面性。双语教学过程中，教师所传授的知识不仅包括特定的学科知识，更涵盖了对于第二语言的知识与信息。因此，在作业内容中，应对这两者都有不同程度的体现。这就要求教师在布置作业的过程中，使作业内容更好地涵盖课堂教学的知识，合理分配两种知识的比例与分量，合理搭配作业内容，使学生更好地掌握和领悟课堂教学的内容。只有这样，才能使学生在掌握学科知识的同时，不断提高自身的语言水平，实现双语教学的目的。

（二）适当的作业分量

在布置作业的过程中，教师不仅要注意作业内容的科学性、合理性，同时也要注意作业分量的合适与否。过多或过少的作业分量都不能完成有效的知识巩固任务。因此，在布置作业的过程中，教师要按照本门学科的特点以及上课的知识量来布置作业。同时，教师也要充分考虑到学生自身的知识水平与能力，考虑到学生的认知特点及个性差异。除此以外，作业的难易程度也应该与学生的一般水平为准，选择适中的难易程度。只有这样，才能使学生在完成作业的过程中用最少的时间和精力投入巩固课堂所学知识，不断提高自身的知识水平。这也正是双语教学的目的所在。

（三）有针对性地作业批改

这一要求的提出，是针对双语教学过程中不同的作业内容而言的。双语教学过程中的作业内容，不仅包括了特定的学科知识，还包括了与第二语言的有关知识信息两个方面的内容。针对不同的知识，教师应使用不同的评价方法来对学生进行评价。这也是尊重知识差异所应该采取的科学态度。对于学科知识的领会与掌握，教师可以从学生的书面作业中获得信息，从而针对学生的知识掌握情况进行下一步的教学准备工作。而学生对于语言的掌握与否，教师则可以通过与学生不同渠道的交流而获得。教师可以利用课间或课后时间与学生进行交流，掌握学生的知识接受情况，从而改进自身的双语教学策略或模式。这样，教师不仅掌握了学生的学习情况，更为学生学习第二语言提供了更多的机会。因此，有针对性的作业批改，是保证学生有效巩固课堂所学知识，不断提高自身语言能力的一个重要途径。

四、课外辅导

课外辅导是上课环节的一种补充形式。它是针对学生个别差异，因材施教的一个重要举措。通常情况下，课外辅导一般可采取个别辅导和集体辅导两种形式。双语教学过程中，课外辅导既可以针对学科知识来进行，也可以以双语交流为主要内容。这样，学生不仅有更多的机会质疑答疑，解决知识中的难点问题，更可以在与教师的交流过程中不断提高自身运用第二语言的能力。因此，实施课外辅导不仅有利于学生的学习质量在原有的基础上提高，使好的更好，差的也得到逐步提高，而且可以通过课外辅导中的质疑答疑使教师的教学水平也得到进一步的提高。这样，通过课外教师与学生的积极互动，可以进一步提高教学质量，并为后继的教授与学习活动打下良好的基础。

五、考核评定

对于学生学业的考核与评定，是双语教学环节中的终结环节。它是测试双语教学效果，对双语教学进行调节控制，掌握教学平衡的一个重要环节。通过对学生进行考核与评定，可以使学生了解自己的学习情况，得到自身学习情况的反馈信息，从而调整自己的学习。同时，双语教学中的考核评定可以为教师提供关于教的必要的反馈信息，是教师了解自己教学效果，及时调整教学中的不当之处，改进自身教学的必要依据。因此，科学、合理的学生学业的考核与评定对教学可以起到积极作用。反之，则会挫伤教师与学生的自尊心和积极性，导致双语教学不能达到其预期目的。因此，双语教学的考核评定，应符合以下要求：

（一）考核评定坚持科学性、有效性和可靠性

学生学业成绩的考核与评定，对于学生、教师以及双语教学本身都具有重要意义。双语教学考核评定过程中要坚持科学性、有效性和可靠性。这是任何一种形式的考核评定所应具备的内在要求。科学性要求双语教学考核评定过程中的考核标准要具有客观性，不能带有主观随意性。标准的客观性是保证考核评定科学性的根本所在。考核评定有效性要求考核评定过程中任何检查评定都能真实有效地反映学生的学习情况。这与考核评定的效度有直接关系。考核评定中的可靠性则要求考核评定能反映出学生稳定的学习水平。在考核评定的过程中，学生的学习成绩不免会受到一些偶然因素的影响。考核评定应减小受这些偶然因素影响的程度。这就需要考虑到考核评定的信度问题。通过对双语教学进行考核评定，可以有效检验学生的知识掌握水平以及言语能力的重要措施，为教师改进教学提供必要的依据，实现有效的双语教学。

（二）考核评定的内容要力求全面

双语教学考核评定的过程是检验学生学习情况，为教师提供反馈信息的过程。考核评定内容的全面性，是保证考核评定有效性的重要因素之一。考核评定内容的全面性首先要求考核评定的内容要体现该门课程的基本结构和基础知识，并且能够反映出学生的认知结构。因此，考核评定的题目必须具有较广的涵盖面，力求体现知识的关联性及完整性。同

时，考核评定中的题目类型也应该具有多样性，不能以单一的题型来进行考核。只有这样，才能使考核评定真正反映出学生的学习情况。此外，双语教学的考核评定中，对于学生语言能力的考核也不能忽视。这同样是双语教学考核评定的重要内容。只有这样，才能保证双语教学考核评定的有效性。

（三）考核评定的方法要灵活多样

考核评定内容的全面性、多样性，必然要求考核评定的方法也要灵活多样。这是考核评定过程中的必然要求。不同的考核内容，需要采用不同的考核方法，即使是同一考核内容，在不同的阶段所采用的方法也有所不同。在常规的评定过程中，主要以课堂提问、书面作业、考试等方式来进行。这也是双语教学过程中考核评定的基本方法。此外，双语教学考核评定过程中，对学生语言知识的考核评定，可以以不同的方法来进行，例如对话式、探询式等。双语教学考核评定过程中，只有灵活多样的考核方法，才能真正体现学生对于学科知识以及第二语言的掌握情况，从而有效地进行后续的教学活动。

综上所述，涵盖了双语教学过程中的几个基本环节。这些基本环节在双语教学过程中是相互联系、相互制约的。只有充分发挥各个环节的积极作用，相互促进，才能最终圆满完成双语教学。

第六章　双语教学原则

双语教学作为一种教学活动，相对于常规教学活动来讲只是其中的一种特殊形式。因此，双语教学同样受到教学基本规律的制约。在具有常规教学活动共性的同时，双语教学又具有其自身的特点。因此，只有针对双语教学的本质与特征开展教学活动，才能真正实现有效的双语教学。

第一节　双语教学原则的含义

双语教学原则是双语教学中的一个基本理论问题。它是根据双语教学目的和双语教学过程的基本规律制定的对于教学工作的基本要求，是指导双语教学活动的基本原理，是客观教学规律的基本反映，是教学规则的统一整体。双语教学原则是针对双语教学的特点而制定的，是整个双语教学活动的指导原则。

作为双语教学的指导性原则，在双语教学原则的制定过程中，必然有其特定的依据和要求，这是保证双语教学原则有效性的前提。充分了解双语教学的这些特点，对于更好地展双语教学，具有积极的促进作用。

双语教学是以两种或两种以上的语言为媒介的教学活动。以两种或多种语言为媒介，必然涉及语言及其所负载的二元或多元文化的互动、第二语言的使用以及学生的心理、认知特点等诸多问题。在制定双语教学原则的过程中，必须综合考虑各种因素，科学合理地制定教学原则，从而实现双语教学原则对于教学活动的指导作用。下面将对这些制定依据作逐一论述。

一、双语教学原则制定的依据

（一）文化多元化发展趋势

在通常情况下，双语教学不仅涉及两种或两种以上不同的语言，同时也是两种不同文化的媒介。因为任何一个语言文本均会表现出一种确定的意义，具有一定的文化内涵。每一种语言都与其特定的文化相辅相成。美国人类学家南德（S.Nanda）甚至说"没有人类语言，人类文化即无法产生。"语言与文化有着血肉关系，二者实难分开。双语教学的文化人类学基础便是对双语教学所涉及的多元文化的探究。进行双语教学，其根本的目的就在于对学生进行多元文化教育，从而实现多元文化的共存和协调发展。因此，双语教学原则制定过程中，首先必须考虑双语教学的目的所在。

多元文化主义的演变与发展，经历了同化论—整合论—文化多元论三个阶段。毋庸置疑，多元文化主义理论从同化论到整合论再到多元文化论，是国际社会文化理论发展的一种历史进步。"文化的多样性价值——即在由有多元文化的群体组成的社会中共存的意义。这种多样性，不仅在于它们丰富了我们的生活，还在于他们为社会的更新和适应性变化提供了资源。"文化的这一发展趋势，在学校教育领域则体现为双语教学的出现。双语教学是实现全球文化多元性的必由之路。多元文化成为双语教学过程中独特的文化背景。双语教学的目的，不仅仅在于双语言的学习与应用，更重要的在于从双语教学过程中充分彰显多元文化的相互交融与平等互动，实现全球文化的多元性。因此，在双语教学原则的制定过程中，必须充分考虑双语教学的多元文化背景，根据双语教学的目的，制定合理的双语教学原则体系，从而实现多元文化的共存与协调发展，促进多元文化的交流。

（二）双语教学规律

双语教学，是以两种或两种以上的语言为媒介的教学活动，交流媒介的复杂性是双语教学区别于一般教学的最主要的依据。双语教学过程，同一般教学过程一样，具有一定规律可循。双语教学原则是双语教学规律的反映，双语教学规律决定双语教学原则。因此，在制定双语教学原则的过程中，必须依据双语教学的基本规律，制定出适合双语教学发展的教学原则体系。

双语教学的产生，与社会文化发展紧密相连。多元文化的融合与交流是双语教学产生的直接原因。这就使得双语教学的目的、任务和内容受社会文化发展需要的制约。因此，双语教学过程中，浓重的社会文化气息成为双语教学的一个主要特点。同时，在双语教学过程中，由于第二语言的出现，使得原本单一的文化模式被打破了，取而代之的是双语双文化的共存局面。双语双文化的相互作用与影响，增加了双语教学过程的复杂性。如何在双语教学过程中，更好地协调双语双文化的关系，使两种文化相互促进，是双语教学面临的重要问题之一。这就要求在双语教学过程中，通过进行有效的双语教学，使整个双语教学系统各个要素、各个环节以及双语教学结构和谐优化，从而达到良好的双语教学效果……双语教学的基本规律，是对双语教学过程的客观的、本质的反映，这些规律具有客观性、必然性，制约着双语教学过程的质量与效果。因此，根据这些规律开展双语教学活动，按双语教学规律制定双语教学原则，才能保证双语教学的有效性，并最终实现双语教学目的。

（三）双语教学主体发展需求

教学活动的顺利开展，需要教师与学生双主体的积极参与以及双主体的平等互动。双语教学同样如此。双语教学过程中，教师与学生具有与一般教学情境下的教学主体所不同的一些特点。在制定双语教学原则的过程中，必须充分考虑双语教学过程中教师与学生两方面的不同特点，根据其发展需求，制定出适合的双语教学原则体系。

1．双语教学中的教师主体

双语教学最为重要的特点是以两种或两种以上的语言为媒介。教师作为课堂教学的设计者和实施者，是运用这一语言媒介的主体。双语教学是以双语教师为基础的。双语教学过程中，教师不仅要完成传授学科知识的基本任务，更要能够熟练掌握并运用两种或两种以上的语言来进行教学，使两种语言有机统一，有效地完成双语教学的任务。这便对双语教学的教师主体提出了较高的要求。如何在讲授好学科知识的同时，又能够灵活使用两种语言进行教学，是教师在双语教学中面临的基本问题之一。因此，双语教学中的教师主体不仅要掌握某一学科的专业知识，更要具有较好的语言水平，能够灵活使用两种或多种语言。这就需要教师认同文化的多元性特点，了解多元文化的价值，具备接受多元文化的能力，不断扩大自身的知识储备，从而更好地进行双语教学活动。因此，在双语教学原则的制定过程中，应充分考虑到教师主体的因素，体现出双语教学对于教师的特殊要求。

2．双语教学中的学生主体

任何一种教学活动，都必然面对一定学生群体，都必须以一定的学生主体为基础。双语教学同样如此。在制定双语教学原则的过程中，必须充分考虑学生的认知特点与个性差异，制定出合理的教学原则。

（1）学生主体的认知特点

双语教学过程中，由于第二语言的介入，使得教学过程脱离了单一的语言环境，以两种或两种以上的语言为背景来开展教学活动。这样，双语教学过程中便加大了教学的难度，同时也增加了学生知识接收的难度。因此，考虑到学生的知识接受程度，究竟在哪个年龄阶段开始实施双语教学，以及如何实施双语教学，成为双语教学中的一个关键问题。关于这一问题，可谓仁者见仁，智者见智。有关双语教学的起始时间问题，神经生理学家潘菲尔德（Penfield，W）提出假设：儿童的语言习得能力与大脑的发育有关。他认为，在大脑神经组织的发展过程中，存在一个关键期，在这个时期，不仅一种甚至几种语言符号系统同时自动获得都是可能的。在它之前，大脑既没有完全成熟，也不够灵活，在它之后，学习语言所需的大脑灵活性又会丧失，任何新的词语符号系统的学习则不得不以间接的方式进行。另一位学者卡罗尔（Carrol，F）也提出了敏感期假说。他认为，早期接触外语因为可以激发神经功能系统，不管是多是少，甚至根本没有使用这种语言，它对日后取得外语学习的成功也有重要意义。尽管这些观点没有得到进一步的证实，但仍然受到了广泛的接受。有关如何实施双语教学的问题，有人主张先学第一语言，再学第二语言，如语言学家考利尔（Collier，V.P）认为，儿童若不持续发展本族语的能力，那么本族语和外语能力的发展都将受到影响。卡明斯（Cummins，J）也认为，两种语言是相互联系的，即第二语言的熟练程度受到第一语言所能达到的熟练水平的制约……上述的种种争论，都具有一定的合理因素，都是从学生的具体特点出发来考虑问题。这些观点最为重要的立论依据在于学生的认知特点，而认知发展水平是影响儿童语言包括双语发展的重要因素。因此，在实施双语教学的过程中，充分考虑学生的认知发展特点，促进学生对于第二语言的适应与同化，是制定双语教学原则的一个重要依据。

（2）学生的个性差异

教育与教学活动面向的是一个个鲜活的、个性化的个体，这是由教育教学活动的内在特点所决定的。学生主体所存在的个性差异，是影响教学效果的重要因素之一。在双语教学过程中，学生个体之间的差异同样存在。在双语教学过程中，不同的学生个体，由于其不同的遗传因素、受教育程度以及生活环境，导致学生在身体素质、心理发展水平、兴趣、爱好等方面也千差万别。不同的学生，具有完全不同的个性特点。这就要求在双语教学过程中，不仅要考虑学生的认知特点，同样要考虑学生之间的个性差异。不同年龄段的学生，具有完全不同的个性特点；即使是同一年龄段的学生，不同的个体之间同样具有很大的差异。实施双语教学，应从学生个性差异出发，充分了解每个学生的个性特点，发掘蕴藏在学生身上的潜能，促进学生个体的充分发展。因此，双语教学原则的制定，必须充分考虑学生的个体差异，对于不同的学生有针对性地实施双语教学。

（3）学生对于第一语言的掌握

儿童在接受双语教学之前，或者更确切地说，儿童在接受学校教育之前，大多数人已经具备了说话的能力，掌握了一种与人交流的工具，即掌握了他生活中的第一语言。儿童对于母语或第一语言的掌握程度，对于后继的学习，尤其是对于第二语言的学习和掌握，具有特殊的作用。其中，儿童对于第一语言掌握的熟练程度是影响第二语言学习效果的一个重要因素。

在日常的生活中，儿童最初与人开始交流的过程，也就是开始掌握第一语言的过程。至儿童适龄入学，每个人对于自身第一语言掌握的熟练程度不尽相同，甚至相差很大。这对于双语教学过程中第二语言的学习，具有重要的影响作用。正如卡明斯（Cummins）所认为的那样，第二语言的熟练程度受第一语言所达到的熟练水平所影响，由此他提出了关于临界水平的假说。这里存在一种第一语言发展的最佳水平。在这个最佳水平引入第二语言，可以促进第二语言的学习，并进一步巩固第一语言。反之，将对两种语言的学习具有阻碍作用。根据这种假说，"如果第一语言没有达到这种最低水平，那么第二语言由于缺乏牢固的支持和不正确的吸收以致不能健康地掌握，甚至成为第二语言进一步发展的障碍。"由此，为了使第二语言的引入适度而有效，双语教学过程中必须考虑儿童对于第一语言的熟练程度，这是影响双语教学效果的一个重要因素。同时，反映在双语教学原则中，这也成为制定双语教学原则的一个重要依据。

（四）双语言的关系

在接受双语教学的过程中，儿童所要学习的第二语言与自身所运用的第一语言，往往不尽相同，或者截然不同。如果两种语言之间存在很大的差异，在双语教学过程中，两种语言的交流将会与双语教学本身格格不入，最后致使交流中止。即使在后继的教学过程中，两种语言的交流逐步形成，但却使双语教学显得生疏而缺乏灵活性，达不到其应有的效果。因此，儿童的第一语言与双语教学中第二语言的关系，是双语教学过程中必须考虑的一个重要因素。

1. 两种语言的相关度

在接受学校教育之前，儿童已经掌握了一种与人交流所需要的语言，即儿童的第一语言，这是进行双语教学的一个语言基础，是进行第二语言学习必须的条件之一。缺少了这样的语言基础，双语教学便成了无源之水，无本之木，根本无法进行。但是，儿童的第一语言与双语教学中第二语言的相关度如何，却是决定双语教学效果的一个重要因素。

在不同的语系中，任何一种语系都有其各自的特点和规律，不同的语言在词汇、语法、语音、语义等方面均存在着很大的差异，都体现着不同的语言特色。因此，在双语教学过程中，必然涉及两种语言的相关度问题。如果学生所要掌握的第二语言与第一语言处于同一语言谱系中，那么，两种语言的相关度比较高，先前的语言学习将有利于学生对于第二语言的学习，两种语言之间的相互转化、相互学习和相互理解将会变得更加容易，二者将相互促进。这样，学生以一种轻松的心理和积极的态度来学习第二语言，将有利于双语教学的顺利进行，并不断提高其有效性。反之，如果学生学习的第二语言与自身第一语言处于两个毫无关联的语言谱系中，两种语言的相关度不高，则可能导致在学习第二语言的过程中，迁移很难发生，这将对学生的语言学习形成很大的障碍。由此，学生可能对第二语言的学习产生倦怠心理，这样便不能保证双语教学的顺利进行。因此，双语教学过程中，两种语言的相关度问题，是制约双语教学效果的一个重要因素。科学地按照两种语言的不同特点来进行双语教学，是顺利实现双语教学目的的一个重要保证。

2. 两种语言社会地位的差异

除了两种语言本身的差异外，两种语言社会地位的差异，也是影响双语教学效果的一个重要因素。

在双语教学过程中，共存于同一社会中的两种语言发挥着不同的社会功能，由此导致两种语言的社会地位也不完全相同，其中一种语言比另一种语言优越。虽然学校和社会在力图打破这种不平衡，但却在无意识中促进其中更优越的一种语言。由此必然产生不同的语言学习心理。正如兰伯特所认为的那样，讲居于弱势语言的学生，能够认识到语言本身的弱势地位，在学习第二语言的过程中，同时意识到自身的劣势社会地位，由此导致了学生的一种矛盾心理，即产生了对于"较强语言的敌意和羡慕交织在一起，对另一种语言的憎恨和认同交织在一起"。这一矛盾心理不利于学生更好地掌握第二语言。由此形成"减少性"的双语教学。另一方面，讲居于强势语言的学生，也能够意识到本身语言的优越性，对于第二语言的学习并不感到有压力。因此，这类学生对于双语教学的态度是积极的，这不仅有利于第二语言的学习，更可以使两种语言相互促进，由此成为"添加性的"双语教学。

因此，在实施双语教学的过程中，面对教学中两种语言的诸多不同，双语教学过程必须根据具体情况，采取不同的策略。这是影响双语教学效果的一个重要因素。由此，根据两种语言的不同关系制定双语教学原则也成为双语教学的必然要求。

在充分了解了双语教学原则的制定依据后，便需要根据双语教学的这些特点制定出合理的双语教学原则体系，从而保障双语教学的有效开展。

二、双语教学原则制定的要求

双语教学原则作为双语教学理论体系中不可或缺的一个整体，其制定也必须符合科学标准。为了保证双语教学的有效进行，在制定双语教学原则的过程中，我们提出以下三个要求：

（一）辩证性

这是就双语教学原则体系内的子成分而言的。双语教学实践中人们已经揭示或认识的教学规律不少，如何有效地对这些规律进行表述而又不至于相互排斥、相互矛盾，乃是制定双语教学原则的关键所在。辩证性这一标准，具体而言，包括两方面的含义。

首先，双语教学各原则必须是相互独立的，不重复，不重叠，任何一条原则都不能为其他一条或几条所代替，所包含。这不仅是双语教学原则的独立性问题，而且还涉及了原则提出的科学性。如果一条教学原则的存在不具有独立性，便否定了其存在的意义，这一原则从其产生到其夭折的过程，只能被视作资源的变相浪费，不具有任何价值。一事物之所以成为该事物而不与其他事物相混淆，其独特本质的存在是问题的根本。

其次，双语教学各原则之间必须是适度相容的，不应该存在排斥现象。作为双语教学原则整体的一部分，其中任何一条教学原则与其他教学原则只有达到相互映照，相互作用，相互补充，才能达到预期的教学效果。否则，不仅双语教学原则本身成为相互矛盾的载体，更为重要的是它将失去作为指导性规范所应具备的品质，变成的只是一纸空文而已。这是科学研究所忌讳的。

（二）完备性

任何一个可以用"整体"来描述的概念体系，其完备性是首当其冲应具备的品质，双语教学原则体系亦然。"所谓教学原则体系的完备性，是指教学过程中的一些基本要求都应当在体系中得到反映。"具体地说，一套完整的双语教学原则体系应当包括教学活动的目的、主体、内容和方式等各方面的内容，而不能只反映其中某一或某几方面的内容，而忽视或遗漏掉其他一些重要内容。双语教学原则体系的完备性是保证双语教学各环节顺利、有效地进行的重要条件，而且形成对双语教学活动的具体的全面的指导，从而促进双语教学活动的开展。

（三）适用性

现代双语教学原则的提出，是对双语教学规律的反映和体现，它的目的是对双语教学活动进行指导，因此，其适用性的存在与否必然成为双语教学原则制定的又一标准。双语教学原则的适用性是保证双语教学原则合理存在及发挥作用的重要条件之一。

双语教学原则的适用性，可从时间和空间两个维度来考虑。从时间维度看，双语教学原则应具有时代适应性。双语教学的出现，由来已久。它既是社会历史发展的必然，又是一种特殊的文化现象。广义而言，双语教学的起源可以追溯到罗马帝国的建立，在我国则从秦始皇统一中国便开始了。双语教学的形成过程，从本质上来讲，是两种不同文化的认同与融合的过程。广阔的社会历史文化背景，是双语教学产生的肥沃土壤。因此，从这一点来讲，双语教学跨越了时空界限不断延续，成为一种超越时代的文化现象和教育现象。因此，在双语教学原则的制定过程中，必须体现出双语教学原则的时代性，使双语教学原则体系能够反映时代需求，更好地促进新的历史背景条件下的双语教学。这不仅是体现双语教学时代特性的一个重要表现，更是保证双语教学原则体系适用性的一个必要条件。

从空间维度看，双语教学原则应该具有空间适用性，即不论双语教学地点、教学场所如何变化，双语教学原则都能起到应有的指挥棒作用。众所周知，双语教学不仅仅是一个国家、一个民族在教育过程中的一种特殊的教育形式，更是世界教育发展的一个重要趋势。这是顺应全球一体化趋势而产生的，是时代发展的必然。在这样的社会历史条件下，便要求双语教学原则制定者通观全局，对各个阶段的双语教学实践做深入细致的观察研究，制定出高度抽象概括的双语教学原则体系，使双语教学原则不仅适用于本国双语教学实践，更可以为世界双语教学实践提供可借鉴的理论和实践经验。只有如此，才能真正体现双语教学原则体系的价值所在。

上述制定双语教学原则的三条标准是从双语教学原则的微观、中观、宏观三个层次考虑的。具备了这三条教学原则制定标准，便大体上把握了制定双语教学原则的实质。或许还有另外一些标准，如简约性、科学性等。其实，这些标准只是以上三条的扩展而已。如果具备了上述三条标准，所制定的双语教学原则体系必然成为科学的体系。就简约性而言，双语教学原则的制定者势必不会长篇大论，如果有，也只是对某一原则的阐述而已。精练而准确地提出双语教学原则，是对制定者提出的必然要求。因此，完善地把握上述三条标准，是制定双语教学原则的前提，也是双语教学原则体系价值实现的根本条件。

第二节　双语教学的基本原则

有关教学原则体系的科学建构，历史上许多著名的教育家都提出了自己的观点。捷克教育家夸美纽斯根据"适应自然"的原理，提出了三条重要的教学原则：教与学的便利性原则、教与学的彻底性原则和教学的简明性与迅捷性原则。为了使教学促进学生的一般发展，苏联教育家赞科夫提出了自己的教学原则体系：以高难度进行教学的原则、以高速度学习教材的原则、理论知识起主导作用的原则、使学生理解学习过程的原则、在全体学生的发展上下功夫的原则。美国教育家杜威则提出活动原则、表象原则、兴趣原则和情绪原则。通过吸收这些理论中的合理成分，并根据双语教学的本质特征与要求，针对双语教学中的各要素，我们建构出如下的双语教学原则体系：平等互动原则、科学渗透原则、灵活施教原则、利用与创设相统一原则、博专相济原则、因材施教原则、民主合作原则。

一、平等互动原则

这一原则是针对双语教学目的而制定的。教学目的是学校中一切教育教学活动的出发点和归宿。双语教学以两种或两种以上的语言为媒介，这是双语教学最显著的特征之一，也是双语教学区别于其他教学形式的主要依据。双语教学不仅涉及两种不同的语言，更是两种不同文化交流的媒介。因为在通常的情况下，文化是以语言和文字为载体传承并发扬光大的。因此，两种或多种文化的碰触成为双语教学的主要特点之一，文化的多元性也就成为双语教学特殊的背景。双语教学的目的，不仅仅在于促进学生对于两种语言的学习与应用，更重要的在于充分彰显两种语言所负载的文化，促进多元文化的融合与交流。这是顺应多元文化融合发展趋势的必然结果，同时也是实现文化融合的基本途径之一。但是文化融合并不意味着文化同一，更不是强势文化对于弱势文化的征服。文化没有进步与落后，原始与文明之分，每一种文化都具有其独创性和存在价值。因此，双语教学的最终目的在于促进文化的平等互动，促进多元文化的融合。这便需要在双语教学的过程中坚持文化的平等互动原则。实现这一原则，对双语教学提出如下要求：

（一）熟练掌握第一语言，充分了解本民族文化

语言是文化的载体。双语教学过程中，两种语言的使用，更多体现的是两种文化的交融与平等互动。但是，文化的这一融合趋势必须建立在对于本民族语言和文化的充分掌握和理解的基础上。因为只有这样，才能在多元文化融合的进程中保持本民族文化的独特性，进而与其他文化平等交融。我们不能用单一的意识形态来衡量文化融合倾向中西方的价值观念，但也不能丢掉民族自身的精神理念。这是保证文化多样性的根本前提，是实现多元文化融合的必要条件。这一要求体现在整个教学过程中，则表现为首先要求学生熟练掌握第一语言，具备听、说、读、写等能力，以第一语言为媒介来掌握本民族文化的精髓，获得关于本民族文化的全面而适当的知识。通过熟练掌握第一语言，可以促进学生的民族意识以及民族自尊心、自信心的形成，使学生掌握本民族的文化传统，了解本民族文化的精华，理解本民族在国际社会中的地位和作用。因此，对于第一语言以及本民族文化的充分了解与掌握，是实现双语教学文化融合目的的必由之路。

（二）掌握第二语言，了解多元文化

双语教学过程中，第二语言的介入，不仅使教学过程增加了一种语言媒介，更使学生

有机会接触本民族以外的文化。因为任何一种不同的语言，都承载了与之相关的文化内涵。这是多元文化融合趋势发展的必然结果。在多元文化融合趋势的影响下，世界各国都纷纷提出要培养跨世纪人才，造就世界公民，培养具有"国际素质"的创造性人才。这包括培养学生的全球意识、全球价值观，了解全球知识，形成全球行为等。双语教育的目的，正是要"让学生在广阔的视野基础上理解异质文化，培养无偏见的、自然的和不同文化、习惯的人交流以及共同生活的素质和能力。"因此，双语教学过程中，教师通过使用第二语言为媒介，可以进一步培养学生学习语言的能力，丰富学生生活，给学生提供文化选择的权利和机会；同时，通过学习第二语言，逐步了解以这一语言为载体的异质文化，培养学生的跨文化适应能力，并使学生学会从不同的文化角度来审视本民族文化。只有这样，才能真正实现双语教学的目的。

（三）灵活使用两种语言，促进多元文化的平等互动

双语教学过程中以两种语言或多种语言为媒介，这是其显著特征之一。但值得注意的是，双语教学过程并不是两种语言的简单相加，也不是在课堂上先使用某一种语言，再使用另一种语言的简单机械操作。真正的双语教学，能够使两种语言有机地融合在一起，相互作用，相互渗透，平等互动。由此，以两种语言为载体的两种文化的平等互动便成为可能。双语教学过程中的二元文化或多元文化，是国际社会多元文化中的一个重要组成部分。通过两种语言和两种文化的平等互动，教师和学生可以从更广阔的视野来进行语言的学习和文化的了解，促进不同人种、不同民族、不同社会集团之间的相互尊重和理解，实现双语教学的最终目的。同时，也只有通过多元文化的平等互动，才能实现多文文化的真正融合，顺应国际社会的文化发展趋势。

二、科学渗透原则

这一原则是针对双语教学内容及其实施过程所提出的。双语教学作为一种特殊的教学活动，必然涉及一定的教学内容及其实施问题。双语教学以两种语言为媒介，其教学内容及实施也必然存在一定的特殊要求。科学渗透原则强调在双语教学的实施过程中，针对不同的学科，将两种语言合理有效地渗透于整个教学过程。这样，双语教学不仅保证了两种语言逐步渗透到学科教学的过程中，更将学科教学置身于更广阔的空间，增加了其文化内涵。实现科学渗透原则，对双语教学提出如下要求：

（一）充分了解各学科的特点，适当地进行双语教学

双语教学的实施，是以一定的学科知识为载体的。这是任何一种形式的教学活动都必须具备的。但这并不意味着双语教学适合于任何一门学科。关于在哪个学科开展双语教学更为合适，学术界有两种不同的看法：一种认为选择社会政治科目，因为一方面社会政治科目的术语与交流语言相近；另一方面，这些科目与第二语言文化有亲缘关系；另一种观点认为应该选择数理自然科目，因为这些学科比较容易利用图画、演示等直观手段和音像

立体教材，能降低理解的难度……不论以上观点是否完全正确，其中的合理因素是值得借鉴的。由于双语教学以两种或两种以上的语言为媒介，在其实施过程中，必须充分考虑到学科之间的差异，充分了解各学科自身的特点，有针对行地实施双语教学。不同的学科，在使用双语进行教学时情况也完全不同。我们必须本着科学的态度，针对不同的学科，有选择性地进行双语教学，从而提高双语教学的有效性。

（二）有机统一两种语言，促进两种语言的全过程渗透

双语教学以两种或两种以上的语言为媒介，但这并不意味着双语教学是两种语言的简单相加，也不是孤立地使用两种语言分别进行教学。科学的双语教学注重两种语言的有机统一，注重在适当的学科教学过程中，实现两种语言的全过程渗透。双语教学过程中，教师不仅应当能够灵活运用第一语言，更要熟练掌握和运用第二语言，在教学过程中实现两种语言的有机统一。在此基础上，教师要进一步将两种语言科学地渗透在整个教学过程中，避免在某一阶段使用双语，而在另一阶段一味地用一种语言进行教学的现象。通过在适当的学科中进行双语教学，并实现双语的全过程渗透，学生能够全面接触多元文化，了解不同文化之间的差异，从而培养学生文化的认同与接受能力，促进多元文化的融合，实现双语教学的根本目的。

三、灵活施教原则

这一原则是针对双语教学的教学方法提出的。采用合理有效的教学方法，是实现双语教学目的，完成双语教学任务的重要保证。灵活施教原则针对双语教学的一些内在特点，要求教师在双语教学过程中，根据不同的学科要求采取适当而有效的教学方法。实现这一原则，对双语教学提出如下要求：

（一）对各种方法做深入的研究，了解各种教学方法的职能、使用范围和使用要求

教学理论的发展历程，也是各种教学方法不断完善和改进的过程。随着生产、科技、社会形态、教学理论和教学实践的不断变革，教学方法也经历着推陈出新的变革过程。从最初古希腊苏格拉底的"精神助产术"，到今天的演示法、陶冶法，教学方法可谓种类繁多，层出不穷。教学方法的不断发展，不仅丰富了教育教学理论，更为教师教学提供了更多的选择对象。但是，教学方法可选择性增加的同时，也对教师提出了更高的要求。首先，在双语教学过程中，教师必须对这些方法做深入的研究，掌握每一种方法的适用范围、条件、实施步骤、注意事项。其次，教师还必须考虑到双语教学的内在特点，在双语教学过程中根据不同的教学内容、教学环境、学生特点，有针对性地选用某一或某几种教学方法，以期达到最佳的双语教学效果。

（二）针对教学实际情况，选择合适的教学方法

任何一种教学活动，都有其特定的物质文化氛围，有其独特的教学知识体系与学生群

体，不可能与另一种教学活动完全相同。双语教学过程中，由于各地经济水平的差异，导致双语教学的水平不尽相同。经济发展水平高的地区，其双语教学水平也较高；反之亦然。同时，教师在双语教学过程中，面对的学生千差万别，教授的学科内容也完全不同。因此，教师在进行双语教学过程中，应根据本地的双语教学水平以及所讲授的学科内容，充分考虑学生的认知特点以及个性差异，选择适用的教学方法，从而提高双语教学的有效性。

四、利用与创设相统一原则

这一原则是针对双语教学的教学环境而提出的。任何一种教学活动，总是在一定的时空条件（即教学环境）下进行的。大的教学环境包括学校的物质环境和文化氛围，甚至社会环境；小的教学环境则指课堂氛围，以及教学资源、教学条件等在教学过程中与其产生直接或间接关联的各种因素。教学环境的有利与否，直接关系到教学效果的好坏。双语教学过程中，由于第二语言的介入，使得学生开始接触另一种语言和文化。而这时单一的母语环境便不能再给学生提供更有利的语言环境。第二语言环境的缺乏，使得学生不能很好地掌握与运用第二语言，由此导致无效的双语教学。因此，针对双语教学的教学环境问题，提出了利用与创设相统一的原则。这一原则的提出要求教师要充分利用各种有利的环境因素为教学活动服务；同时又要积极创设有利的双语教学的语言环境。实现这一原则，对双语教学提出如下要求：

（一）综合利用各种环境因素，提高双语教学的有效性

在双语教学的实施过程中，教师作为教学活动的组织者，应深入了解各种教学资源的优点和局限性，根据双语教学的特点以及学生实际情况，综合利用各种现有的环境因素，发挥其整体作用，更有效地实施双语教学。在这个过程中，教师可以将教学硬件环境与教学软环境相结合，课堂内与课堂外相结合，将双语教学的影响逐步扩大到学生每天的生活中，创设积极、丰富、有效的双语教学环境，促进双语教学更有效地实施。这样，通过教师对现有教学环境与资源的更合理的利用，可以使教学在更为有利的环境中进行，从而提高学生学习的积极性，实现双语教学的目的。

（二）发挥主观能动性，积极创设有利的双语教学环境

双语教学活动总是在一定的物质文化环境中进行的，它受到周围环境的影响和制约。其中有些因素可以积极地促进双语教学的完成，但有些因素却阻碍着双语教学的发展。这便需要教师充分发挥其主观能动性，减少不利因素的影响。同时，教师更应该采取有效策略，积极创设有利的教学环境，促进双语教学活动的顺利进行。值得注意的是，教师在课堂内的有效控制，只是双语教学整体环境中的一个主要构成部分，课堂外的校园物质环境对于双语教学具有重要作用。校园中的一景一物，对于学生皆具有教育意义，对培养学生的语言掌握与运用能力具有"润物细无声"的功效。因此，除了课堂内的双语教学环境外，教师与学校更应当加强双语教学氛围的整体设计，加强校园文化中的第二语言因素，使学生

置身于更浓烈的双语校园氛围中，给他们以无声的熏陶。通过充分开发双语教学的潜课程，可以为更好地进行双语教学提高良好的物质与文化氛围，提高双语教学水平。

五、博专相济原则

这一原则是针对双语教学中的教师主体而提出的。双语教学与其他教学活动最根本的区别在于以两种语言或多种语言为媒介。这便对双语教学的教师提出了较高的要求。教师在进行双语教学的过程中，不仅应当掌握所讲授的学科知识，更要能够熟练掌握并且灵活运用两种语言来进行教学。这是保证双语教学顺利进行的关键因素之一。博专相济原则的提出，充分反映了双语教学对于教师所提出的要求。实现这一原则，要求教师做到如下两个方面：

（一）深入钻研学科内容，具备精深的专业知识

双语教学过程中，双语言的应用，只是作为教学的一种交流媒介，教师教学的主要内容仍然以传授某一学科专业知识为主。这便要求教师首先必须具备某一学科精深的专业知识。在学校教学中，每一个教师都在特定的学科学有所长，对自己所教授的学科，既有理论上的钻研，又有实践中的认识与感悟。这是任何一个教师在教学过程中都必须具备的知识储备，同时，这也构成了教师进行双语教学的学科基础。教师不具备精深的专业知识，双语教学只能是空中楼阁，成了无源之水，无本之末，失去了其存在的根本意义。因此，博专相济原则首先要求教师深入钻研学科内容，具有必要的专业知识储备，在充分掌握所教授学科知识的基础上，采用两种语言进行教学，从而实现双语教学的有效性。

（二）增加教师多方面的知识与能力，有效开展双语教学

双语教学以两种语言作为交流媒介，就必须以双语教师为基础，这是由双语教学的内在特点所决定的。因此，双语教学对教师主体提出了更高的要求。双语教师必须能够具备精深的专业知识，并能够灵活运用第二语言进行教学。但是，目前在我国，教师基本上都是单科型的，即使由少数教师可以胜任两门以上的学科的教授任务，也大多是自我兴趣所致，不具有普遍性。要么教师掌握了第二语言而无法胜任学科知识，要么教师具有极好的专业知识而第二语言水平欠缺。因此，培养教师的语言学习能力，促进教师对第二语言的掌握与应用，是双语教学对教师所提出的特殊要求。同时，教师在学习第二语言的过程中，有更多的机会接触不同的文化，语言学习的过程同样是一个多元文化的接受过程。为了更好地促进对于异质文化的认同以及多语言的学习，双语教学教师必须不断扩大自己的知识面，更好地掌握第二语言，并通过不同的视角来审视异质文化，加强教师对于异质文化的理解与认同，从而更好地进行双语教学。

六、因材施教原则

这一原则是针对双语教学中的学生主体而言的。双语教学过程中，学生所面对的语言

媒介不仅包括日常所用的第一语言，还包括了不同于母语的第二语言。不同年龄段的学生，由于地理位置、认知水平等方面的差异，导致学生对于第二语言的接受能力也有所不同。即使是同一年龄段的学生，由于学生所存在的个性的差异，同样具有不同的接受能力。因材施教原则就是针对学生主体所存在的各方面的差异而提出的。这一原则要求在双语教学过程中，充分考虑学生主体各方面的差异，实现因材施教，实施适合于学生主体的双语教学。实现因材施教原则对双语教学提出如下要求：

（一）充分考虑学生的整体差异，实施有效的双语教学

任何一种教学活动都是以一定的学生群体为对象的。双语教学同样如此。在实施双语教学的过程中，教师必须充分考虑学生群体的整体差异。首先，这一差异表现在学生群体的认知水平不同。认知理论的代表皮亚杰十分强调教育必须切合于儿童的认知结构。他认为："即使主体似乎在非常被动的社会传递，例如学校教育的情况下，如果缺少儿童主动的同化作用，这种社会作用仍将无效，而儿童主动的同化作用则是以适当的运算结构为前提的。"因此，根据学生群体不同的认知水平而实施适当的双语教学，是提高双语教学有效性的关键因素之一。其次，学生的整体差异还表现在由于地理位置、地区经济水平等方面的不同而产生的差异。各个不同的地区，由于其特定的地理位置，直接影响了该地区的经济发展水平，从而进一步影响了该地区的教育发展水平。在通常情况下，经济发展水平较高的地区，教师双语水平较高，其双语教学效果也更好；反之，在经济不发达地区，由于师资力量不足，并缺乏必要的物质资源，导致双语教学水平低下。因此，教师在进行双语教学过程中，必须充分考虑各地区教育教学水平及学生的整体差异，根据各地的实际情况，开发适合于本地区的双语教学模式，从而不断提高双语教学水平。

（二）充分考虑学生个体差异，因此施教

目前，我国中小学主要采用班级授课制开展教育教学活动。在一个班中，学生人数大多在 40 ~ 50 人之间。每一个学生都是一个完全独立的个体，他们有独立的思维力、判断力和理解力，由此而形成的学生个性差异和能力水平也千差万别。任何一种教学活动中的学生主体，都必然存在着个体差异。这是客观存在的事实。双语教学同样如此。因此，开展有效的双语教学，教师必须充分考虑学生的个体差异，因材施教。苏霍姆林斯基曾说："教育——这首先就是人学。不了解孩子，不了解他的智力发展，他的思维、兴趣、爱好、方法、禀赋、倾向——就谈不上教育。"双语教学过程中，不同的学生由于其特定的生活环境和受教育程度，其个性发展存在很大的差异，对于语言的接受水平和能力也不完全相同。因此，教师必须对学生做深入细致的了解，充分考虑学生之间的个体差异，根据他们各自不同的个性特点、学习类型与风格，因材施教，使每个学生的潜能得到充分发挥，促进其对于双语言的学习与运用，从而促进双语教学更有效地完成。

七、民主合作原则

这一原则是针对双语教学中的师生关系而提出的。有关教师与学生在教学过程中关系的探讨，可谓众说纷纭。在通常情况下，根据教学中师生关系的质特点的不同，可以将师生关系分为以下几种类型：①专制型师生关系；②管理型师生关系；③挚爱型师生关系；④放任型师生关系；⑤民主型师生关系等。相对于双语教学而言，最佳的师生关系则体现为教师与学生能够充分发挥各自的主体能动性，营造民主平等的教学氛围，在教学过程相互交流与互动，达到认知和谐、思维同步和情感共鸣的境界，创造性地完成双语教学目标。良好的师生关系的建立，是实现双语教学有效性的重要因素之一。因此，民主合作原则要求教师在教学过程中转变传统观念，促进学生积极主动地参与到教学活动中，提高双语教学的有效性。实施民主合作原则，主要体现在：

（一）转变传统观念，树立正确的师生关系观

观念是行动的指南。建立正确的师生关系，首先要求教师与学生必须转变传统观念，消除其中的不合理成分，打破教学过程以教师、课堂、课本为中心的局面，建立民主平等的师生关系。观念的转变，是建立良好师生关系的基础。这便要求教师从传统的权威光环下走出来，不再以"传道、授业、解惑"者自居，走近学生，激发学生的求知欲望，充分发挥学生的主体性，并在教学过程中促进与学生的平等互动，从而使学生理解学习过程，使双语教学更好地进行。

（二）教师克服话语霸权，给学生以言说的权利

实施双语教学，主要目的便在于除了让学生掌握特定的学科专业知识外，能够熟练掌握并灵活运用第二语言。这便需要教师在课堂上为学生提供更好的机会来学习并运用第二语言。但是，在一些双语课堂上，教师的话语霸权使得课堂失去了生机。教师在台上滔滔不绝地讲，学生在台下静静地听，到底学生听懂没有，听懂多少，教师并不知晓。这种话语霸权的存在，不仅压制了学生主体性的发挥，更剥夺了学生使用第二语言与教师进行课堂交流的机会。事实上，学生是双语教学的主体之一，同样也应该是双语教学的言说主体，学生可以通过言说来表达自己对于学习的理解和完成知识的建构。因此，这就要求教师在双语教学过程中克服话语霸权，由真理的代言人，教材的复述者，双语的权威转变为学生学习的合作者和促进者，双语言应用的指导者。教师的话语权力不再是一种强制力量和支配力量，而是给学生以言说的权利。只有这样，学生才可能在教学过程中，更好地掌握学科专业知识，同时促进两种语言的应用，进一步加强学生对第二语言的听、说、读、写等方面的能力，促进知识的迁移，最终实现双语教学目的。

第七章 双语教学的基本类型

　　双语教育分强势双语教育和弱势双语教育。弱势双语教育的最低标准是教学对象是双语学生，通常以一种语言或有限双语能力为目标，而非以完全平衡双语能力为目标。在下文中将详细介绍的淹没式双语教育和过渡式双语教育都属于弱势双语教育的范畴。因为它们的目标都是使学生从少数民族语言过渡到多数民族语言，或是从母语文化转变到更有实力和国际地位的文化。例如，在美国的西班牙裔学生可能会经历淹没式或过渡式双语教育，最终熟练掌握英语，而教育目标中不考虑母语与英语是否具有同样的能力，这样可以使这些学生在未来的升学和就业中具有与美国本土学生同样的竞争力和机会。这些模式中的教学语言都是多数民族语言。少数民族语言可能偏废，或作为过渡。

　　强势双语教育则以培养熟练掌握两种语言，具有双文化能力的人才为目的。而且强调保留少数民族语言，营造双元文化或多元文化的社会氛围。例如，一种语言可能在一个阶段作为重点进行强调，逐渐转变为两种语言具有同等重要性和熟练程度。学生可以在保持少数民族语言的同时发展多元文化能力。

　　弱势双语教育指的是，学校拥有双语学生，课堂教学语言采用多数民族语言。出于适应课堂环境的需要，可以允许学生短暂地使用少数民族语言，以便尽快地通过多数民族语言学习课程。学校实施双语教育的目的不是培养学生成为熟练掌握两种语言和双元文化的人才，而是培养学生成为掌握主流语言的单语人才或低水平的双语者，帮助学生尽快过渡乃至同化到主流语言和主流文化中。

　　强势双语教育和弱势双语教育的主要区别反映了单语主义和双语主义两种不同的世界观和对社会结构的不同态度。前者强调多元文化主义和语言多样化在日益全球化的世界中的重要性，后者则试图用处于主流地位的多数民族同化少数民族。

　　下面中将主要介绍双语教育的基本类型及其变体。

第一节　淹没式双语教育

一、概念

淹没式双语教育，是双语教育中的最弱势类型。来自少数民族语言家庭的儿童直接接受多数民族语言的教育。例如来自美国西班牙语家庭的儿童从入学的第一天开始就接受以英语为授课语言的教育。淹没式教育的目标是使儿童能够尽可能迅速地掌握英语的口语流利度和读写能力，以便和多数民族语言儿童处于同一水平线。各国并不存在淹没式学校。淹没式教育通常出现在主流学校。

在美国，淹没式双语教育的第一个形式就是"结构型沉浸式"（structured immersion）双语教育，在这种教育方式中，教师被要求在短期内使用简易的多数民族语言（英语）。正如母亲对待幼儿时会简化语言，或者西班牙语本族语者在面对西班牙语学习者时会简化语言一样，结构型沉浸式教师要降低英语的复杂度和难度。通常他们要在一个短时期内允许儿童使用母语。然而最终的目的仍然是尽快使学生在课堂完全使用多数民族语言。

淹没式的概念基于如下观念：要儿童快速地学习游泳，就要将其扔入大海。孩子们淹没在英语中，就可能会迅速地精通英语。淹没式教育的支持者们认为，如果儿童始终被多数民族语言所包围，他就会很快地学会那门语言。支持者们认为允许儿童使用母语只会延误多数民族语言的发展。同一课堂中的教师和多数民族语言学生可以作为榜样，因此少数民族语言儿童将会很快地提高多数民族语言的流利度。学生被置于主流语言学校中，要么下沉，要么就努力挣扎学会游泳。

二、教学目标

淹没式双语教育的根本目的不仅仅是语言的转换，它还与政治有关。在美国有大量的移民，淹没式教育被视为将少数民族语言者融入美国主流社会的一种形式。多种不同的少数民族和语言共存于美国社会，学校应该成为一个大熔炉帮助建立共同的社会、政治和经济理想。淹没式双语教育成为公认的建立和谐的、经济完善的、同质的美国社会的一种途径。共同的语言会提供共同的态度、目标和价值观念。共同的语言和文化可以巩固社会。相对于混杂局面，同说英语的美国是更好的选择。

三、教学效果

在淹没式双语教育课堂里，有流利的以优势语为母语的学生，也有几乎听不懂课堂用语的学生，他们的水平参差不齐，在这种"无语境支持"的课堂里，并非所有的学生都能迅速地、轻松地掌握课堂所必需的优势语。一些儿童能够应对淹没式的教育形式；其中一些在语言的四个技能（听、说、读、写）方面和社交方面取得了很大的进步；但对于其他的许多学生而言，淹没式教育使他们感到很有压力，存在的问题也很多。学生们对于课堂中教师和多数民族学生的讨论只能理解一少部分。他们听不懂英语或只能理解一点，因此只能掌握一小部分学科知识。他们所了解的是他们自身、他们的父母、他们的语言、他们的民族不受重视。在他们看来，他们、他们的父母、他们的母语以及文化受到了轻蔑、拒绝和冷落。

理解一种新的语言要求注意力的高度集中。去理解教师和其他学生以一种陌生的语气说的话，同样劳心费神。学生们在理解语言方面存在困难，更别提学科内容了。学生们一边要吸收各个学科的知识，同时还要学习一门新的语言。然而一些儿童确实在淹没式教育中取得了成功，可是多数的学生却遭遇了失败，没有将自己的潜能发挥出来。这种失败是学习方面的，没有毕业就面临着辍学。除了语言上的问题外，淹没式双语教育课堂还在学生的交流和情感方面存在着各种问题。有的学者指出，在淹没式双语教育课堂上，运用学生还未掌握的语言进行教学势必会引起紧张情绪，会造成学生的自卑、退缩、自我不满和离群等现象。

然而，淹没式教学从逻辑上来讲是保证儿童掌握多数民族语言并通过该语言掌握学科知识的最快捷途径，但调查显示淹没式教育不是二语学习的最有效的途径。它可能导致课程学习效果不佳，并对学生人格发展具有负面影响。

因此，淹没式双语教育不再被视为少数民族儿童学习的最佳选择。对于淹没式教育的支持只来源于政治因素以及部分美国民众的意愿。只有那些希望将少数民族融入主流社会以及关心共同的国家文化的人士才支持淹没式教育方式。

第二节　过渡性双语教育

一、概念

过渡性双语教育（transitional bilingual education）这种模式要求在学生刚进校时，部分科目或全部科目使用本族语／母语教学；但一段时间之后，则使用所学外语／第二语言进行教学。因此，过渡性双语教学即指开始前有一段非双语教学作为过渡期，以避免学生进校就因不适应直接用第二语言或外语教学而产生许多困难，其目的仍是逐渐向沉浸式教学过渡。

二、教学目标

过渡性双语教育的中心目标不是培养具有双语能力和双语文化的学生，而是使学生能够尽可能迅速、充满自信地运用多数民族语言。如果学生已经获得了基本的语言能力，如英语，他们就会被迅速地转移到主流课堂，在这种课堂中英语是唯一的授课语言。这种教育方式可以用先进游泳池后到大海游泳作类比，学生接受短暂的、暂时的家庭语言授课，并同时学习了多数民族语言的四种技能（听、说、读、写），进而迅速地转移到主流语言学校中。一年级时双语教师允许儿童在班级使用家庭语言，目的是提高多数民族语言的使用频率，适当地降低家庭语言的使用。

三、政治目的

过渡性双语教育的政治目的是一体化和同化。目标是同化移民和少数民族语言儿童，使其融入主流社会中，使他们拥有同等的就业和发展机会。一些儿童取得了成功，实现了上述目的；还有些人则逐渐丧失他们的本族请和本族文化同时又没有融入主流社会中去，被逐步边缘化。由于难以流利地表达多数民族语言、学生的学习成绩不良以及种族和肤色的原因，不可能完全地融入主流社会。

因为过渡性双语教育是一种弱势的双语教育，不支持家庭语言和本族文化，不鼓励学生的本族语和文化规范，同时早期退出融入主流教育的儿童在语言、文化和教育方面尚存不足。这也会导致学校对一些学生的不满。这种教育形式本来希望提供平等的就业和发展机会，不料结果却适得其反。

四、类型

过渡性双语教育分为两种主要类型：早期退出（early-exit）和后期退出（late-exit）。早期退出过渡性双语教育通常允许学生在过渡到主流课堂之前接受差不多两年的家庭语言教学。后期退出过渡性双语教育允许课堂教学语言的 40% 为家庭语言直到六年级。研究表明早期退出和后期退出过渡性双语教育有着明显的区别。相对于早期退出，后期退出式的过渡性双语教学使学生的课程成绩（如数学，英语语言和英语阅读）更加优秀。然而，Ramirez 和 Merino 发现在纽约、新泽西、佛罗里达、得克萨斯和加利福尼亚的中学中，在三年级结束的时候，学生们无论是沉浸式教学，还是早期退出和后期退出过渡性双语教学模式中的学习成绩没有太大的差别。六年级的时候，接受后期退出过渡性双语教学的学生的成绩明显高于其他教育模式培养的学生。结论是西班牙语学生可以在大量时间内接受家庭语言的教育，同时并不影响英语的习得。

在政治层面，政治家们和大多数民众赞同早期退出过渡性双语教育，后期退出过渡性双语教育不被推崇。近期的调查结果显示，早期退出过渡性双语教学和沉浸式双语教学的教学效果差别不大，双语教学的反对者们极力推崇沉浸式而非早期退出双语教学。由于沉浸式教学比过渡性双语教学更容易执行，费用也更低，所以受到了政治家和许多专业人士的大力支持。

五、授课语言

双语教师最开始允许儿童使用母语。教师也会使用儿童的母语讲授课程内容和组织课堂教学。母语也会被用来介绍多数民族语言，这也是过渡性双语教育的一个中心。尤其是在早期退出计划中，教师会逐渐地减少使用学生母语而使用多数民族语言。学生仅仅在逐步而非突然引入英语主流语言的过程中才比较容易适应。通常，两三年之后（学生们具有足够的英语能力），他们就会进入同一所学校的主流语言课堂。

在美国后期退出过渡性双语教育中，从学生母语过渡到英语是渐进而缓慢的－后期退出教育在一年级大概有四分之三的课程用西班牙语讲授，在五年级和六年级时降到差不多40%。相比较而言，早期退出计划的一年级和二年级，英语授课大概占到三分之二，学生母语占三分之一。

在过渡性双语教育中，专门开设课程讲授英语语言，如结构、规则和词汇。而学生母语则无正式的课程，尽管有的学期也开设些语言艺术课程。其他领域的学科（如数学，社会研究）部分由学生母语讲授，但在美国主要的目的还是转至英语授课。课程的文化内容通常是关于目标国家的，而非少数民族的历史、地理或是文化。然而，也有一些课程（纽约的海地语）教授少数民族文化。

六、教师

过渡性双语教育计划要求教师是双语者，既能使用多数民族语言也能使用学生的母语。熟练掌握两种语言并欣赏两种文化的双语教师能够对儿童的语言和家庭背景更富同情心。这会带来一定的价值和利益。双语教师的聘用为新建立的移民区提供了就业机会。

在美国，英语单语教师不参与有关少数民族语言儿童的双语计划，从西班牙语到英语的转换是由双语者完成的。双语教师为儿童提供了典范。从母语过渡到学校语言，在儿童们自己的种族内部就会出现文化一体化和同化现象。双语教师能够满足当地语言社区的需求和希望。

然而，过渡性双语教育计划中的双语教师必须要学会妥协和折中。在美国，这一教育计划的目的是使儿童掌握英语，至少在学校教育中是这样。而少数民族语言社区希望孩子讲英语，但不丧失母语。这样，美国过渡性双语教师就被置于两难境地，一方面少数民族群体希望保留本族语言和文化，而校内校外官方的政策是英语语言能力的提高以及融入北美文化。在实行过渡性双语教育的大多数学校中，拥有权力和地位的人们（校长、校长助理和年级领导）经常是英语的单语者。在学校里地位较低，权力较小的人群（厨师、保安、办公室人员）都是少数民族语者。广播里传出的内容以及给家长的信件都是以英语为交流语言的。英语成为权力和地位的象征，而少数民族语言是低微和从属的标志。儿童们会认为一种语言是高贵的，另一种语言则处于社会底层且受到蔑视。所以他们不希望自己成为少数民族语言持有者，他们也想成为双语者。学生们只是希望成为富有权力、地位和成功标志的英语者。

在过渡性双语课堂，双语教师会交叉使用两种语言，而且不存在障碍。两种语言的使用也没有明显的功能划分，这便使得地位高的语言的使用频率得以增长，地位低的语言的应用频率逐渐降低。这种状况不利于双语制度和双语能力的实现。

美国过渡性双语教师会极力地表现他们如何成功创建有效的课堂机制以及如何提高他们个人的教学能力。成为优秀教师的一个重要成果是他们能够保证学生们英语水平的提高。因此双语教师会不自觉地提高多数民族语言的使用，而以少数民族语言的发展作为代价。

七、过渡性双语教育的效果

过渡性双语教育的积极结果是很多学生获得了双语能力，在学科上取得了一定成功。一些学生既具有较高的英语能力，又在各门课程中取得了好成绩并考入了大学，获得了体面的工作。但是并非每个接受过渡性双语教育的学生都能收获理想的学业成绩。根据Cummins，这些儿童要想取得成功，多数民族语言的能力要达到足以应对学习环境中的认知要求。英语语言的会话技能也应该能够应对主流课堂更加复杂的语言要求。有些学生在语言技能足以应对学习任务的认知要求前，就被送入了纯英语的主流学校。两年或者三年的英语语言教学不足以发展儿童的语言技能并使其参与纯英语课堂活动，更不用说和那些英语本族语的儿童进行竞争。

过渡性双语教育还可能导致许多的少数民族语言儿童学习失败，包括多数民族语言和各个科目的失败，以及其他的有害影响：缺乏自尊，思维僵化并易形成偏见。如果过渡性双语教育面临失败，那么学生和教师的积极性会受到影响。如果过渡性双语教育学生在英语方面能力不足或被视为劣等，他们的学习成绩会偏低，甚至滋生种族主义情绪。

另一个极端的结果是，不成功的过渡性双语教育有可能会使参与者处于社会底层阶级。一旦失败，牺牲者就会受到谴责。处于社会底层的人们就会承受更多的艰辛、贫穷和失业，他们便会因为不能说英语或者没有很好地利用过渡性双语教育模式而受到谴责。移民区、不同的少数民族以及语言群体的种族隔离将会被这种教育制度所深化。这种教育制度会不经意间导致少数民族语言群体的经济权利被剥夺，成为社会上的失业或未充分就业的人群。极端贫困、未就业的少数民族语言团体急需高质量的教育。

第三节　沉浸式双语教育

所谓沉浸式（Immersion）是指用第二语言作为教学语言的教学模式。教学过程中将学生"沉浸（Immerse）"到第二语言的环境中，教师不但用第二语言教授第二语言本身，还用第二语言讲授学科课程。因此第二语言不仅是学习的工具还是学习的内容。加拿大的沉浸式教育是语言和文化本身的选择，其目标是使学生有效地学习母语和第二语言，有效地通过第二语言掌握学科知识，并通过第二语言的学习增进对其他文化的理解和鉴赏，最终培养出母语和第二语言同样精通的人才。

一、理论依据

沉浸式教学使传统的、孤立的语言教学向语言与学科知识教学相结合的方向转变。这个转变有其理论依据：第一，各类学科课程为第二语言的学习提供了自然的基础和环境，为学生提供了用第二语言进行（求知、感情和态度等方面）交流的机会，有利于学生有效地学习第二语言。第二，重要而有趣的学科内容能使儿童产生掌握第二语言和运用第二语言进行交际的动机。第三，学生的母语（第一语言）习得的本身就是语言与认知内容的结合。在这个过程中，认知与人际能力伴随语言一起发展。学生第二语言的学习也可以借助于同样的办法。第四，语言的功能特征随情景不同而变化。语言与学科内容相结合的教学模式为学生使用第二语言提供于广阔而丰富的语言环境。

二、沉浸式双语教育的课堂语言策略

沉浸式双语教育模式的形成是基于这样一种观点，第一语言的学习是在相对无意识的状态下进行的。儿童在家庭环境中初步掌握一门语言，自己却毫无意识。沉浸式双语教育就是试图复制这种无意识的学习氛围。学习过程中关注内容和学习任务，而并非语言形式的学习。初级教育早期，并不给学生专门开设语言课程，尽管教师可能会潜移默化地强调一些语言规则。而初级教育的后期，学生开始意识到语言是一个体系，需要学习语法、句法等方面的知识，这些知识有助于加强和提高交际能力和加强交际效果。

沉浸式双语教育模式认为语言学习开展得越早越好。虽然有些研究表明青少年和成年人可能会更有效率地学习语言，但不可否认儿童学习发音比成年人更准确、地道。而且儿童早期的学习通常是在一种无忧无虑、嬉笑玩耍的状态中进行的。

根据语言学习规律和学生的特点，沉浸式双语教育模式通常采取如下几种课堂语言策略：

第一，沉浸式双语教育的初始阶段，教师的主要目的在于使学生掌握听力理解技能，不强调口语能力，因为一味地坚持和强迫会使学生对法语产生消极的态度。第二学年结束时，教师则开始强调口语能力。这个过程中很重要的一点是最初阶段教师要能够使学生听懂自己的讲解，了解学生的词汇和语法水平，并不断推动学生法语能力的进展。因此教师应该能够以最简化易懂的形式讲授，并有耐心地重复，或以较慢的语速讲解。有人把这种形式的授课称作"母亲式语言（mother talk）""保姆式语言（caretaker talk）"或"外国式语言（foreigner talk）"。

第二，教师在教授某个内容之前经常需要针对一些词汇和概念进行细致的讲解，并且密切关注学生的接受程度，可以通过观察学生的表情、观察学生是否注意听讲、鼓励学生向老师提问等方式。

第三，沉浸式双语教育模式对待语言错误的态度也是值得推崇的。语言错误是语言学习过程中正常且不可避免的一部分，并非教学失败的象征，因此教师无须对学生犯错误感到惶恐不安或是过度纠正，以免影响课堂交流和内容学习，对学生产生消极的影响。但如果多个学生重复犯同样的错误，教师适当地纠正和指导就变得十分必要了。

第四，沉浸式双语教育模式对待中介语的态度也比较可取，认为中介语是由单语过渡到双语的语言学习过程的必经阶段，属于过渡性语言，不属于错误。有时一些学生受到母语影响会创新一些句式，这是具有创造性的表现。教师应该尽量鼓励学生参与课堂互动，锻炼表达能力。

第五，教师应当正确看待母语的迁移作用，两种语言系统相似的地方会引起正迁移，教师可以适当地以母语作为引导，而两种语言有较大差异的地方则需要进行着重强调，以免引起负迁移。

三、突出成果

第一，第二语言（法语）学习。很容易预见，参与沉浸式双语教育模式的学生的法语水平远远超越了那些每周法语课程固定课时的主流教育模式的学生。很多学生在早期沉浸阶段即大约 11 岁时就能达到与法语母语者相当的听、读水平。当然，这两种属于接受性语言技能，输出性语言技能——说和写则需要更长的时间。

第二，第一语言（英语）学习。研究表明学生法语的提高并不需要以损伤母语为代价。虽然大多数的学生前四年的学业进展比传统主流模式的学生慢一些，尤其是阅读、拼写和断句方面。到了第六年情况则大为改观，这些学生不仅赶上了传统模式的学生，而且更具有语言敏感性、思维灵活性和语言的深层次反思能力等方面的认知优势。由于学生在学习过程中不但要建立第二语言符号系统，而且还要在两种语言符号系统之间进行频繁而迅速地语言转换，他们的思维敏捷性、理解力和判断力都明显优于单语儿童。

第三，其他课程学习进展。Johnson 和 Swain 的研究发现，大多数学生学习第二语言并不会对其他科目的学习产生负面影响，但前提是学生的语言技能已经充分发展，足以应对各个科目的学习。通常科目越难，对学生的第二语言水平要求越高。因此应该在语言学习和各科目的学习之间搭建一个桥梁，或者说过渡性课程，这就需要语言教师和学科教师合作来完成。Johnson 和 Swain 的研究为我们高校双语教学实践提供了一定的理论基础，我们提倡大学英语、ESP 和双语教学的三层次层级递进的教育模式也为他们的假设给予了回答，ESP 就是语言学习和双语教学之间的一个有益的桥梁，为双语教学作好了语言和学科的双重准备。

第四，态度和社会适应能力。有家长反馈认为，参与早期沉浸式双语教育的学生在个性发展和社交能力方面取得了令人满意的成果，他们更加自信，具有较强的文化敏感性，对自己、他人和其他文化表现出积极的态度和认识，这种态度有利于加强英裔和法裔加拿大人之间的交往、理解与尊重。然而我们要清醒地认识到，学生们这些满意的成果不一定都归功于在校的双语教育。那些有积极反馈的家长可能会更努力地去营造积极健康的家庭氛围和环境，言传身教给学生积极的价值观和信念。所以这个方面还有待于进行社会、认知等方面的多维度研究。

四、沉浸式双语教育模式的局限性

第一，沉浸式双语教育模式中，学生法语的语言准确性较强，但日常应用的语用、语体选择则不够准确。

第二，学生毕业后很少使用法语，除了工作中的特殊需求外，学生更偏好母语，对自己的第二语言仍然缺乏信心。

第三，沉浸式双语教育模式也存在传统教育的弊病，即教学内容与日常交际脱轨，缺乏实用性。课程中所学的语言过于专业、定式和复杂。

第四，沉浸式双语教育模式目的在于使学生在语言、文化、教育、权力、财富和支配力方面获得优势，这会导致与少数民族群体的矛盾和冲突。

目前国内普遍实验的"沉浸式"双语教学模式，不仅没有使语言学习者学好英语，反而造成了"母语损伤"和"学科损伤"，形成了骑虎难下的局面。可以说，中国双语教育的出发点是好的，只是在具体的教学实施上没找到适合中国教育现状的双语教学模式。

第四节　保留性双语教育

一、概念

保留性双语教育是一个总括性的概念，它融合了全世界不同地区的不同情形，它们分别有着不同的措辞。例如，保留性双语教育在美国就包括"保留性双语教育"（maintenance bilingual education）和"发展的保留性双语教育"（developmental maintenance bilingual education）。保留性双语教育又称"保持性双语教育"或者"维护性双语教育"，指在学习的初级阶段，使学生同时接受母语和第二语言为教学语言，其目标是使第二语言学习者能熟练地掌握和使用两种语言，具有双语和双语文化能力。作为授课语言的少数民族语言通常占据课程时间的 50% ~ 90%。保留性双语教育不同于过渡性双语教育，不会以牺牲少数民族语言为代价发展多数民族语言能力。

保留性双语教育的例子包括：美国的纳瓦霍语和英语、西班牙的加泰罗尼亚语和西班牙语、加拿大的乌克兰语和英语、苏格兰的盖尔语和英语、爱尔兰的爱尔兰语和英语、瑞典的芬兰语和瑞典语、威尔士的威尔士语和英语以及新西兰的毛利语和英语等双语模式。其中美国亚利桑那州的岩石角社区学校实施的纳瓦霍语和英语保留性双语教育是保留性双语教育最成功的例子。

二、特点

美国保留性双语教育有两个特点：一是必须在保留母语的前提下掌握第二语言；二是在具体的教学实施中，采用过渡的方式处理教学语言的比例，即母语作为教学语言的比例，随着学生年级的增长而减小；第二语言的比例则逐渐增大。

三、教学目标

保留性双语教育的目的是保证实现完全的双语制度、双语文化和双语能力。大多数的课程是用少数民族语言来讲授的，目的是实现多数民族语和少数民族语的语言听、说、读、写技能。在培养多数民族语言能力的同时，儿童的本族语也得到了保护和发展。

一些开展保留性双语教育的学校不仅把双语制度和双语能力作为目标，他们还经常与单语的主流学校竞争。他们在整个的教育实践过程中与主流学校进行比较。鉴于少数民族语言的地位较低、不受重视，保留性语言学校通常会力争在所有课程的讲授上和主流学校取得一样的成绩，甚至超过他们。

为了促进、发展和保持保留性双语教育，宣传学校所取得的成功就非常重要。父母、教师和学生们所作出的保持少数民族语言的努力会转化为强大的动机，这种动机会激发学校更有效地办学和进行普遍认可的课程实践。

四、教学模式

美国保留性双语教育的教育模式，包括主动型教学模式和阅读型教学模式。

"主动型"教学模式指的是让学生在学习过程中主动动手、动口、动脑，让学生主动地与老师、同学不断交流，置身于浓厚的学习氛围之中的一种教学模式。"主动"是对学生而言，即教学过程要让学生主动参与，以学生主动学习为特征。从教学目标上，强调教学的首要目标是激发兴趣，调动学生学习语言的积极性，培养学生学习英语的自信心，从而达到记忆的目的。次之，培养灵敏、缜密而透明的思维习惯，培养学生的创造性思维能力。

在教学程序上，强调完整的教学过程需要经历四个步骤，即设置情景、学习情景、多形式重复情景和情景再现。在教学策略上，要注重激发和保持学生的兴趣，创设与教学内容相应的情景，来引导学生学习。

"阅读型"教学模式指利用指导学生阅读的方式来达到教学的各种目的。实施的过程，首先要求学生掌握课文所涉及的语言知识（词汇、句型、语法和习惯用法等），了解课文内容所涉及的文化背景，再从阅读方法、阅读速度、阅读技巧、阅读理解的准确度和深度（阅读欣赏）等方面提高学生的综合能力。在语言教学方面，特别是第二语言教学，内容的理解是第一位，语言形式等是第二位。"阅读型"双语教学模式拟用"整体→部分→整体"的教学模式，有利于通过阅读培养学生灵敏、缜密透彻的思维习惯，即具有创造性思维。

五、学生

并非所有的保留性双语教育的学生都来自少数民族家庭。以威尔士为例，290 万人口中 20% 讲威尔士语，西班牙东北部的加泰罗尼亚省 68% 的居民是西班牙语和加泰罗尼亚语双语者。在威尔士和加泰罗尼亚郊区的一些公立学校有很多的少数民族语者，多数甚至所有的在校学生使少数民族语言。学校官方语言能够反映出这一地区的本地语。

其他的学校既包括少数民族语言学生也包括多数民族语言学生，在威尔士和加泰罗尼亚的其他地区，多数民族语言儿童（加泰罗尼亚的西班牙语；威尔士的英语）可能是新成员或是外地迁入者。他们的父母希望孩子接受双语教育。这样保留性双语计划还包括多数民族语言儿童。

另外，孩子的父母们尽管居住在这一地区，但已经丧失了本族语，他们希望后代能够复兴本民族语言。在威尔士和加泰罗尼亚的城市地区，少数民族语言的使用率已经很低，没有机会学习本民族语言的父母们将他们的孩子们送到少数民族语言学校。在这些学校中，少数民族语言学生的数量大大超过了多数民族语言学生。例如新西兰的毛利语学校。

移民导致了保留性语言学校的建立，美国的私立种族学校和加拿大的公立保留性双语学校就属于上述情形。这些学校可能完全是由少数民族语言儿童构成，也可能是完全由多数民族语言儿童构成，他们的父母已经丧失了少数民族语言并希望他们复兴本族语言。

所有接受保留性语言教育的学生课程的大部分都是用本族语或祖传语言讲授的。对于来自少数民族地区的儿童来说，这就是他们的第一语言教育。而来自多数民族的儿童，可以体验第二语言的沉浸式教学模式。

父母有权利选择将自己的孩子送入单语的主流学校还是接受保留性语言教育。在加拿大，乌克兰语和犹太语祖传语言计划允许父母们自由选择英语单语学校还是接受保留性语言教育。

六、教师

保留性双语教育系列课程的教师需要具有完全的双语能力。通常，他们致力于传承少数民族语言承载的文化。那样的教师通常是少数民族文化的忠诚捍卫者，他们甚至被视为语言实践主义者（language activists）。

即使能够教授两种语言，他们大多数的讲授还是通过少数民族语言完成的。如果少数民族语言教学材料有限，他们可以改编和撰写教材。而少数民族语言教师的培训、在职期间的提高及受关注和尊重程度仍然存在问题。

七、语言运用

保留性双语教育中，授课时间的一半通常使用的是少数民族语言。例如，阿尔伯塔和马尼托巴的乌克兰语计划使英语和乌克兰语各占 50%。数学和科学用英语讲授；音乐、艺术和社会科学用乌克兰语讲授。在保留性双语教育中有这样的趋势，艺术和人文学科（如音乐、艺术、历史、地理和社会科学）通常使用少数民族语言，而数学、物理、化学、生物、技术和计算机等科目则用多数民族语言讲授，常为英语。

上述的课程语言分配是符合逻辑的。例如历史和地理等科目运用学生的母语，因为母语承载着更多的文化信息。计算机、生物和化学等科目通常是由多数民族语言教授，这归因于发达国家在这些领域的领先地位。

但是上述的语言分配也存在着一些问题。少数民族语言可能被视为远古文化的一部分，会不会因此就失去它的位置呢？如果少数民族语言不能够被用来教授科学技术或是计算机，学生们会不会认为这样的语言已经过时了，不受尊重，没有地位，不能用以谋求职业和生计呢？

这也是为什么一些保留性语言教育计划中的课程要运用远远多于50%的少数民族语言讲授的原因之一。例如在威尔士，作为少数民族语言的威尔士语在课程中的运用占到80% ~ 100%。在这种情形下，科学科目渐渐由双语教授或者是

威尔士语教授。计算机程序也是由威尔士语翻译、建构并学习。因此儿童们会被潜移默化地灌输这样的思想，他们的少数民族语言可用以完成现代社会的所有功能。

大量地使用少数民族语言进行授课可以被证实是合理的，因为儿童们能够容易地将思想、概念、技能、态度和知识迁移到多数民族语言上面来。如果用西班牙语已经教会了乘法，这一数学概念就不需要用英语再讲授一遍。如果已经用西班牙语教会了儿童如何使用图书馆，就不必再用英语教。课堂学习到的概念和内容能够在两种语言之间较为容易地转换，只要具有足够应对概念和内容的两种语言能力即可。

课程中大量使用少数民族语言的另外一个考虑是它更容易消亡，而多数民族语言更容易习得和发展。因为少数民族学生会处于多数民族语言的包围之中。在操场上、街道上、商店里学生们会接触到大量的多数民族语言，少数民族语言持有者会转变为多数民族语言者。电视、视频、磁盘、网络、电影院到处弥漫着多数民族语言。火车、汽车上的广告，商店路标和娱乐中心都能够保证多数民族语言的充分接触和训练。

保留性语言计划的支持者们提出只有保证在学校相对地重视少数民族语言，平衡的双语制度才能够建立，完全的双语文化才能成为现实，而事实上学校渐增发展的却是多数民族语言。

当然也存在相反的论调。一些专家反对将少数民族语言作为科学技术学科的授课语言，尤其是在中学或高中，因为存在着实际操作上的困难。少数民族语言缺乏地位以及官方和经济支持。少数民族难以开发提供足够多的科学技术术语用以成功完成教学实践。这并不能说明少数民族语言内在的缺陷，而是缺乏资金和政府支持，如果资金到位，是能够开发语言资源的。缺乏资金也会影响以少数民族语言为媒介语的教科书及其他教学材料的写作翻译和出版。除了术语和教科书的问题外，还会存在其他的困难需要解决。教师通常是在多数民族语言环境下学习的各个科目，转化为少数民族语言讲授会存在一定的困难。

受到多数民族语言的影响，学生们对于用多数民族语言描绘的术语较为熟悉，而调整到使用少数民族语言时会产生困难。如果学生继续学习接受高等教育，这些类型的课程是

不会以少数民族语言为授课语言的，因此他们接受科学技术科的教授时便难以进行语言上的转换。保持和发展少数民族语言的愿望和期待必须将实用性考虑在内。

解决这些实际困难的方法之一就是发展双语教学策略，学科能力可以通过同时使用多数民族语言和少数民族语言得以提供。另外一个有益的尝试是借用和采纳国际通用的专业学术术语。这样便会在两种语言之间搭建一个桥梁，使学生在学科领域内获得双语能力变得容易起来。

少数民族语言教育不能以牺牲多数民族语言的语言能力和交际能力为代价，保留性双语教育取得的成就和地位经常是取决于学生们在多数民族语言口语能力和读写能力方面取得的成功。这也是保留性语言学校中的少数民族语言随着年级的增加使用频率日益降低的一个趋势。幼儿园和小学的大部分甚至所有的课程都由少数民族语言承担。小学结束到中学教育，多数民族语言的使用会增加。通常来说，保留性语言教育是小学的一个现象，在中学和高等教育中不予保留。但也有例外。例如在加泰罗尼亚，学生们从小学到大学接受的教育都是以加泰罗尼亚语为教学语言的。这种方式培养的学生仍然有完全的双语能力。

八、教育成果

第一，学生们保留了他们的家庭语言。尤其和那些置于主流教育和过渡性教育的少数民族语言学生形成对比。处于主流教育环境中的儿童会部分丧失他们的母语，甚至有时回避使用。

第二，在这种教育体制中的儿童和处于主流教育中的儿童在数学、科学、历史和地理课程中取得的成绩一样好。也就是说，以母语接受教育的儿童课堂表现并没有受到影响。事实上，他们比那些接受主流教育的学生表现更加出色。例如两个来自少数民族的儿童，一个参加主流教育，另一个参加了保留性语言教育。其他因素同等的条件下，接受保留性语言教育的儿童取得的成绩高于主流教育体制下的儿童。可以从"认知"的角度加以解释，保留性语言教育是建立在学生入学时具有的语言 – 认知（linguistic-cognitive）能力的基础之上而实行的，比较而言，对少数民族语言儿童进行主流教育会产生负面的认知影响。它忽视了儿童的认知能力水平。为应对课程，学生们需要重新培养足够的语言能力。

第三，研究表明，当学生被置于保留性语言教育环境中时，他们的态度是积极的。当家庭语言被用于学校时，儿童的自尊和自我观念能得到加强。儿童们能够充分感觉到家庭语言、家庭和民族文化、父母被学校接受。比较而言，受到主流教育的少数民族学生会易于失去自尊和地位。家庭语言的文化受到了贬损，学校和教师明显或不明显地表现出拒绝接受儿童的家庭语言和文化价值。这便影响了儿童在学校学习的动机和兴趣，由此影响成绩。一个学生的特长如果受到重视，他们便会受到鼓励和激励；如果受到忽视，就会感到沮丧和被拒绝。

第四，保留性语言教育的第四个成果是最难以预料的。事实上，它会违反常识。当测试儿童的多数民族语言时，通常会和主流教育中的儿童进行比较，尤其是当儿童在家庭语言环境下培养语言能力的时候。还是以刚才的例子加以说明，两个儿童同样来自少数民族，一个接受的是主流的教育，一个接受的是保留性语言教育。那么接受主流英语教育的学生应该比接受保留性教育的学生的英语成绩更加优秀。因为主流教育中，儿童会有更多的机会接触英语，因此成绩应该更好。但结果却非如此。保留性语言教育的学生至少和主流教育的学生成绩一样优秀。原因就是自尊心得到了加强，家庭语言教育下的语言和知识技能得以提高。这样的技能很容易应用到第二语言（多数民族语言）的学习领域。

第五节　双向式双语教育

双向式双语教育（two-way bilingual education 或 dual language bilingual education）是指组织数量大体相等的多数民族学生和少数民族学生共同学习，在课程设计和实施中保证尽量平均地使用两种语言，课程内容以促进全部学生的双语言能力为目标。在美国，此类教育模式多见于小学阶段，经常和双语幼儿园联系在一起。除此以外，美国还有一些双语中学，在主流学校中也可能开设双语课程。

一、双向式双语教育和语言兼通

双向式双语教育主要指教学中使用多数民族和少数民族两种语言。多数民族语言指一个国家中大多数居民所讲的语言，例如英语在美国就是如此。一个国家中人口稀少的群体所讲的语言叫作少数民族语言，如意大利语和西班牙语在美国。

由于双语学校在教学中要兼顾两种语言的使用，力求达到兼顾，因此在教学设计和教学管理中处处、时时要体现出两种语言的平衡。一旦这种平衡被打破，那么双语教育的初衷将难以为继。

为了保持这种平衡，美国的双语学校在招生时一般采取英语和少数民族语言学生各占一半的方法。不过也有学校让少数民族学生在人数上略多一些同样取得了理想效果。开展教学以后，当受各种因素的影响双语兼通难以持续时，就需要引入更多的少数民族学生。因为学生在学校期间英语学习的劣势可以通过校外各种活动中英语的运用加以弥补。

但是，一般来讲当地父母更愿意考虑将孩子送入主流学校就读。双语学校在这种局面下必须营造良好的名声、人所共知的教育效果以及成功的课程来吸引家长和学生。

二、双向式双语教育的时间分配

双语教学并不表示同样的课程要用两种语言同时讲解。事实上，在教学的每一个阶段，只用一种语言就可以了。究竟使用哪种语言视时间、课程内容和教学情况而定。下面就最常用的时间分配方案来探讨一下双语教学的时间安排。

（一）双语交替的时间安排方式

其中一种比较常见的方式是隔天制，即按天轮换两种授课语言。为了便于学生提前准备，在教室门上会贴出当天授课所用语言的信息。例如，在西班牙 – 英语双语课上，第一天用西班牙语，第二天用英语，并且严格执行这一变化顺序。另一种较为常见的方式是同一门课程每隔固定时间段之后再换作另一种语言继续授课。例如，数学课每周二、周四用英语，周一、周三和周五用西班牙语；到下一周，再调换过来，即数学课每周一、周三和周五用英语，每周二、周四用西班牙语。此外，时间安排上还有半天制、半学期制和隔周制等。

值得注意的是，在一堂课内作双语转换对教学的实际帮助不大。因为学生会等教师用其母语讲解时才思考，从而忽略了对第二语言的学习和运用。但是采用上述方法，学生则可以互相帮助，相互促进彼此的第二语言学习。

（二）时间比例

大语种和小语种在授课时的比例安排非常灵活。例如，在教学早期该比例可以是1∶1；也有学校在一开始的 2 ~ 3 年内小语种比例占到60%、75% 或80%（90% 则不常出现），到了中学阶段，则施行 1∶1 的分配方案；或者以大语种为重点，比例可占到总量的70%。

三、双向式双语教育的教育目标

（一）总体教学目标

双向式双语教育的教学目标不单单是培养双语和双语读写能力。为了自身发展和社会认可，此类学校除与同地区的普通学校一样完成教学任务外，还要努力取得其特殊性的成绩。因此，教学目标分多个层次，包括：第一，使来自不同文化背景的学生获得平等的受教育机会；第二，基于学生现有语言能力的以学生为中心的教育；第三，旨在综合所有学生的语言社区；第四，教育目的不为补充，而为丰富；第五，营造家庭式氛围，培养多文化儿童；第六，培养熟练的双语而非英语单语的运用能力。

总之，双语学校的教育目标主要关注课程安排可以达到的水平，积极的跨文化意识，学生在学校和社区两处的社会融合，积极的自我认识以及向学生提供平等机会等。

（二）语言教育目标

前文已经说过，双向式双语教育为了自身发展和社会认可，必须具有区别于主流学校的鲜明特点。从语言方面来看，其教育目标为培养全面的双语、双语读写能力和多文化学习者。在母语和多数民族语言两方面具有读写能力，是少数民族学生应当达到的教育目标。与此同时，多数民族的学生也应当在这门第二语言上达到一定的语言读写水平。为实现这些目标，双语学校在教学方面的安排应采取如下措施：

1．两种语言同等对待

课堂采用双语教学。

2．校园环境布置上双语并重

无论是教师、走廊、宣传栏、课程资料、文化活动、午餐时间、课外活动还是校方给家长的信件，凡是学生能接触到的地方所使用的文字都必须是双语的。总之，尽可能地创造一个透明的双语教学环境。

3．重视读写能力

无论是将双语作为语言专门讲授拼写、语法、暗喻和交际技巧，还是仅仅将双语当作授课媒介让学生通过课堂接触和课下与多数民族学生多交流的方式来学习，读、写能力都是双语学校最重视的语言能力。

4．教师双语示范

无论何种场合教师必须运用双语和学生交流。为克服教师自身在语言方面的障碍，学校会把教师分成两人小组，确保每组都具备双语沟通能力。与此同时，少数民族学生的父母可以是有价值的辅助教师。例如，美国的西班牙裔父母或祖父母们可以帮助英语－西班牙双语学校选择并提供最权威的故事、舞蹈、民间传说和节日。这样做加强了少数民族的文化传承，营造了一个更加融合的双语和多文化环境。

5．时间宜长不宜短

持续时间最少也要四年，而且必须是以年级为单位进行完整并且持续的教学。

双向式双语教育力求创建添加性双语学习环境，学习群体融多数民族学生与少数民族学生于一体，可以让使用目标语的多数民族学生成为少数民族学生的语言学习榜样。多数民族学生可以学习少数民族的语言作为第二语言，少数民族学生也有机会在保留母语的前提下学习多数民族语言作为第二语言。双向式双语教育有利于促进不同文化和语言背景的学生的沟通和交流，增进相互了解，消除种族分立和敌对情绪，进而促进各种族之间的和谐共处。

第六节　双联型双语教育

这种模式盛行于苏联解体后的独联体，是指在双联办学基础上产生的一种双语人才培养的模式。其中乌克兰最为典型，如乌美双联学校，学生为乌克兰人，教师为乌克兰语和英语的双语者。讲课时，文科主要用乌文（夹杂少量英文）；理工科主要用英文（夹杂少量乌文），采用双语对照教材授课，并用双语试卷进行考核。这种模式延伸到独联体及东欧，除与英语国家办双联学校外，也与德、法、西班牙合办，近年来甚至与中、日、韩也开始合作。目前双联双语学校尤其在大学较为普遍。从沉浸法的角度看，学术界有人又把双联型双语教学模式称为半沉浸模式。

第七节　双大语种双语教育

双大语种双语教育（Dual Majority Language Bilingual Education）模式中有两种多数民族语言并存，它们同时作为授课语言存在，但不是平等的关系。这种学校建立的意义从一些国际案例中可见一斑。

在科威特和苏丹，学校里阿拉伯语和英语的使用体现了阿拉伯语在家族、社会和阿拉伯国家之间的应用，以及英语在跨国贸易和交流中的价值。其他地方也是如此。在文莱，马来语和英语同是学校里使用的多数民族语言。在马来西亚，马来语和英语声望都非常高，一些小学里实行马来语和泰米尔语、马来语和中文双大语种双语教育。在马来西亚周边国家，类似情况也很普遍。日本的日语和英语双语教育情形日益普遍。在非洲和印度，也有学校将本土主要使用的语言和一种国际语言（如英语和法语）作为双语进行授课。

此类学校建立的意义，总的来说，视多数民族语言存在的环境不同而有所区别。在一些民族众多、传统悠久的国家，人民使用的语言众多，此时教育用的双语就是针对多数人使用来挑选的。例如马来西亚的马来语和泰米尔语、马来语和中文的双语教育。这类双语教育的目的是促进学生在双语、双语读写和双文化方面的提高，以帮助促进国家内部多种族、多文化的和谐与统一；或者帮助扩大贸易往来、加强国际交往、帮助经济繁荣。应当这样说，国家的发展与语言的发展密切相关，一个发展中的国家也一定可以成为双语国家。

在国际案例中，一般在初始阶段把第二语言作为一门科目讲授。然后随着学生年级的增长引入到其他学科当中去。例如，在国际中学，用一门第二语言（通常为英语）教授理科，例如物理、化学、生物、工程、数学、计算机和医药等，成为一种趋势。教师一般也是来自英、美等国的母语为英语的人士以及在本国接受教育但有一定国外学习经历的本土教师。

第八章　双语教学手段

双语教学手段是双语教学系统的基本要素，任何形式的双语教学都离不开一定的双语教学手段。本章首先从双语教学手段的本质入手，来探讨双语教学手段的历史发展及其分类。在此基础上，进一步考察现代双语教学手段的发展趋势及对双语教学理论的影响。

第一节　双语教学手段概述

一、双语教学手段的本质

近几年，双语教学理论获得了蓬勃发展，但双语教学手段很少有人专门进行研究。随着双语教学实践的发展，有必要对双语教学手段的本质进行深入的探讨，以丰富当前的双语教学理论。

（一）手段、教学手段和双语教学手段

在现代汉语中，根据《辞海》的解释，"手段"主要指为达到目的而采取的方式和措施。它有三个义项：首先手段是为达到某种目的的服务的；其次手段是在实现目的的过程中采用的；最后手段是一系列的方式和措施。可以说，做任何事情，要达到任意一种目的，都必须采取一些手段。教学活动自然也不例外地要采用一定的手段。这个手段，就是教学手段。如果套用《辞海》对于"手段"的解释，那么，"教学手段"便可以解释为："为达到教学目的而采取的方式和措施。"

在教学活动中，教学手段和教学方法一样，是教师独自采用的。尽管在采用的过程中学生也必然参与进来，但是，教学手段只能是教师教的手段，而不包括学生学的手段，是教师教学生学所采用的手段。也就是说，教学手段是在教学活动中教师运用的手段，是教

师教学生学所采取的手段。这样，我们便可以把教学手段的概念修正为：教师在教学活动中为达到教学生学的目的而采取的方法和措施。

完整、准确地把握双语教学的内涵，对我们理解双语教学手段的本质就会有一些有益的启示。狭义的双语教学手段是指在双语教学过程中，互相传递信息的工具、媒体或设备。广义的双语教学手段是指教师在双语教学过程中，为达到双语教学目的而采取的方法和措施，是为实现特殊的教学目的而采取的一种手段。双语教学手段含义包括两个层面：一是物质的层面，二是精神的层面。其中，物质层面主要包括双语教学的工具、媒体和设备；精神层面主要包括双语教学的方法、技术和策略等。本章主要对有形的（物化形态的）双语教学手段作一些探讨，对精神层面的双语教学手段不做考察。

（二）双语教学手段的性质

双语教学手段有自己的特殊性质。研究双语教学手段的特殊性质，把握质的规律，是双语教学理论和实践的需要。

双语教学是有自身特殊目的的一种实践活动，双语教学目的也必须通过教与学的活动来实现，并在教学的教育对象——学生身上得到体现。因此，实现双语教学的目的、达到预期的教育结果，离不开教师和学生，也离不开教和学的手段。双语教学手段本身不是目的，而是教学行为的手段，是教学主体用以实现预期教学目的而作用于教学对象的一种力量。它自身具有特殊的性质——中介性。双语教学手段的中介性，使它在双语教学实践活动中占据着特殊的中介地位，成为联系教师、学生及教学对象的一种特殊的工具和媒介。双语教学手段可以由人工创造制作，但是其中介性和在教学活动中的中介地位都是客观的。在双语教学中，无论教学内容、教学方法还是教学工具或教学媒体，都以联系教与学之间、教学主体与教学对象之间的中介性而服务于双语教学目的，作用于双语教学对象。所以，中介性又是一切教学手段普遍的性质，是教学手段的共性和本质属性。无论从何种意义上来讲，双语教学手段本质上都是实现双语教学目标的中介。

二、双语教学手段的作用

双语教学手段是双语教学顺利开展的条件保障，双语教学手段特别是现代化的双语教学手段对实现双语教学的目标具有重要的意义。在集体教学的过程中，双语教学手段的作用和意义主要体现在以下几个方面：

（一）扩大语言学习环境

我们知道，双语教学需要一个充分的语言环境。传统教学中，外语能力的获得往往过分依赖于课堂内语言课程的教学，而缺乏语言学习的整体氛围和环境，并且，其教学手段也比较单一，主要限于利用教科书和借助于教师的讲授，这使得学生缺少适当的示范和练习机会。因此，这种方式培养出来的学生，其综合运用外语的水平比较低，而双语教学能充分弥补这一缺陷。

从语言的习得机制角度来看，充分的语言环境对于学习一门外语来说具有决定性的意义。现代化的双语教学在提供充分的语言环境方面具有独特的价值。现代化的双语教学能使学科教学和外语教学融为一体，使学科教学附加语言教学的功能，这对单纯的外语教学来说是一种有益的补充。双语教学使学生在学习学科知识的同时，可以练习运用外语技能，提高学生外语的应用水平和熟练技能。

双语教学中，教科书本身、教师语言和各种现代化的双语教学媒体本身携带大量的外语信息，会让学生充分地浸润在双语的环境和氛围中。比较于单纯的学科外语教学，学生有更多接触和练习外语的机会。现代化的双语教学手段如录像带、电影、幻灯片、录音带等软件，可以把学习和练习语言的机会带出课堂，帮助学生获得外语能力，同时扩大了学生学习的时间和空间。

（二）保证双语教学质量，提高双语教学效率

当代双语教学的基本理念就是立足于近现代外语教学效率低下（主要表现在言语听说能力及交际方面）的客观事实，并以力求改变这一低效现状为出发点，以培养双语双能复合型人才为宗旨，以提高外语交际能力和人才素质作为价值取向。

现代化双语教学手段的应用，例如教学部门摄制的双语教学电视节目、语言学习录像、录音教材等，可以扩充双语教学的内容，保证学生接受高水平的教学，从而减少因为教师素质不均衡而造成的学习差异，保证不同班级的学生取得相同的学习经验，经历相同的学习过程。这从一个侧面可以弥补教师素质带来的差异，保证双语教学的质量。

传统的教学方式，以教师讲授和学生听记为主。这种采用口述来达成目标的方法，既受到时间和空间的限制，收效亦未必理想。现代化双语教学手段能非常形象地呈现教学内容，它能通过一幅画面、一个场景或者一个特写镜头，就把过去一个课时讲解的内容展现在学生眼前；且其形象性、生动性和即时性也是传统教学手段难以达到的。这样，就可以节省大量的教学时间。同时，采用现代化的双语教学手段后，教师还可为外语能力有差异的学生提供适当的学习机会，电脑辅助双语学习软件可以让个别学生按照自己的能力和程度去学习学科基础知识，同时提高表达和阅读能力。另外，这类现代化双语教学手段还能在学生学习的过程中给予适当的提示，在完成学习后给予恰当的反馈，对学习成效做出精细的分析并提供以后练习的方向。

三、双语教学手段的历史发展

语言是人际交往的纽带，人类社会一天也不能没有语言。"人们不但在人际交往的时候要运用语言，就是在进行思维、形成思想的时候也要运用语言。所以，语言不但是交际工具，而且是思维工具。"目前全世界各民族中至少有两千种语言（最多的估计是八千种）。在这个纷繁复杂的语种大家庭中，原则上每个民族都通用一种特定的语言，语言和民族之间呈现严整对应的关系。这种现象被语言学家称为语言的"民族专属性"。每个民族所专属的那种语言就是该民族的母语。我国有 56 个民族，除个别民族母语已经丧失之外，绝

大多数民族都有自己的母语。就一般情况而言，大多数民族的母语都只在本民族中流通，多种语言在我国长期并存，这是我国双语教学现象存在的客观依据。

从这个意义上讲，双语教学的历史和教学的历史一样悠久。双语教学经历了从古代的最原始形态到今天的现代化、信息化的教学形态。在漫长的历史过程中，双语教学手段的发展也经历了由原始到现代的历史嬗变。借鉴英国历史学家埃里克对教学手段的分类，我们把双语教学手段的发展分为三个大的历史时期或历史阶段，即古代双语教学手段时期、近代双语教学手段时期和现代双语教学手段时期。

（一）古代双语教学手段时期

这一时期大体上从人类语言产生至印刷术的发明和广泛应用为止。这是一个长达几千年的历史阶段。这一历史时期，双语教学主要依赖口头语言手段、文字语言手段和形体手段。

在人类语言产生之前，教学主要依靠表示事物简单意义的声音、姿势以及生产、生活本身来教下一代模仿学习狩猎、取火和播种等经验。据人类学家沃辛·史密斯（Worthing Smith）推测，远古猿人"是用躁叫、呐喊、呼号，有时并用半音乐式的音调等交换意见"。这是原始教学手段的雏形。当人类进化到通过发出有意义的声音来代替所指的意义或事物时，口头语言（有声语言）便成为人们传情达意的有效工具。口头语言与形体语言相结合，这样就产生了口耳相传、口授手示的最简单的教学形式。口头语言、形体语言也就成为教育活动中一种最古老、最有效和最完善的传播手段。

人类的任何教育传播活动都离不开语言手段与形体手段。在人类教育和教学史上，这是一个漫长的历史阶段。在文字产生之前很长的历史时期内，教学主要与生产活动紧密联系在一起，真正意义上的教学还没有从社会生活中分离出来。双语教学（萌芽形态的双语教学）也基本上是在日常生活中潜移默化地进行的。古代社会，不同地域、不同民族的人们在交往时，经常会遇到语言交流的障碍，致使交际无法顺利完成，对我国这样一个多民族、多语言的国家而言更是如此。这种情况下，必有一方或双方去学习对方的语言，以便于进行交流和沟通，从而维持正常的经济和社会联系。这时，双语教学的必要性就产生了。在最原始的双语教学阶段，专职双语教师并没有产生，正规的双语课堂还没有出现，这时候的双语教学活动是在日常生活中进行的。双语教师主要由一些通晓双方语言的人士（"双语人"）兼任，他们通过日常生活中话语的解释与翻译，以身试教；学生通过听讲、模仿和练习来习得另一方的语言，交流思想和经验，学习生产知识和生产技能。总之，这个时期的双语教学基本上是在生活情境中进行的，并没有从生活中完全脱离出来。

这一时期的双语教育基本是在日常生活中进行的，独立的学校双语教学还没有正式出现。此阶段的双语教学手段主要是口语、实物、并辅之以动作、表情等，这是一种最古老、最有效、最直接、最完善的主要传播手段，即使在今天也仍然是不可缺少的传播手段。这些原始的传播手段依赖于人体本身，并没有从人的自然器官本身中脱离开来。这时期的双语教学还停留在最原始的形态，后期虽然出现了一些文字材料（如经文和碑文等），但印刷的技术并没有产生，正式的双语教材还没有出现。双语教学形态只是维持在较低的水平上。

公元 7 世纪后，国内大规模的、系统的双语教育活动才广泛开展起来。其中，一个重要标志就是专任教师和"双语教材"的出现。从这一时期开始，专门从事双语教学的教师从教师队伍中分离出来，并出现了外文"原著"或由官方组织翻译的"译文"，并以此作为正式的教材。从此，双语教学手段进入了"教科书"时代。相比前一个时期，双语教学的手段有了很大的进步。如唐、北宋时，楼兰和高昌的少数民族地区一带流行汉文，当地儿童就被传授《四书》《五经》等儒家经典作为教学的内容，这些汉文经典作为双语教材，西北少数民族的儿童通过正式或非正式的学习，加强了少数民族与汉族之间的经济和文化的交流。这也表明，这一时期双语教学手段也已经有了很大的发展。

这一时期，同时也是双语教学手段由古代向近代过渡的一个阶段。但是，由于当时印刷技术并没有成熟，少量的双语教材都是手抄的书面材料，这在很大程度上限制了双语教学的规模的扩大和水平的提高。

（二）近代双语教学手段时期

这一时期大体从印刷技术的广泛应用开始。16 世纪印刷技术的广泛应用和普及才真正引起了教学手段的革命。这一时期，大量印刷书出现后，书面文字开始成为最重要的教学手段。特别是随着班级集体教学的形成和推广，学校教学的规模空前扩大，教学效率空前提高。随着科学技术的发展，教学手段日益呈现出多样化的发展趋势。除了印刷书之外，图表、模型、标本、挂图黑板、粉笔这些普通的教学手段也开始应用于双语教学领域。直观教学在欧美国家开始了实践和理论的系统研究，形成了比较完整的直观教学思想和理论体系：夸美纽斯提出了"感性大于理性"的基本观点；福绿贝尔提出了"恩物"直观教学理论，主张利用被称为"恩物"的玩具来帮助儿童认识各种颜色、形状、大小，发展空间思维能力；第斯多惠提出了"直观性教学"原则，他将直观教学思想上升到直观教学理论、原则和规则，形成了比较系统的直观教学理论。在直观教学理论的推动下，直观教具如模型、标本、教具、挂图和实物等直观教学技术在教学中得到了广泛应用，为提高课堂教学效率和改变课堂授课方式提供了条件，也为视听媒体在教学中应用奠定了基础。

这些传统教学手段的广泛应用，使教育的范围日益扩大，班级授课制得以确立并逐渐取代了古代的个别教学制。在新的教学组织形式下，教师面对更多的学生授课，集中传授知识，学生以获取间接经验为主要形式，教学的效率和质量都得到了空前的提高。

（三）现代双语教学手段时期

19 世纪末随着西方从蒸汽时代进入电气化时代，各种电气化的教学手段先后出现并相继应用于教学领域，从而引起了教学手段的一场新的革命。幻灯、投影、电影、电视、扩音机、录音机、录像机进入课堂，成为双语教学的重要手段，引起了双语教学内容和形式的重要变革。特别是 20 世纪六七十年代以来随着电视教学、网络教学等远程教育的发展，双语教学开始走出课堂，双语教学对象扩展到整个社会，双语教学方式和形式也发生了根本变革。双语教学回归生活、回归社会的趋势在进一步加强。

第二节　双语教学手段的分类、功能及其应用

探讨双语教学手段离不开对一般教学手段分类的理解和把握。在关于教学手段的分类中，有的以信息传播过程中信息流的交互性来分类，有的以媒体呈现的形态来分类，有的从传递信息的途径来分类。无论何种分类，都只能从一个角度进行，很难做到十分准确和完全合理。因为各种教学手段都具有自身丰富的特点和功能，使得无论从哪个角度来分类都可能形成与其他分类的交叉，很难明确界定。

为了便于阐述，我们根据双语教学手段应用时间的早晚和技术水平的高低来划分，可以将双语教学手段分为常规双语教学手段和现代化双语教学手段两大类。常规双语教学手段主要是指在古代和近代以前产生的并广泛应用的一类教学手段，如教师的口语和体态语、黑板粉笔、书本、标本、挂图、模型、表格等。现代化双语教学手段是指随着电子技术的发展而兴起的一些现代化的教学媒体，主要包括幻灯机、投影器、录音机、电影机、录像机、语音实验室、多媒体计算机、通信卫星、计算机网络等。这种分类可以使我们清晰地认识到教学手段体现的时代特征和技术水平，在运用常规双语教学手段的基础上积极创造条件普及现代双语教学手段，更好地提高教学质量和效率。这些常规手段虽然在一般教学中也有应用，但为了讲述它在双语教学中的特殊的使用价值，有必要介绍一下这些常规手段的性能及特点。

一、传统教学手段的分类及其教学功能

传统双语教学手段具有悠久的历史，并且使用方便，成本较小。目前最常用的传统双语教学手段主要包括教学语言与文字材料、黑板、粉笔、图片、实物与模型教具等等。

（一）教学语言

教学语言作为双语教学手段具有永恒性，它是任何时代、任何教学形态下都不可或缺的教学手段。教学语言是最基本最原始的教学手段，也是最永恒的教学手段。不论哪一门学科的教学大抵都是以语言概括的教学内容为媒介的，这是一切教学具有的共性。双语教学不过是以两门语言概括的教学内容为载体而展开的一种特殊活动。双语教学过程，从根本上说，是带有教与学、教授者与学习者基本关系的特殊语言学现象。从系统论和信息论的角度看，双语教学本质上是带有两种语言转换与输入的一种信息加工过程。

根据克林伯格的说法，"教学语言是用词语交往的一种特殊形态，是教学论过程和语言过程的一块特殊合金。教学语言的特色取决于教师的意图与组织，亦即受到教学过程之

法则的制约，教学语言本身是教学过程的一个决定性的因子。"

双语教学过程中教学语言的特殊性就在于，这种语言对学生来说不是母语，而是有待于学生去掌握和理解的第二语言。一般的教学语言对学生而言，理解起来可能没有什么障碍，而双语教学语言是有一定难度的，是需要学生进一步理解和掌握的，它对于学生具有一定的难度。双语教学语言作为目的语，本身就是教学要达到的目标之一，这是双语教学语言和一般教学语言最大的不同。双语教学语言既是形式（承担学科知识的载体），同时又是内容，是需要学生认真学习的内容和达到的目标，因此，它是内容与形式的统一。

在教学语言这种特殊的教学手段中，教师口头语言的运用是影响双语课堂教学效果的关键环节。教师和学生酝酿、选择与运用恰当的口头语言的过程也是双语教学顺利开展的过程。在这个过程中，教师必须熟练操作口头语言，提高语言概括性，增强语言的生动性，增加口语的感染力，调动起学生对双语学习的兴趣，鼓励学生全程参与双语教学的过程，从而使口头语言这种特殊教学手段的作用得到充分发挥。

（二）黑板、粉笔、图片、实物和模型教具

随着现代教学媒体的广泛运用，黑板、粉笔、图片、实物和模型教具等常规的手段在双语教学中的重要性有所下降，但是由于其具有制作成本低、使用时无需任何设备、操作起来也非常简单和适应性强等优点，因此在双语教学中这些简便的教学手段还是不可或缺的。并且，在一部分偏远落后地区的学校中，由于受经济社会条件的制约，双语教学条件和资源相当匮乏，这些常规双语教学手段所起的作用仍然是不可替代的。

二、现代双语教学手段及其功能

现代化的双语教学手段，按双语能力培养的范畴划分，可以分为培训听、说、读、写的手段。按这些教学手段呈现的方式划分，可以分为视觉、听觉和视听合一三类；按照使用的条件划分，则可以分为电化和非电化两类。以下按后者的分类，介绍各种较为常用的现代化双语教学手段的功能及其在双语教学中的应用。

（一）高映机（Overhead Projector）

高映机是当前比较常用的现代化双语教学手段之一，它是投影机的一种，而其效能又是投影机中最多样化的。高映机融合了多种教学手段的特性，既可以供教师在胶片上（高映机）即时书写，又可以用为陈列板，显示有关的资料。此外，它亦具有放缩器材的功能，可以把高映机的资料作倍数的放大显示。

在双语教学中,采用高映机有多种功能。比如:(1)作为显示板,可以配合讨论报告活动。在学生进行小组讨论时，让他们把重点资料写在预先分发的高映机上，在报告时可以让学生一边聆听，一边阅读高映片显示的资料，这种视觉和听觉配合的教学方式，有利于提高学生的注意力和学习的主动性；（2）作为提供问题答案的手段，在考察学生的预习效果时，可以采用遮盖法，按照考察题的次序把事前遮盖的资料逐一揭开，这既可以帮助学生整理

预习笔记又可以考察学生的预习效果。

采用高映机配合授课有许多好处，如：（1）无须关掉教室的灯光便可以使用，因此可以更好的观察学生是否真正在集中学习，学生亦因为有足够的光线，可以即时记笔记和参阅教材。这些都是采用幻灯片或 16 毫米活动电影所不能提供的条件；（2）因为在上课前已预先准备高映片，因此可以省却在课堂上抄写的时间，腾出更多的时间用于讲解、引导学生讨论和分析；（3）预先准备好的高映片配合教学，有助于授课程序更为系统化，学生能更容易地把握教师的讲解重点，从而对教学产生亲近感，更乐于主动参与学习；（4）从备课的角度来看，高映片的使用是很具有经济效益的，它具有一次准备，多次使用、收藏容易等优点。在上课时对教师更具有提示备忘的功能，因此大多数教师都乐意采用这一教学技术和手段。

（二）录像机

录像机也是双语教学中最常用的一种视听教学设备，它已经由家庭进入学校并且取代了大屏幕电影等电化教学手段。录像机的组合包括一台电视机和一台录像机。它能够把有关的电视节目即时录下，播映时，可以随时把图像停下来，又可以重播和高速搜索画面等。它的软件录像带价格便宜且较容易取得。此外，录像带携带方便，录像机操作过程远比电影机方便，而且不用在漆黑的环境下使用，所以教师多乐意使用录像机这种电化教学器材。

录像机在双语教学中的应用是多方面的。比如：

1. 演绎真实的情景

各种学科的教学中，都可以用录像机来演示教材的内容。如在物理教学中，以生动、逼真的画面展示物体的运动轨迹或者分子的结构，这会起到单纯的教科书所根本无法达到的效果。这不仅能大大加深学生课程知识的印象，省却许多原来需要由教师作出的讲解，而且能充分调动学生的视听感官，激发学生浓厚的兴趣。

2. 画面与声音的交互刺激

在双语教学中，利用录像机教学能同时提供给学生声音和画面两种信号刺激，使学生的感觉通道多元化，可以提高教学的效果。另外，双语教学的一个重要目的就是使学生在学习学科知识的同时，能够潜移默化地习得目的语。录像机的一个重要特点就是可以提供更标准、更准确地发音，对学生学习语言来说，这是一个很好的手段，能帮助学生更好地习得目的语。

3. 分担教师任务

在双语教学过程中，教育机构录制一系列学科教育电视节目，定期播放，让学生在课堂上收看。这些节目用目的语演绎学科内容，并对学科内容起补充作用。有些教师把这些节目录制下来，然后配合自己的教学进度择期让学生在课堂上收看。双语教学节目的录像片，不但可以使双语教学方式多样化，而且可以给学生提供更多的练习机会，同时也为教师们提供培养双语能力的方法和途径，对于提高双语教师的素质同样也起着积极的作用。

当然，在双语教学过程中，它只能作为一种辅助手段而不能作为唯一或主要的手段。

在提供双语知识和信息方面，它具有较高的效率。但是，作为一种教学媒体，它并不能和学生形成有效的互动，因而只能作为一种教学机器使用。

（三）实物投影机（Epidiascope）

这是一种比幻灯机和高映机更容易使用的现代化教学手段。它的功能是把平面和立体器物的影像放大并投射在银幕上，而不需要任何特制的软件。这种教学手段的效果是高映机所不能达到的，亦比采用幻灯机更经济（因不用预先制作幻灯片）。

在双语教学中，实物投影机的主要用途是把书本或画册的内容放大投射，让全班同学都能在同一时间观看。它克服了传阅资料的缺点——资料容易损坏，学生不能在同一时间观看，教师不易逐一解说，传递时学生注意力分散，等等。但是美中不足的是，实物投影要在较暗的环境下显示，而其画面清晰度比不上制作优良的幻灯片和高映片。由于它有放大资料的作用，很多教师利用它来放大从教材上抄制的图表，在复叠板上张贴使用。

（四）录音／播音机（Cassette Recording/Play black System）

虽然录音／播音机已经面世多年，但它在课堂教学中，仍然是深受教师和学生欢迎的教学手段，尤其在卡式录音机面世后。卡式录音／播音机的体积越来越小，越来越容易携带，其用电量也越来越省，功能却越来越多；它的软件——录音带的来源亦十分充足，更有不少现成的录音带可以供双语教学之用。

（五）无线电接受耳机系统（Wire-free Induction Loop System）

无线电接受耳机系统是一套十分先进的聆听教学手段。它的硬件包括在教室四周的墙壁上装置一条环形天线，连接一个天线接受中心，这个中心与一台卡式录音机相连。学生采用一套无线电接受耳机便可以在课堂的任何位置录音和播放材料。在课堂内不戴耳机的同学，则听不到任何由录音机播出的声音。这套教学手段的功能主要是将预先录音的语言材料播放给学生听，其作用与一般的录音机完全不同，具有下列优点：（1）学生佩戴耳机，因此可以隔绝大部分外界嘈杂的声音；（2）学生佩戴耳机，可以减少注意力的分散；（3）若班级内的学生学习能力参差不齐，教师便可以安排某一部分学生使用耳机进行练习，而在同一时间内，采用其他的教学方法，教授班内的其他学生；（4）用耳机系统时十分安静，绝不会干扰邻近的班级上课。

当然，使用无线电接受耳机系统进行双语教学有学科限制，有些学科不易使用这种教学手段，如数学等理科科目。在选择教学手段时应充分考虑教学手段的特点和使用范围。

（六）教学机（Teaching Machine）

教学机是在20世纪20年代被引进教学领域的，它的主要作用是为学生提供个别学习和练习的机会，但在我国双语教学中应用并不是很广泛。

教学机包括电化和非电化的手段。教学机的种类繁多，既有用硬纸卡制成简单类型的，也有用电脑控制的复杂类型的。教学机的主要功能包括：对学生提供即时的反馈；提供多次试答直至找到正确答案的机会；学生能按自己的学习进度进行练习。

虽然不是每一种教学机器都具有上述所有的功能，但每一种都必然具备其中的数项。近年来电脑在双语教学中的普遍使用，已经取代了很多类型教学机的功能。但是在电脑还未普及的地方，教学机仍具有很大的发展空间。

（七）因特网（Internet）

当今时代已经步入了现代化的信息时代，因特网为人们提供了一条通向信息世界的桥梁。计算机辅助双语教学必将为现代教学提供新型的教学模式、方法和媒体。可以说，因特网是当今进行双语教学最有效和最便捷的手段。

从双语教学手段的角度看，因特网信息具有以下特点：

1．多种媒体结合共存，内容丰富、详尽

因特网信息浩如烟海、包罗万象，它是人类历史上最大的图书馆和数据库，向人类提供了无穷的信息资源。随着计算机虚拟现实技术的发展，现实生活中的空间和实物也可以在网上仿真出来。网络信息又是多种媒体信息的结合体，不仅有文字，还有图形、声音、画面和影视节目，它是广播电视和报刊杂志的优化组合，在广播电视中能听到或看到的信息在因特网上既能看到、听到又能查到，因而为双语教学提供了大量的资源。

2．操作容易，应用广泛

从因特网上获取的资料可以很方便地在计算机上进行编辑、保存、打印或发送，可直接用于多媒体课件的制作，其可操作性远远胜过教科书、录音磁带和录像带。

下面着重谈一下网络双语教学的问题。由于技术的进步，计算机远程教育不仅有着传统教学手段无法比拟的优势，而且与其他电教手段相比，具有许多独到之处。但由于地区经济条件和环境条件的差异，在双语教学中，采用远程教育的方式还受到很大的限制。

网络教育依赖的是网上交流，网上的"虚拟课堂""虚拟社区"等提供了这种交流的功能。从心理学的角度看，网上的交流功能并非局限于课业及疑难解答，人类有多方面的交流的需求。网校也需要"班级"或"校园"的气氛。如果网校能提供多方面、多功能的交流，就会形成一种吸引力。应当说，网校或一些教育网站是当前一些地区进行双语教学的一种新型的手段，它具有很大的发展空间。

当然，利用网络进行双语教学缺乏面对面教授的特点，使得它在互动与个性化服务方面存在着严重的缺陷，这对双语教学这样一种特别需要对话和交流的教学活动来说，的确是一大缺陷。

三、有效应用现代化双语教学手段的原则

随着教育经费的不断增加，教学设备的迅速改善和提升，"五机一幕"（电视机、录像机、录音机、投影仪、幻灯机、屏幕）已经在许多课堂较为普遍地使用，现代化双语教学手段因而变得更加丰富多彩。至于如何合理地运用现代化双语教学手段、如何将多种教学媒体优化组合，这些问题已经成为当前双语教学研究中的重要课题之一。

我们认为，在双语教学中使用现代化的教学手段时，要遵循以下几条原则：

（一）经济性原则

双语教学中选择教学手段时，要讲究经济性、实用性原则。必须考虑教室的实际环境来决定使用什么样的教学媒体；必须善于利用现代化教学手段的特征和多次应用的功能，来提高使用这些教学手段的经济效益；必须作出合理的运用和优化的组合。

在当前的双语教学改革中，使用教学手段不经济和不讲效率的现象是比较普遍的，主要原因就是片面强调其使用率，而不顾教学的实际需要，或者只为炫耀个人的应用能力而使用现代化教学手段和技术，忽视了其实际应用效果。此外，由于教师们对现代化手段和技术的一知半解而使现代化教学手段的作用未能得到充分发挥的情况也是比比皆是。比如有些双语教师未能明确使用的目的和必要性，不经过精心的剪辑和综合利用，就从因特网下载很多双语教学资料，造成了很大的浪费。

双语教学手段的运用是为实现双语教学的目的服务的。教学手段运用得当，可以帮助我们更好地完成教学任务，提高经济效益。反之，使用不合理，则不但不能提高教学效益，而且还会造成教学时间和教学资源的浪费。

（二）适用性原则

选择现代化的双语教学手段，必须按照双语教学的目的、双语教材的性质、学生的学习动机和语言基础来选择双语教学手段，不能为了形式上的多样化而滥用多种媒体。要根据各种教学手段的特色和作用，将它们加以优化组合，从而发挥各种教学手段的功能，切不可盲目追求双语教学手段的现代化和新颖化，而忽视教学的真正目的和效果。

同时，还应考虑采用各种教学手段可能出现的副作用，综合衡量其使用价值。例如，放幻灯片和使用多媒体进行双语教学时，需要较暗的环境，否则有令学生感到疲倦的副作用。

（三）相互作用性原则

教学的目的是为了学生的发展，任何教学都应该有学生的积极参与，学生应该成为教学关注的"中心"。因此，从本质上讲，只有教师而没有学生参与的教学不能称之为真正的教学。双语教学也是如此。学生的积极参与是使双语教学成功的关键。双语课堂也应是学生表现和展示自我的舞台。在选择教学手段时，要注意有利于发挥学生参与、展示和表现积极性的原则，而不能让现代化的教学手段仅仅成为展示教学内容的机器，更不能让学生成为教学过程的"旁观者""欣赏者"。

双语教学需要互动，需要教师与学生、学生与学生以及学生与媒体之间的互动，选择教学手段时，必须考虑有利于促进教师、学生和媒体之间的互动；有利于充分调动学生的学习积极性；有利于增强学生与教师之间的反馈，有利于活跃课堂教学的气氛。

（四）多感官配合原则

在选择双语教学手段时，必须考虑学生心理发展规律和认知规律，充分调动学生的多种感官的参与，做到视觉、听觉、触觉相结合，充分调动学生的形象思维和抽象思维，让学生进行全方位的参与，从而促进学生对信息的全面的接受和理解，提高学习的效率和效果。

总之，各类双语教学手段都有各自的优势和不足之处，双语教师在教学中应根据教学的实际需要，考虑使用何种手段更为有效、更有价值、更符合学生的特点和教学的规律。这应当是选择使用双语教学手段的正确态度。

第三节 双语教学手段的发展趋势及对双语教学理论的影响

一、双语教学手段的发展趋势

随着现代科学技术的发展和传播，双语教学手段向微型化、智能化、超容化、交互化和网络化的趋势发展。

（一）微型化

当前，双语教学中一些常用的电化教学媒体变得越来越微型化、袖珍化。例如：手提式投影器仅重 5 公斤；16 毫米自动装带电影放映机也只有不到 7.5 公斤；笔记本电脑的重量已经压缩到不到 3 公斤；掌上电脑的体积已经小到可以装在衬衫口袋里。这些现代化的教学手段为双语教学提供了很大的便利。

（二）智能化

传统的教学手段，如黑板与粉笔日益现代化，制作更加精良和方便。随着科技的进步，一些挂图和实物模型使用起来也非常方便。目前，许多现代教学手段都有了自动装置，可以帮助教师省去许多操作上的麻烦。譬如：幻灯机自动换片、无线遥控；电影放映机自动装片、倒片；录音机自动选择节目等。特别是随着硬件和软件的进步，计算机的功能正在日新月异地变得丰富，例如，不久前还被人们当作幻想的"人机对话"如今已经变为现实。

（三）超容化

现代教学媒体的存储容量越来越大。近年来兴起的光盘，以激光技术为基础，外形与普通唱片相似，但存储信息密度极高，每面已能储存 75 亿字节，并且由于采用唱盘方式和数字记录，检索十分容易，能在 0.5 秒时间内找出任何一个画面来重放、慢放或快放，这种光盘可以反复抹除重录达 100 万次以上，这为在双语教学上的运用，特别是为交互和个别学习带来了方便。

（四）交互化

传统的双语教学中，教学手段往往只能单向传输信息，学生往往只是信息的接受者，很难形成交流双方的互动。现在已经进入了对话和交流的时代，现代教学理论越来越改变单向传输的教学方式，转而强调双向的交流和对话。相对于一般的教学而言，双语教学更依赖于双方的互动和交流。

在新的教学观指导下，现代化的教学手段逐渐改变了这种单一的信息传输方式，成为给教师和学生提供对话和交流机会的媒介。例如，国外出现了一种激光电视程序教学系统，又称双向信息传递录像系统，一改过去录像教学只能单向传输的方式，以激光电视唱盘为软件，同微机联网实现人机的对话，使学习过程中媒体对学生的单一作用变为媒体与学生之间的双向作用，学生不再是旁观者而是学习的积极参加者。毫无疑问，这种人机对话的新发展，将会对双语教学理论实践产生积极的影响。

（五）网络化

随着计算机技术和信息处理技术的发展，教学日益网络化。网上的双语教学资源越来越丰富，网络成为双语教师的一个必不可少的选择手段。在国内，电脑互联网建设已经初具规模，各种网络教学蓬勃兴起，至今全国已经有相当一部分中学都建立了自己的校园网。同时，国家支持建设以中国教育科研网和卫星视频系统为基础的现代远程教育网络，充分利用现有资源和各种音像手段，为网上进行双语教学提供了相当好的物质条件。网络化，这是未来双语教学的必然趋势。

二、现代化双语教学手段对双语教学实践的影响

现代化的双语教学手段是双语教学面向现代化的物质基础。双语教学手段的现代化，极大地改变着双语教学的面貌，对双语教学模式、双语教学方法、双语教师以及双语课程与教材等方面都产生了深刻的影响。具体来说，现代化双语教学手段对当前双语教学的影响主要表现在以下几个方面。

（一）对双语教学模式的影响

无可否认，在现代教育技术手段日益多样化的今天，班级教学模式仍然是双语教学最重要的一种模式。现代的班级教学不同于传统的班级教学。随着现代化双语教学手段的介入，双语教师可以把传统教学手段与现代教学手段有机结合起来，并发挥各自的优势，从不同的角度呈现学科内容，从而使教学过程更直观、更生动，使教学效果更优化。在传统的班级教学中，双语信息的传递主要依赖于教师的语言讲授和文字材料，其基本模式是"教师—学生"。随着电化教学媒体和网络媒体的应用，这种传统的信息传输模式逐渐发展成为课堂多媒体教学模式。这在很大程度上影响到双语教学的效果，而采用多媒体进行交互式网络教学既具有信息量大、速度快、范围广的特点又有交互作用的优点。这种教学将课

堂教学和广播电视教学融为一体，成为新型远距离双向交互教学模式。可以预见，这种双语教学的模式将会有很大的发展前景。

在传统的双语教学模式中，通常是教师用双语讲解教材内容，学生理解、记忆教师所讲的内容，采用的教学方法单一、死板，缺乏应有的变化。随着双语教学逐渐突破了班级范围，特别是个别化教学、远距离教学和交互式网络教学的兴起，双语教学方法呈现出多样化的发展趋势。双语教学不同于一般教学之处在于，它有一个重要的附加目标——目的语的学习。因此，在教学方法的选择上，就要遵循语言获得的规律，考虑使用更利于语言获得的学习方法，在这种背景下，师生互动、对话与交流就必然成为双语教学的重要方法。

（二）对双语教师的素质和能力提出了新的要求和挑战

双语教师的素质结构必须包含两方面内容：一是专业教育素质（一般素质），二是外语教育素质（特殊素质）。双语教师要求的专业教育素质与其他类型教师的是基本一致的。双语教师的外语教育素质是必须精通一门外语，掌握双语教育的原理和技能、技巧，具有用正确的外语口语进行教育、教学和管理的能力，能得心应手地在各种场合为学生创设模拟的外语情境。双语教师素质结构中的专业教育素质与外语教育素质必须平衡、协调地发展，这样才能胜任对学生进行双语教育的重任。

但是在现代化的双语教学条件下，这些基本的素质已经远远不够，双语教师的素质和能力必须有新的内涵。主要有以下三点：

1. 恰当选择和组合教学媒体的能力

在当前的双语教学中，现代教学媒体的应用，并不是对传统的教学媒体和教学方法的绝对取代，而是对传统的教学媒体和教学方法的补充和完善。不同的教学媒体在传递不同的双语教学内容、实现不同的双语教学目标时，具有不同的功能。没有一种最好的教学媒体可以适用于所有的学习方法与类型。每一种教学媒体有其优点，亦有其不足。国可一种教学媒体要发挥其效益，都要先全面考虑教学环境中的每一因素，此即教学设计。这就需要双语教师有能力根据教学内容、教学目标和学生特点灵活地组织、运用媒体，进行双语教学设计。

由于各种媒体各有优势，在双语教学过程中为了扬长避短，就要使各种媒体有机地结合起来，共同参与双语教学过程，互为补充，相辅相成。多媒体的组合并非随机的凑合，而是一种科学的有机结合。构成多种媒体组合系统的因素通常有：媒体的种类、画面的内容与结构、语言内容与结构、画面序列、媒体组合方式、媒体呈现方式、媒体呈现强度等等。双语教师只有充分地了解、掌握这些因素，才能保证各种媒体都能发挥其最佳的效果，从而提高双语教学的质量。这些都需要教师具备较高的选择能力和对媒体进行组合运用的能力。

2. 需要更高的教育机智

教育机智是指教师在教育过程中处理各种偶发事件的能力，它是教师教学实践智慧的体现。现代化的手段运用后，在双语课堂中，教师需要随时对即时的双语课程资源进行搜集、加工和处理，以整合形成新的课程资源，需要随时对学生的反应情况进行监控，需要对整个课堂的气氛进行及时的调整和引导等。这些都是对教师教育能力的考验。

现代教学媒体使双语教学过程变得越来越复杂。课堂中，双语教师更会遇到一些特殊的问题。现代化的声、光、电技术引入课堂后，由其引发的偶发事件也会较多。比如：由于刚刚运用新颖的现代化的教学媒体，学生的好奇心强，容易分散注意力，把对知识的兴趣转移到教学仪器上；利用现代化的声、光、电技术，向学生展示的知识内容更加丰富多彩，学生的兴趣、想象力和思维都受到激发，难免会提出一些与课堂无关、令双语教师措手不及的问题。在双语教学手段的运用中，这些都是经常会遇到的问题。这些问题都会给教学过程带来一些不应有的干扰。双语教师如何排除干扰，把学生的注意力集中于课堂教学目标上来，这些都需要教师具备较高的教育机智。

3. 较强的科研能力和软件开发能力

现代化的双语教学手段为教师的教育科研能力赋予了新的内容，即媒体双语教学软件设计和开发能力。我们以计算机辅助教学软件设计为例。尽管现在有许多计算机辅助教学软件，但真正适用于双语教学的教学软件并不多，主要是因为这些软件的设计者大多不是从事实际双语教学工作，对双语教学的特点和规律缺乏深入的了解，使得软件的设计不符合双语教学规律。双语教学软件的开发需要应用系统而科学的方法，根据双语教学目标和对象的特点，合理地选择和设计媒体信息，形成优化的双语教学系统结构。无疑，这一工作由从事实践工作的双语教师来完成是最合适的，因为他们最了解学生的特点和双语的规律。只有根据学生的原有认知结构、认识能力编制出的双语教学软件，才更有针对性。双语软件开发的课题也应由双语教师来选择，根据双语教学需要确定制作成多媒体软件的教学内容。这就需要双语教师不断更新知识结构，不仅要学习本学科专业知识，还要补充语言学、教育心理学、计算机等方面的知识。这对于双语教师来说，是一个严峻的挑战。

（三）对双语课程与教材的影响

课程与教材的选择是双语教学的关键因素之一。现在的双语教学当然还离不开传统的课程和教材，但必须在现代教学手段的基础上加以改革和更新。随着双语教学手段的现代化，特别是网络技术的发展，双语教育和教学资源变得越来越丰富。双语课程和教材将变得多样化、多层次化。综观其变革与发展，主要呈现出如下趋势：

1. 综合化

现代化的教学手段使双语课程与教材越来越朝着综合化的方向发展。单科的双语教学很容易使知识条块化，不利于知识间的广泛迁移，妨碍学生形成整体系统的知识观和科学观。现代科学发展呈现出综合化趋势，交叉学科、边缘学科不断出现，这就要求将最精华的知识纳入双语课程和教材系统，使双语课程和教材综合化。

2. 生活化

现代教学技术的运用，并不意味着双语教学进一步走向"书本世界"，而是要更加走向生活，加强教学与生活的联系。现代教学手段的运用，使得课程与教材内容更加丰富，选择的范围更加广泛，教师可以及时地补充鲜活的教学材料，丰富教学生活。这对于改变过去课程与教材中"一纲一本"的局面，打破学生生活世界与书本世界之间的"樊篱"，将会起到积极的作用。

3．信息化

随着信息技术的发展和其在教学上的广泛的应用，双语课程与教材将由"文本"逐渐发展到"超文本"。我国现在已经开始在部分地区试用人教版电子教科书。在教材发展史上，这恐怕又是一场革命。电子化的双语教材有信息量大、更直观、更生动等特点。可以预见，不远的将来，在很大程度上，现有教科书将会被电子教科书取代，双语教学可能会进入"无纸"的时代。

4．立体化

随着教学手段的更新，未来双语教材范围将大大扩展。将声音、图像、动作、文字等教学材料融合在一起，向学生提供多重刺激，使学生获得多种感觉通道的信息，产生身临其境的感觉，这是未来双语教材发展的必然趋势。

5．过程化

现行双语教材是用来传授定性的知识，而不是在向学生展示一种学习的过程，这在很大程度上不利于学生的参与。未来的双语课程将会以学生的参与为重要标志，将教材开发与利用视为一种发展性活动。这一活动包含四个因素，即理解、沟通、主体参与、互动，其中起决定作用的是主体参与。学生可以参与双语课程的开发，只有参与其中，才会有对教材内容的深刻理解，并在课程的实施中成为学习的主人。

6．个性化

现代教育越来越走向个性化，这是培养个性化人才、适应个性化社会的需要。现代化的教学手段有利于选择、组织和整合不同的课程与教材资源，形成富有个性化的双语课程与教材，从而适应不同学生，满足不同学生的发展需要。可以说，教材个性化是教学走向个性化的重要标志之一。

总之，随着现代教学的深入发展，现代化双语教学手段对双语教学未来发展的影响将是多方面的。双语课程和教材将会变得更加开放，也会更加走向人本化，更加强调学生的主体参与，强调师生的对话、交流和沟通。

第九章　双语教学、双语教育与民族教育

第一节　双语学视角中的双语教育

双语教学主要指两种以上语言的教学行为与教学体系，而双语教育则指在双语教学基础上所进行的所有课程的教育行为和教育体系。

在中国有两类双语教学现象和与之相对应的两类双语教育现象。第一类双语教学现象是少数民族语文和主体民族汉语文相结合的双语教学。中国有 56 个民族，汉语是中国的国家通用语，是中国 56 个民族的族际交际语。民汉双语现象是中国双语社会的主要现象，因此，中国少数民族双语教育的主要含义是指以少数民族语言和主体民族语言汉语为教学媒介的教育系统，第二类双语教学现象是汉族学生在学习汉语的同时，学习一门外语（往往是英语），以及与之相配套的汉英双语教育模式。中国从改革开放初期，就开始把英语教学引入国民教育体系。但由于中国缺乏英语环境，英语教学底子薄，优秀英语教师资源不足，英语在很多地方仍是作为一门语言课来上的，英语远没有成为一种授课语言在教育系统中广泛使用，因此，汉英双语教育的概念并没有提上议事日程。但是，随着国际经济一体化趋势的发展，国内英语教学水平在不断提高，英语教育也在持续升温。很多地方、很多学校都在尝试把英语作为部分课程的教学语言。双语幼儿园、双语中学（也叫国际中学）不断出现，一些大学开始倡导并推行用英语授课，英语教学已经突破了以前的纯语言教学的状态，向整个教学体系的汉英双语化发展。不管是从学科理论建设的角度，还是从现实需求的角度看，英汉双语教育即将成为我们必须面对的课题。

少数民族民汉双语教育与汉族地区的汉英双语教育有很多不同特点，尤其表现在社会环境、语言环境上的不同。但是从学理看上，二者可以相通、借鉴的地方比较多。少数民族双语教学与双语教育在多样一体的中华民族大环境中发育充分、形态多样，较晚发展的汉英双语教育可以从中借鉴很多经验与规律。以下我们简述双语教育的目标、范围、管理体系及教育内容等问题。

一、双语教育的目标

双语教育的目标是为社会宏观目标服务，并利用全社会的教育资源，调动整个社会的教育机构，实现其社会的既定目标。双语教育的目标一般分为三个方面：语言目标、文化目标、社会政治目标。

1. 语言目标

主要指受教育者学习哪几种语言，这些语言的培养过程与培养目标。在此前的六章中，详细探讨了语言教学的各个方面，在此不再赘述。

2. 文化目标

主要指在语言学习过程中，学习与语言相关的文化，在多种语言学习的同时，培养跨文化思维的能力。

3. 社会目标

往往是指双语教育应有利于经济的发展、社会的进步、民族的团结、国家的统一。

双语教育往往体现某种社会理想，引导社会教育体系实现某种社会目标。双语教育的规划是社会政治、社会经济与社会教育相连接的重要交叉点，与社会意识形态紧密相连，历来是不同族群、不同利益集团、不同党派激烈争论，并极易受社会风潮影响的领域。在多民族、多语言的社会中，很多政治家、专家学者都关注这一领域。其中，主体民族与少数民族教育利益上的分配往往是双语教育领域争论的焦点。

二、双语教育机构体系的建立及其管理

双语教育在明确了社会建设的总体目标和自己具体的工作目标，确定了双语教育的主要内容以后，所要做的工作就是调动、组织社会资源，建立双语教育的机构体系，制定双语教育的整体规划，推动、管理、监督、协调双语教育规划的实施。

1. 建立机构体系

建立从小学到大学的各级各类教育机构，协调各级各类教育机构的关系，使其发挥较大的功能。

2. 双语教育的整体规划

从小学到大学的招生、毕业机制。教学的阶段、年限、内容、标准的制定。

3. 规划实施过程中的管理、协调工作

其中包括教育资金的筹集、资金投入与效益的评价，教职员工的培养、使用与奖励惩

罚机制等。

三、双语教育的教学内容

双语教育在确定了自己所要实现的社会目标，和自己具体的工作目标以后，就要确定具体的教学内容。双语教育具体的教学内容一般可分为三个方面：双语教学、双文化教学、综合素质教学。

（一）双语教学

关于双语教学的探讨已经在之前做了较充分的探讨，这里不再赘述。

（二）与双语相关的双文化教学

语言是人类最重要的交际工具，语言的形式与语言所表达的内容是一个事物的两个方面。一个民族的语言是这个民族文化的重要载体，一种语言所表达的内容除了有人类共同的概念与逻辑外，还有这个民族特殊的概念与逻辑，即民族的文化。因此，双语教育除了有语言的教学外，还应该有与之相应的文化的教学。由于文化的概念十分宽泛，文化的载体多种多样，文化的教学形式也就多种多样，所以在这里，我们把文化的教学称为"文化的教育"。双语教育中文化的教育可分为三类：第一语言文化的教育、第二语言文化的教育、跨文化教育。

1. 第一语言文化的教育

第一语言往往是学生的母语，因此，学生对第一语言文化的体验常常与生俱来。但是，在学生进入学校教育阶段以后，在学生第一语言学习的同时，仍需要对学生进行第一语言文化的教育，这不仅是第一语言学习所需要的，也能使他们从理论上、系统地认识自己民族的文化，教育学生对自己的文化既不妄自菲薄，也不狂妄自大，始终保持一种理性的、开放的态度。

中国是多民族与多元文化的社会，各民族的文化以前是在民族传统教育中作为主要内容来传承的。但是自从现代学校教育将人类文明最具代表性的自然科学、社会科学与人文科学带到中国，给民族教育注入了全新教育内容以后，民族传统文化逐渐只在民族地区的场所、一些大学以及民间机构中传承，学校教育尤其是基础教育中民族文化的影响日渐淡化。随着教育民主化与民族教育特色化的发展，民族文化进入学校教育课程的呼声越来越受到政府的重视。在 21 世纪初中国实行了"国家课程、地方课程、校本课程"三级课程三级管理的课程政策，民族文化在地方课程与校本课程中显示出生命力，受到各民族的拥护与欢迎。

2. 第二语言文化的教育

语言形式与意义是一张纸的正反面，语义中包含着这一民族的特有文化。要学好第二语言，必须对第二语言所代表的文化有所了解，使语言的符号与其文化内容紧密结合。如果第二语言是与学生今后学习、工作、生活关系密切的重要语言，对该文化的了解就将成为学生学习新知识，进入新领域，熟悉新环境的重要步骤。

（三）整体素质的教育

双语教育、双文化教育的目的是培养高素质的学生，为经济的发展、社会的进步提供合格的建设人才。双语教育、双文化教育本身不是最终目的，最终目的是使学生具备一定的双语交际能力，并在此基础上把学生培养成具有专业技能、富有创造精神的现代化建设人才。因此，双语教育不仅要强调语言教学、文化教育，还要注重培养符合现代化建设需要的人才。在少数民族地区要积极建设与现代化建设相适应的自然科学、社会科学的教育、科研体系。

四、双语教育中的几个经常探讨的问题

双语教育比双语教学包含的内容要广泛，有些问题是双语教育在实践中经常碰到，理论上经常探讨的问题。比如：双语教育的类型、处理少数民族语与国家通用语之间的关系问题等

（一）双语教育的类型

双语教育不仅有语言教学，还有语言的应用。在学校外有日常生活中的语言应用，在学校教育阶段有校内各门课程教学中的语言应用。其中，在校内各门课程教学中使用哪种语言为授课语言，不仅与学生哪种语言交际能力的发展密切相关，是双语教学必须考虑的问题，同时也与学生今后的社会活动空间、能力发展方向关系密切，是双语教育要考虑、规划的重要问题。一般是以有利于学生升入较高级别的学校，得到较高水平的教育，获得更广阔的生存发展空间为目标确定的。双语教学中两种语言教学什么时候开课、如何开课、结束时的标准；其他课程用什么语言开、何时开、结束时的标准；从低年级到高年级，从小学到大学包括语言课程在内的所有课程语言的分配，进入与退出的时间，所要达到的教学目标，所要实现的社会目标等问题，都需要整体的筹划与设计。各地区根据各自的情况形成的不同模式我们叫双语教育模式。很多学者对双语教育模式进行了探讨与分类，如：国外比较有名的有 M.P. 麦凯的双语长期计划与双语短期计划。中国国内的有严学窘先生的六种"地理分布"模式、周耀文的七种类型、张伟的双语教学三计划（单语教学计划、双语过渡计划、长期双语计划）、周庆生的三大双语教学类型（保存型、过渡型、权宜型）等。以下仅以周庆生的三大双语教学类型为例进行介绍：

1. 保存型双语教学模式

旨在保存和保护本民族的语言和文化，使本民族学生不至于因为学会主体民族语言而失去或降低本民族语言的使用能力。保存式双语教学模式又可分为长期单一保存型双语教学模式和长期并行保存型双语教学模式。

（1）长期单一保存型双语教学模式

学校中各年级各门课主要使用民族语文讲授，汉语文仅仅作为一门课程，从小学二三

年级教到小学或中学毕业；或者学校中各年级各门课程主要使用汉语文讲授，民族语文仅作为一门课，从小学一年级教到小学或中学毕业。前者突出了民族语文在教育体系中的重要地位和作用，保证了"民汉兼通"的方向，深受少数民族聚居区或只会本族语学生的欢迎，后者多用于我国民族地区城镇中已失去本族语的民族学生，或用于缺乏民族语文师资的民族中学。

（2）长期并行保存型双教学模式

学校部分课用民族语文讲授，部分课用汉语文讲授，民族语文和汉语文作为两门课贯穿高小、中学或小学各年级。该模式多用于缺少理科民族语师资的民族中学。中国实施保存双语教学模式的有内蒙古、新疆、黑龙江、吉林、辽宁、青海和甘肃的蒙古族，吉林、黑龙江、辽宁、内蒙古的朝鲜族，新疆的维吾尔、哈萨克、柯尔克孜、锡伯（部分学校）和俄罗斯族，西藏、青海、甘肃、四川和云南的藏族（部分学校），广西的壮族和四川的彝族（部分学校）等等。

保存型双语教学的教学目标：引导民族教育从传统教育走向现代教育，由单一教育走向复合教育。把学生的学习重点放在以传统的形式承载传统与现代双重的内容上，从语文上达到"民汉兼通"，从程度上达到民族人才与现代人才的统一结合。

2．过渡型双语教学模式

其宗旨是在不懂汉语的少数民族儿童的家庭和主要使用汉语文教学的学校之间架起一座桥梁，以便教学用语能够顺利地从民族语文过渡到汉语文。而双语文课的开设始终贯穿其中。即"开花在民族语文上，结果在汉语文上"。一般的模式为小学一二年级用民族语文对少数民族儿童进行启蒙教育；三四年级当他们能听懂汉话时，将汉语文和民族语文对照进行教学；五六年级主要用汉语文讲授。这样做的最明显的好处是直接完成了民族初等教育、中等教育、高等教育之间的教学用语的"通车"。

3．权宜型双语教学模式

这是一种反常的、临时的教学模式。其做法是在小学启蒙阶段直接讲授汉语文。到小学中、高年级突击教一些民族语文拼写法。课时短，讲授内容少，学生掌握浅。这种"权宜之计"的双语教学的原因是多方面的：有的是缺少民族语文教师和教材；有的是为升学创造"降分"条件；有的是应当地群众（家长）的要求；也有的是根据一些行政领导的喜好。总之，这种模式是违反儿童学习语言的规律的，是不符合科学性的。如云南省西双版纳傣族自治州的部分学校即属此型。

尽管中国的双语教学十分复杂，但科学、可行的模式仍旧以保存双语教学模式为主，过渡双语教学模式为辅。

（二）处理少数民族语与国家通用语之间的关系问题

如何处理少数民族语与国家通用语之间的关系问题，是双语教育中不断探讨的热点问题各地区都根据自己的实际情况，探讨出了不同的模式与路子。

第二节　双语学视角中的民族教育

民族教育（中国少数民族教育）指少数民族社会的教育现象与教育领域。民族教育学是专门研究民族社会教育现象及其规律的学科，是人们对民族教育现象认识的概括和总结。民族教育学在学科划分上属教育学领域。民族教育学中的教育现象是教育中特有的现象，民族教育学中的规律也就是教育中的特有规律。

民族教育（中国少数民族教育）包括了双语教学、双语教育的基本内容，但又有自己独特的切入点和侧重面。民族教育侧重研究民族与民族文化的传承发展中教育所起的作用及其规律。民族教育学是民族学与教育学的交叉学科，是民族学中的一个重要分支，与民族学、文化人类学等学科有着紧密地联系。

民族教育主要探讨与民族及民族文化的传承、发展问题相关的教育问题，解决民族教育中民族语言的传承与发展、民族文化的传承与发展、整个民族的生存与发展等问题。这些问题大部分在双语教育中已经得到系统探讨，但民族教育学仍形成了自己独特的学科特色，有一些传统的研究领域，比如：民族传统文化教育与民族现代教育之间的关系、不同文化之间的关系等问题。

一、处理好民族传统教育与民族现代教育之间的关系问题

长期以来，中国少数民族教育的体系分为传统教育和现代学校教育两部分，传统教育部分的课程主要指民族文化、风俗习惯、科学、生产、生活等方面的内容。现代部分的课程主要指有关自然科学、社会科学等方面的内容。由于国家统一课程中较少考虑到少数民族传统教育的内容，因此照抄照搬内地课程模式成了必然的选择。20 世纪 80 年代以后，随着地方安排课程、校本课程在中国兴起，少数民族地区先后出现了民族区域统整课程。民族地区的一些学校也开设了乡土课程、民族文化课程等。这些课程的开设使民族传统文化与现代文化在学校教育中融为一体。与此同时，我们要进一步提高现代教育的效率。摈弃民族文化中的糟粕，注重并加强现代科学技术的教育；摈弃民族保守主义，以开放的胸襟学习新事物、新知识；在提高民族语、国家通用语教学效益的同时加强外语的学习。为民族地区经济的发展、社会的进步提供合格的建设人才。

二、跨文化教育

学习多种语言、多种文化，掌握多种语言能力，懂得多个民族的文化知识固然是我们双语教育的重要目的，然而同样重要的是在这一教育过程中，使学生实际体验多种文化的博大精深与丰富多彩，培养他们以理解、宽容、欣赏、理性借鉴的态度对待不同民族的文化，

从积极的角度促进文化的相互认同，既要使少数民族有本民族文化的自豪感，又有多元文化的认同感，既理解不同文化的差异，又理解不同文化的共性，以建设者的姿态参加到多民族、多语言社会现代化的建设中去，培育社会和谐文化，促进社会和谐发展。这是跨文化教育的目的，跨文化教育已成为当今世界多元文化教育的一个重要内容。

　　跨文化教育不应仅仅停留在对少数民族学生或少数民族地区的教育中，而应推广到全国所有的学校，面向全国所有的学生，使主流文化中的学生了解他们相对陌生的文化，加深各种文化之间的相互理解和尊重。文化多元共存既是人类可持续发展的需要，也是人类社会保持创造活力的需要。跨文化教育的评价标准是：（1）是否能够形成对异文化的认同态度；（2）是否能够培养跨文化的适应能力，培养学生在多民族环境中处理民族、文化多元发展问题的态度、技能和知识；（3）是否能够消除对少数民族及其文化上的偏见，增强少数民族学生的民族自尊心、自信心；（4）是否能够适应多民族儿童的学习风格；（5）是否能够培养学生对待世界其他民族及其文化的态度与技能，自觉、平等的进行不同文化之间的接触和交流，积极促进世界文化的多元化。

　　跨文化教育和多元文化教育的课程在中国少数民族教育中所占比例正逐渐扩大，作用也日益显现。多元文化课程的三级模式也由此形成。

第十章　双语教学管理

双语教学管理，主要是指涉及双语教学管理制度的总和。它既是双语教学理论研究的重要组成部分，又是直接关系到其成败的关键性因素之一。

客观而论，双语教学管理的范畴较为宽泛，为论述方便起见，本属于将它划分为六个方面。它们是以行政为主导的管理、以专家为辅助的管理、以课程为对象的管理、以教师为对象的管理、以学生为对象的管理和以保障为宗旨的管理，这六个层面是相辅相成的关系。教育行政管理是双语教学的领导核心和推动力量，专家学者是双语教学必不可少的资政力量。对课程、教师和学生的管理是双语教学管理的实质性内容和着眼点，而保障服务管理是双语教学的物力支撑。只有将多方面的管理齐抓共管，才能形成双语教学得力的教学管理制度。

第一节　以行政为主导的管理

双语教学管理最重要的组成部分是，教育行政管理机构和行政管理制度，因为我国国情决定了行政领导和组织具有巨大的动员力，是调动一切资源的直接支配力量。绝大多数高校是公办性质，长期实行高度集中的行政管理体制。国家高等教育行政主管部门掌控着全国高校办学、管理的大政方针，高校日常工作只是在理解和执行其政策和任务，按照计划招生，依靠大纲授课，接受教育行政管理机构的检查和监督。近些年来，虽然国家对高校管理体制进行了改革，强调落实高校办学自主权。但由于在所有制、经费来源、人事管理等方面，高校与政府机构存在着紧密联系，其教学管理与改革仍未摆脱高等教育行政主管机构主导的模式。如果政府部门大力支持双语教学，那么无论是财政拨款还是人力资源配备都将有较为充分的保障。政府教育行政部门更容易对各种教学资源进行合理的整合和调配，并通过发动、倡导、规范等手段对双语教学进行宣传，从而形成校际互动，实现教学资源和经验共享。

一、建立双语教学管理机构

地方政府教育行政主管部门应加强机构建设，完善管理体制，建立相应的双语教学管理机构，使之成为领导核心和工作常设机构。从领导配备上看，各省、自治区、直辖市或计划单列市，应成立由教育委员会主任担任组长、副主任和教师进修学院或师范大学副校长担任副组长的双语教学领导小组；各地级市应成立由教育局局长为组长、副局长和教师进修学院副院长为副组长的双语教学领导小组；各高校应成立以校长为组长、副校长为副组长的双语教学领导小组，负责双语教学的策划、筹备、实施与评价工作。从实践上看，我国部分省区已成立了双语教学领导机构。

双语教学领导小组之下设置双语教学工作小组。工作小组分为两个部分，基础教育双语教学工作小组和高校双语教学工作小组。由基础教育处处长担任基础教育双语教学工作小组组长，由高教处处长担任高校双语教学工作小组组长。各高校双语教学工作小组由教务处处长担任组长，各二级学院副院长担任副组长，同时积极联合科研处、双语教师和外语教师负责双语教学的实施工作。

双语教学领导小组之下设置双语教学研究中心。双语教学研究中心设置研究室、教研室，由研究室主任、副主任，教研室主任、副主任负责日常管理和研究工作，并聘请有关专家学者、校长、优秀双语教师从事双语教学研究工作。各区县教育行政部门应建立以区县教育局局长为组长、各实验性示范性学校校长为副组长的双语教学领导小组，以及下属机构双语教学工作小组和教学研究中心。双语研究中心的主要任务是定期召开双语教学研讨会、工作会、座谈会，举办公开课，提高教师整体外语水平和教学技巧。

双语教学管理机构内部组织协调必须得当。从现实情况看，有些教育行政主管部门与双语教学研究中心和教研部门协调沟通不够，导致双语教学研究中心和教研部门不能参与双语教学管理的局面。这种情形已造成一些双语教学研究中心和教研部门对双语教学管理缺乏主动性，不愿主动向教育行政部门汇报情况。事实上，教育行政主管部门应负责双语教学的组织、协调、政策把握和行政管理，双语教学研究中心和教研部门负责研究与业务指导、教师培训和日常业务管理，双方要通力合作。

二、完善管理机构的职能

双语教学管理机构的建立是前提，完善其职能并使之健康运行则更重要。否则，机构将有可能形同虚设，不能对双语教学发挥管理和服务的功能。为此，必须妥善解决三个基本问题：其一，管理机构职能分工要明确，使各机构各司其职。苏州市双语教学工作小组的职能和分工较为明确和细致，包括标准制定、课程设置、教材编写、教学研究、师资培训、国际交流等职能。标准制定是由基础教育处、计财处、教研室合作完成，分别制定双语学校申报和验收标准、收费标准、实验计划与评价标准。课程设置是由基础教育处完成，负责课程设置和教学课时的调整等事项。教材编写是由教研室负责完成，并邀请有关学校共同研究标准，协作编写教材。教学研究是由双语教学研究中心下属的研究室、教研室负责完成，进行课题设置和招标，以理论研究和教学研究推动双语教学的开展。师资培训和国际交流是由人事处、教务处、财务处、国际交流处共同协商完成，如国内培训计划、出国培训计划或国际交流计划等。其二，加强双语教学管理机构与其他管理部门的有效沟通。双语教学工作小组要与其他机构或职能部门进行有效协作，以提高行政效率及有效性，不能遇事相互推诿，形成内耗。这需要工作小组的领导有较强的沟通能力，并制定出切实可行的双语教学计划，以取得相关职能部门的支持。在出现沟通无效的情况下，就要双语教学领导小组出面协调，以更高的行政权力从中协调或调配资源。其三，机构制定出有效的双语教学发展规划。教育行政主管部门要将双语教学纳入教育发展的宏观规划中，要充分认识到双语教学是提高教学质量，使教育面向世界的重要途径之一，并真正贯彻落实。为此，必须制定行之有效的双语教学发展规划。根据当地社会经济发展、教育发展和人才培养的需要，通盘考虑本地教学资源，循序渐进地推进双语教学改革。双语教学发展规划应由双语教学工作小组、双语教学研究中心共同研究制定，并由双语教学领导小组讨论修订和通过实施。

三、建立双语教学监督制度

无论是专家还是高校都没有力量建立有约束力的监督制度，这需要公共权力的适当干预。换言之，政府教育行政主管部门的角色不能缺位。因为只有政府才能调动一切资源，并对公共政策实施过程中各种资源的有效利用进行监督和约束，从而保证各项公共政策的顺利实施。双语教学也不能例外，需要行政权力对有关资源进行监督，如财政拨款规模与使用、收费标准、学校资格认证、人员选拔与培训、双语教学督导与评价等。如果没有行政权力的管理与有效控制，不难想象，双语教学必将陷入混乱境地。为此，行政权力应着重对以下几个方面进行监督。

（一）财务收支监督

财务收支监督，主要包括双语教学财政经费的总量、使用监督和高校收费监督两个方面。一方面，对上级教育行政主管部门的财政拨款总量予以监督，高校必须坚持专款专用的指导原则。任何高校都不能将用于双语教学的财政经费挪作他用，如不能截留、透支或将费用用于改善职工生活。这些经费只能用于与双语教学有关的事项，包括聘请高质量的教师、聘请外籍教师、双语教师的国内外培训、双语教师额外付出的奖励、双语教材的开发与建设、双语教学设备的添置、双语教学研究项目的设立与资助、双语教学研讨会等。双语教学工作小组应会同财政部门、审计部门、纪检监察部门等相关职能部门进行年终审计工作，严格监督经费的使用项目与流向。一旦发现存在营私舞弊问题，必须开展行政问责，追究学校法人代表的行政责任。另一方面，严格坚持规范的学生收费制度，防止学校挂双语教学之名，行高额收费之实，从而减少乱收费和教育腐败行为。教育行政主管部门既要督促学校确定合理的收费标准，又要强制学校进行收费公示，以便实现公众监督与行政监督相结合。我国有些地方教育委员会、物价局、财政局联合发文，规定学校要坚持学生自愿入学、按学期收费、不能跨年度收费以及设定明确的收费标准。这些制度是否得以切实贯彻执行，需要教育行政主管部门的严格监督。

（二）学校资质监督

双语学校资质与准入问题，需要教育行政主管部门严格把关。有些地方教育行政主管部门制定了双语学校资格认证条例，对要求实施双语教学的学校进行资格审批。例如，上海市教育委员会基础教育处、上海市教育委员会教学研究室、上海市双语教学实验研究指导小组曾联合发出《上海市双语试点学校评审基本标准》，明确规定试点学校以下方面应达到良好水平，即领导重视、实验方案、双语师资、双语课程、环境氛围、实验教材、课题研究、双语教研、办学水平。各地教育行政主管部门和高校应研究制定《双语教学实验学校申报细则》《双语教学实验学校资格认证条例》《双语教学课堂教学规范》《双语教学实验考核与评价细则》《双语教学示范学校资格认定条例》等，严格管理和监督能有效地杜绝双语教学中的鱼目混珠现象，使那些具备资质的学校、学院实施双语教学。

（三）教师资质监督

双语教师的资质标准在前文已进行了充分的论述，教育行政主管部门关键要对此监督并予以落实。一是监督双语教师是否具备基本的学历，高校双语教师要求具有博士学位，最佳人选是留学归国博士；同时，还要考察教师的专业是否是双语教学急需的专业，如果不是急需的专业，也不能因为教师是归国博士而盲目开设。二是监督双语教师的外语表达能力，可以通过聘请外国专家或外国语大学教授听他们发表即兴演讲，从而将那些外语表达能力差的教师阻隔在双语师资队伍之外。三是对双语教师的培训予以监督，监察学校是否定期举办双语教学培训，观察双语教师是否定期参加培训，教师通过培训是否达到相应的要求并获得有关结业证书等。要将那些双语能力一般而又不参加培训的教师淘汰出双语教师队伍。四是对双语教师的教学研究进行监督，包括在一定范围内开设公开课或示范课、教学研究等。教育行政主管部门应规定，双语教师必须在一定的任期内开设公开课或示范课，旨在进行自我培训和培训其他教师，共同切磋双语教学技艺。

（四）教学评价督导

双语教学评价只有教育行政主管部门能实施，因为高校实施的自我评价没有实质性意义，难以真正衡量实效性。教育行政主管部门的评价督导体现在以下四个主要方面：一是督导双语教学资源的评价，涉及课程资源、教师资源和课堂教学资源等。如果上述各项条件未达标，应终止双语教学行为。二是督导双语教学过程评价，包括双语教师外语使用量和流利程度、双语教学的组织形式、专业知识讲授的系统性、教学手段的现代化程度，以及教学方法的合理使用等。特别是对教师的双语教学过程实施监督与管理。例如，开课之前应有充分准备，包括教学计划、教学目标和基本手段的设想；学期教学过程中，要经常深入授课班级考察课堂教学效果及教学设计的实施情况；学期结束时，不仅要有学生的成绩，还要听取师生的反馈意见等。三是督导双语教学效果评价，涵盖双语教学效果评价、双语学生学习效果评价（如语言目标、专业知识目标、社会适应性目标等）。四是督导的组织管理，包括聘请双语教学督导员、颁发督导员聘书。督导员主要由外语专业的教授、相关专业的教授、教务处教学督导组成员、教育行政主管部门领导等所组成。双语教学督导员要对上述四个主要方面进行督导，并提出整改意见和措施。

四、加强双语教学资源整合

我国教育改革是以政府行政力量为主导的改革，无论是高等教育还是基础教育都是如此。因此，发挥行政力量在双语教学资源整合方面的积极作用是十分重要的。一方面，高等教育行政主管部门可以跨高校、跨专业集中最优秀的研究资源，为双语教学的有效推行进行一些规律性的理论探索，对师资培养和教材编写进行有组织的规划和实施，从而有效提高双语教学的资源利用效率，发挥高校群体攻关研发的能力，以保证其基本规范性和教学质量。政府教育行政管理部门对开展双语教学的宏观组织和指导，是我国教育管理体制的特有规律和优势（西方国家政府对双语教学也进行必要的支持和干预），它应随着社会主义市场经济的变化而变化，从而确保高校自主办学机制的有效运行。因此，政府通过有效的动员力量，将分散的教学资源加以整合，是一种积极的促进力量。另一方面，教育行政主管部门可以加强宏观指导，及时总结双语教学的成功经验，并妥善解决出现的困难。教育行政组织应定期举办不同层次、不同专业的双语教师教学研讨会，及时总结、交流教改经验，探索提高教学质量的途径。这些是其他任何办学实体都难以做到的。

第二节　以专家为辅助的管理

所谓以专家为辅助的管理，实际上是一种管理服务和咨询，重视专家学者对双语教学的学术指导和技术支持。它主要包括两个层面：一是由高校、研究所、学术机构设立的专门性双语教学研究机构，对全国或本地区的双语教学发挥指导作用；二是由政府、教育行政主管部门成立的、联合专家学者和优秀双语教师组成的教学指导和评估工作专家队伍。专家学者可以为教育行政主管部门的双语教学决策提供服务，指导学校的双语教学实践，并开展理论研究。西方国家双语教学的实践证明，没有专家学者的参与，双语教学将寸步难行。专家学者的管理辅助功能体现在以下三个方面。

一、参与政府决策咨询

教育专家管理是教育行政管理制度的延伸和重要补充。只有发挥专家的管理功能，才能减少管理的盲目性，增强针对性和有效性。各级教育行政主管部门要注意培养专家和凝聚专家力量，并通过他们完成相关的管理任务。这种管理职能是通过参与政府决策咨询实现的。

（一）为政府教育行政主管部门决策提供依据，从而确保决策的科学性

与政府官员不同，专家学者没有烦琐的行政事务，社会应酬活动相对较少，有足够的时间进行双语教学可行性的调查研究，从而充分论证开展双语教学的必要性和可能性，以及哪些课程和学校适合开展双语教学。专家定期研究双语教学的实效性，并向教育行政领导提供报告，为调整双语教学政策或发展规划提供依据。例如，双语教学的目的与意义，包括开展双语教学的必要性和意义，前期准备基础，双语教学对学生的外语、专业、文化、母语的影响程度等；各界人士对于双语教学的态度，涉及领导阶层、教师群体、学生家长、学生群体的态度走向等；双语教师和学生能力，如教师的语言能力、语言知识、文化知识、教师素养与积极性，学生的语言能力、语言倾向、文化背景等；实践操作问题，包括开设双语的学校、年级、课程、模式、物质保障、教学进度与课时、考核等。

（二）为教育行政机构开展双语教学督导，并正确引领双语教学的方向

双语教学的专家学者能担负起督导与指导，经常检查与指导双语教学实践。严格执行教改立项项目的检查、验收制度，适当加大奖惩力度。例如，除正常的教学管理之外，可以在双语课程开设过程中安排教学督导团对主要课程随堂听课，定期进行项目中期检查，并对调研情况进行总结。对于双语课程开展效果好的教师提高经费投入档次和滚动支持，对未按项目书所承诺的任务进行教学的教师将终止资助。不仅如此，专家要把握双语教学大方向，那就是使用外语传授专业知识。各级学校的教师要遵循双语教学规律，合理安排教学程序，既要完成专业课程教学的重任，又要获得语言教学的副产品，以弥补外语教学的不足。专家还要将那些在双语教学中弄虚作假、谋取私利的学校上报政府教育行政机构，为行政处罚决策提供有力证据。实际上，专家是政府教育行政主管部门的信息源和智囊团。

二、制定双语教学管理规章

双语教学管理规章制度，主要包括双语教学的法制保障、学校申报细则、课程设置、课堂教学规范、师资培训、选拔与评价细则、评价标准等一系列管理规章制度。特别是双语教学评价标准，是由教育行政主管部门公布和实施的，但它们通常是由专家制定的。而一套科学合理的评价制度是双语教学发展必不可少的保障，否则，教育行政主管部门就难以真正把握教学投入与产出的关系。各地双语教学专家组成员与研究中心共同制定教学目标与评价标准。此外，一些国家的双语教学评价十分重视学生发展和社会认同程度。例如，学生通过参与双语教学，其语言习惯、语言态度、自我认同、长期作用（就业、文化、家庭语言）的变化。从这个角度看，专家学者能成为政府机构在教育领域公共关系的雷达，既能帮助政府了解公众对双语教学的了解、认可和支持程度，将信息上传至政府组织，又

可以协助政府开展双语教学宣传，从而营造一个良好的社会舆论环境，增加政府组织的社会美誉度。在双语教学评估标准确定的同时，专家学者还能联合学校的双语骨干教师对教学予以指导，研究教学中的重点和难点，使双语教学尽可能符合标准。

三、加强双语教学研究

（一）加强学理研究，提升双语教学理论水平

双语教学是一种全新的专业课程教学方式，有其自身独特的规律，它既不同于现行的外语教学，也不同于一般的专业课程教学，更不是外语和专业教学之和。一方面，加强双语教学理论研究，探索符合国情的教学模式、策略和方法，提升教学理论水平，推进教学的健康发展，是我国双语教学研究的方向。迄今，成熟的双语教学理论和模式都产生于国外，我国应在吸收和学习国外经验的基础上，结合双语教学实验，创造性地探索适合国情的双语教学理论。另一方面，整理我国双语教学实验的得失，努力将感性认识提升为有普遍指导价值的理论，并通过深入反思发展理论，建立符合国情的双语教学理论体系。离开了专家学者的参与，这些都是不可想象的。

（二）注重实证研究，拓宽双语教学研究领域

双语教学研究应注重实践，不能简单地凭理论演绎或逻辑推理得出结论。作为双语教学的研究者和实践者，应深入双语教学实践，加强实证研究，以数据和事实说明问题。注重实证研究，是双语教学研究健康发展的保证。在此基础上，要拓宽双语教学研究领域。目前，我国双语教学研究主要局限于定义辨析、类型探讨、模式介绍等方面，还缺乏有关双语教学设计、课程框架构建、双语能力测量与评价、双语学校建设等方面的研究。另外，双语教学并非单纯的教学方法问题，还牵涉政策学、社会学、文化学、心理学、教育学、信息学等诸多学科。双语教学的心理过程，特别是双语习得带来学生的情感态度和价值观方面的变化，也是需要加以研究的重要课题。拓宽双语教学研究领域，形成全方位、多角度、多层次的双语教学研究，是未来双语教学研究的方向。

（三）倡导个性化研究，切实解决双语教学实践问题

我国区域发展差异较大，推行统一模式的双语教学有难度。提倡个性化研究，立足于自身条件的多样化的双语教学形式，以解决教学实践问题，是双语教学研究的重要方向。首先，双语教学试验为个性化研究提供了可能性。其实践多数始于选修课、拓展课，这样的课程设置和选择是不恰当的，虽然这些课程受到课程标准和大纲的制约较少，双语教学模式有可能呈现多样化，但这些课程从根本上讲不符合与国际接轨的目标，从而降低其实际价值。其次，个性化的双语教师呼唤个性化的双语教学研究。风格迥异、水平不同的教师要求有适合他们特点的研究成果，既为他们提供工作指导，又将其个性化实践提升为案例或经验。再次，不同层次的学生要求有个性化的双语教学研究，以符合他们的个性和能力发展的需求。总之，倡导个性化研究，注重实际效果，在对多元目标达成度上具有操作性，

努力为双语教学实践服务，是双语教学研究的重要内涵和发展方向。

（四）加强对社会的研究，提高双语教学适应性

双语教学的最终目标是要推动经济和社会发展，提高学生对于社会特别是国际社会的适应能力。学生发展总是与社会发展紧密联系，双语教学要能充分反映时代特点和要求。当今，人类社会已步入经济全球化和信息社会化的时代，国际交流频繁，国际合作不断增强，国力竞争日趋激烈。双语课程的设置和选择一定要从国际化高度出发，选择那些与国际社会、国际科技联系紧密的课程，选择那些能充分开发和利用国际教育资源的课程，为学生发展开辟更广阔的空间。

第三节 以课程为对象的管理

高校管理者应将双语教学作为改革和发展的重大课题之一，并结合本校实际，以部分院系为试点，慎重选择部分专业课程作为双语课程，鼓励相关教师对双语教学课程的设置展开理论和实践研究。目前，高校双语课程建设基本上处于探索阶段，主要是开展具体课程的双语教学实践。学生突然从汉语授课进入外语授课会感到不适应，单一的专业课程难以使学生在短时期内真正达到双语教学的要求。在学生的外文理解能力欠缺的情况下，再要求学生掌握使用外语思考和解决问题的能力，的确有点不切实际。双语教学的长远发展，必然要求对教学计划和课程体系进行相应的调整，在大学各个年级都要安排从专业基础课程到专业核心课程紧密衔接的课程结构。让学生在每学期都不断接触和反复学习，从而使他们的专业知识和外语水平逐步提高，并尽量消除学生由于理解上的障碍而削弱对专业知识的学习。

一、双语课程准入制度

选择和审批恰当的专业双语教学课程，建立较为完善的课程准入制度，是以课程为对象管理的核心内容。目前，由于双语教学课程设置比例是本科教学评估的一项指标，一些高校为了完成指标，不顾学校的条件，盲目开设双语课程，从而造成教学资源浪费和败坏双语教学声誉的不良后果。事实上，开设双语教学课程要适应社会需要，针对不同专业，力求有的放矢。从国际双语教学的经验看，建立完整的双语课程指导标准，引导它朝规范化方向发展，应成为双语教学课程管理的重要目标。实际上，前文在论述双语教学适应性时，已提出这个问题，并着重分析了专业课程双语教学适应性和缺乏适应性的原因，但并未就如何妥善解决这一问题提出制度性思考。而这个问题必须得到有效解决，否则，必将使双语教学陷入更加混乱的境地。从双语教学管理角度看，高校必须建立一套行之有效的课程准入制度。

如何确定双语课程的基本类别和具体课程呢？审批双语课程应坚持以下标准：一是国际通用性强、可比性较大的课程。这些专业的国际发展水平已遥遥领先，我国需要在这些领域中尽快与国际接轨，如生物技术、信息技术等。这类课程有实施双语教学的紧迫感，不能有任何迟疑不决的心理和拖延行为。二是一些自然科学和工程技术类专业，国际上拥有共同的专业术语、定理和公式，适合开展双语教学。三是坚持专业课程优先于公共课程，专业方向课程优先于专业基础课程。因为双语教学的宗旨是，使学生掌握某一专业先进知识，增强他们与国际同行的交流能力，而公共课程显然不具备这种功能。专业基础课程学习的内容是一门专业最基本的知识，它更新速度较慢，与专业前沿知识联系不紧密，而专业方向课程直接涉及专业发展的最新动态，有尽快与国际接轨的必要性。相对于专业基础课程而言，专业方向课程的内容较为灵活，教师选择教材的余地较大，操作较为便利。四是一些行业特点较强的专业，与国际同领域可比性较小，尽量不要实施双语教学，因为教学效果不一定好。即使有教学效果，也缺乏国际通用性。五是中国语言文化、意识形态色彩浓厚的课程，尽可能不审批为双语课程。与自然科学类专业不同，这些人文学科不适合使用双语教学，以免伤害民族自尊心和民族文化的传承。在进行双语课程审批时，教育行政主管部门应注意课程结构和设置的科学性与前瞻性。

二、双语课程建设制度

高校要加强双语课程建设并确保课程教学质量，这是以课程为对象管理的又一重要内容。主要体现在以下几个方面：

（一）加强双语重点课程立项

高校应将双语课程建设制度化，设立一些重点课程并予以适当的经费支持。当然，双语重点课程立项要经过专家的严格评审，必须有匿名外审程序，不能由高校教务部门单独评审决定或简单地由学术委员会表决通过。在确定双语重点课程前，高校教学主管部门应组织双语教学专家和外语学院教授进行听课。如果教师的外语表达不流利或发音不准确，应实行一票否决制，决不能只看书面材料是否充分有力。这是双语重点课程立项与普通重点课程立项的最大区别。因为教师使用母语教学一般不存在语言表达障碍，而使用外语作为教学语言的最大障碍是语言表达能力是否过关。

（二）课堂教学语言使用符合标准

如果使用外语作为教学语言，并将之用于阅读理解，学生能较好地实现教学目标，因为他们有充分的时间去理解外文文字，甚至借助于词典帮助理解。但双语课堂教学语言主要是指教师的外语口语表达能力以及学生的听力。外语教学语言使用量太小，双语教学就名不副实，外语教学语言使用量太大，将会给学生造成理解困难，降低专业知识与技能的学习效果，得不偿失。因此，如何确定外语教学语言的使用量，对于教学主管部门、师生来说，都是一个颇为棘手的课题。

（三）课时安排必须得以基本保证

针对同样的教学任务，双语教学比单语教学需要更多的课时才能实现教学目标，因为既要使用外语讲述，又要使用汉语讲解，加之针对学生听力理解普遍滞后的状况，教师往往会采用增加板书的方法予以弥补，板书还得十分精细，某些重点难点问题，教师还需要重复讲解，这些势必影响专业课程的教学进度，但教学计划是刚性的，必须在一个学期完成。如果不增加课时，就会出现要么学期结束不能完成教学任务，要么进度过快甚至出现跳跃，使学生无法承受，降低专业教学质量。有些高校允许在过渡期内双语课程增加不超过原课程四分之一的课时，或允许双语教师在计划课时的基础上增加两成课时。

（四）严格验收双语课程建设成果

通过双语课程建设，高校应严格验收建设成果，以确保投入和产出的基本平衡。一是检查教学基本要件的建设是否得以全面提升；二是检验教案设计是否科学合理，能否将成熟的教案整理出版作为教材；三是教学研究是否切实推进，如开展公开教学、进行教学研究并发表教学研究论文等。

三、双语课程衔接管理

改革外语课程并使之与双语课程衔接成为必须研究的问题。很多高校也认识到这个问题，并对公共外语教学进行了调整，如缩短传统课程的课时、增加不同专业的外语应用类选修课程、开设更多的外籍教师课程、增加外语口语考试等。这些改革旨在提高学生的外语实际运用能力。除了公共外语之外，绝大多数高校还开设了专业外语课程。从课程性质看，它属于外语类课程，旨在使学生掌握更多的专业外语词汇，并不需要教师系统讲授专业基本理论和专业发展的前沿动态。这种课程教学并未获得学生普遍认同，导致部分高校开始取消专业外语课程，代之以专业课程双语教学。有些高校也开始调整专业外语的开课时段，将它放在大学二年级开设，使之成为专业课程双语教学的先修课，以解决大学生专业外语词汇量不足的难题。由此看来，高校应深入研究并调整外语教学和专业双语教学的关系。

第四节　以教师为对象的管理

双语教师是决定教学成败最为关键的因素。因此，如何选拔、培养、聘用和考核双语教师至关重要。

一、双语教师的选拔管理

双语教学不同于单语教学，是以两种语言为媒介的教学。因此，对教师的素质有很高的要求，教师应具备两种语言及文化方面的基本知识与技能。目前，我国双语师资奇缺，至今尚未形成权威的双语师资培训体系和制度，大部分教师的知识结构比较单一，不能兼顾专业知识和外语能力两个方面的要求，师资队伍的整体状况不容乐观。具体表现为：一是精通本专业理论知识的教师，不一定具备熟练使用外语授课的能力；二是具备熟练使用外语授课能力的教师，由于不是专业课程任课教师，其专业知识和理论功底较为欠缺，能真正具备这两方面基本素质的教师十分匮乏。这为双语教师的选拔增加了难度，但也不能因此而放宽标准和混乱程序。

（一）建立选拔机构

双语教学领导小组和工作小组可以成为双语教师的选拔机构，承担起领导与选拔的职责。各高校应建立以校长为组长、分管教学的副校长为副组长的双语教学领导小组，吸收教务处处长、人事处处长、科研处处长、国际交流处处长、财务处处长、各二级学院院长、资深教授、外国专家等为领导小组成员，组成一个高校"双语教师资格测评委员会"，专门负责考核和认定双语教师申请者的资格。选拔机构是一种常设机构，有完善的规章制度和工作制度，定期或不定期地举行工作会议，定期接受教师的申请，全权决定双语教师的资格，并有权力对现任双语教师例行淘汰。

（二）端正选拔原则

在确定了双语教师资质的主要标准后，关键在于坚持正确的选拔原则，并走严格的选拔程序。首先，坚持制度用人原则。双语教师选拔的指导思想是制度用人，任人唯贤，力求实现公平、公正和公开选拔，坚决杜绝行政长官意志、任人唯亲和实行暗箱操作。如果不能坚守原则，双语教师的选拔标准就可能会形同虚设，选拔结果必将是鱼目混珠。其次，选拔程序要规范化和透明化。如果选拔程序松散混乱，必然给少数人以可乘之机，从而淡化双语教师资质标准或使之流于形式，成为一纸空文。再次，坚持外语能力第一原则。双语教学难在外语，如果教师的外语能力不过关，其他条件都将成为无稽之谈。对外语能力的考核是全方位的，主要分为笔试和口试两大部分。笔试旨在考核双语教师的外语基本功是否真正过硬，包括外语词汇量、语法结构、阅读能力、写作能力、翻译技能等，应采取笔试形式。外语口试的目的在于考核教师外语的语音、语调的准确性，口语的表达能力，反应速度和流利准确程度等，可以让申请双语教师资格者即兴发表外语演讲，由外语资深教授和外国专家进行评定。如果能获得"国际双语教学资格证书"者免除考核。在全面考核的基础上，择优录用，并实施动态化管理。

（三）教师主动申报

双语教学教师资格的获取应坚持自愿的原则，绝对不要动员甚至勉强教师仓促上阵。教育行政主管部门或高校应提前将有关的双语教师资质标准公布于众，使教师知情并在此基础上提倡由教师自由申报，主管部门或高校进行严格的资格初步审核。通常来说，双语教师主要是选拔35周岁以下的青年教师，从事专业课程教学至少要达到三年以上，因为教师首先要积累一定的专业课程教学经验，努力使自己通过专业教学这道关口，熟练地使用母语承担起专业教学任务。只有在此基础上，教师才有可能投入双语教学。否则，专业教学的难关尚未跨过，使用母语从事专业课程教学都存在问题，又如何能奢望他们使用外语进行专业教学呢？此外，各二级学院和教学主管部门应严格审查申请双语教学的教师基本的教学资料，特别是教学大纲等关键性文件。

（四）公示选拔结果

双语教师选拔结果的公示，既能保证双语教师选拔的公平性，又是选拔过程的一个重要环节。公示被录用的双语教师名单，以便于公众监督，从而进一步提高选拔的透明度和质量，真正将那些有能力胜任双语教学的教师选拔上岗。如果有群众举报，发现不符合双语教师资质的教师入选，教育主管部门应坚决纠正并向公众说明缘由和道歉。我国高校缺乏严格的双语教师资质标准和准入制度，也缺少常设选拔机构，因而建立与完善双语教师准入制度和选拔机构迫在眉睫。这既是制度建设的必由之路，又是双语教学实践的需要。

二、双语教师培训管理

双语教师培养对高校能否顺利实施双语教学起着十分关键的作用，因而对他们进行在职培训或出国培训势在必行。双语教师培训管理应制度化体现在以下几个方面。

（一）培训规划管理

双语教师的培训是一项长期性、全员性和周期性的艰巨任务，国外双语教师培训也基本上如此。对管理部门和管理者来说，培训规划管理主要体现在四个方面：一是制定出双语教师培训的系统计划，并将培训工作规范化和制度化，从而确保培训的长期性、全员性和周期性。长期性就是要持之以恒、坚持不懈，是制度化的具体体现；全员性就是全体双语教师必须参加培训，任何人不得以任何借口逃避培训；周期性就是在一定时间内全体双语教师必须完成一次在职培训，执教一段时间以后，再进入下一轮培训，如此循环往复，体现出双语教师培训的周期性特征。二是确定培训课程。如果没有设计和妥善配置培训课程，双语教师的培训必然是低效的，甚至是无效的走过场行为。我国双语教师的外语听力和口语表达能力培训课程是最为重要的。此外，应设置双语教材使用与编写、跨文化教育等培训课程。三是安排培训教师。选择并聘任优秀的专家学者为双语教师实施教学培训，是确保培训质量的又一重要保障。管理部门和管理者既要有强烈的责任心，又要具备较强的公共关系能力与人际交往能力，从而能将那些优秀的专家学者送上培训讲台。四是建立完善的培训档案。档案管理是双语教师培训的一个不可或缺的环节，通过档案可以帮助管理者了解已培训的教师数量、专业结构、学校分布、培训时间、培训课程、培训成绩，以及下一轮培训应安排的时间；通过档案还能总结和吸取培训的经验教训，改善与促进双语教师培训的业务发展等。

（二）培训经费管理

在现代学校管理中，要树立以人为本的管理理念，关爱教师、赏识教师、尊重教师的情感、完善激励机制等，是双语教学管理中调动教师积极性的有效途径。由于教师进行双语教学要付出巨大的劳动，而高校由于种种原因不能合理地确定教师的工作报酬，不利于教师积极性的调动。有效地调动双语教师的教学积极性、主动性和创造性，充裕的经费保障是基本前提。为了防止普通教师的攀比行为，可以发挥培训改善双语教师待遇的功能，如出国考察学习或去国内名牌大学进修学习，以增加双语教学的吸引力。教育主管部门或高校应将培训经费单列，专款专用。

三、双语教师聘任管理

在教师获得双语教师资格后，高校要按照相关的聘任条例予以聘用，合理安排他们的工作量。如前所述，主管部门还要根据有关标准对双语教师实行考核。例如，香港理工大学每学期对每门课程都有中期和末期教学质量评测，对教学质量给予监督管理，督促教师规范课堂行为，强化课堂教学质量。学校在中期和末期分别选择一个时间，由专人随堂听课，课后分发评测表，收集后进行整理。在中期举行一次学生代表意见反馈会议，由学校将学生反馈的信息整理成册，发给各个部门和相关教师，达到及时改进教学不足的效果。

高校要坚持教学效果评价与过程评价相结合的原则，重视对教师发展性评价，注意保护教师的积极性。管理部门和管理者要认识到双语教学的复杂性和艰巨性，更多地体现出人性化管理，了解教师在实际双语教学中的困难，帮助他们解决实际问题。在通过考核后，学校要加强聘任管理，包括发放聘任证书、举行聘任仪式、兑现工资待遇等。学校人事部门要建立双语教师的任职档案，将他们的基本信息、任职经历、历次考核和晋升情况全部记录在案，从而为双语教师的聘任管理提供依据。

第五节　以学生为对象的管理

学生是双语教学的对象和参与主体，直接关系到双语教学的成败，因此实施以学生为对象的管理至关重要。这一层面的管理内容十分复杂，包括双语学生准入管理、双语学生学习行为管理、双语学生考核与奖惩管理等主要方面。

一、双语学生准入管理

并非所有的学生都适合参与双语教学，对学生能否参与双语教学，教育行政主管部门和高校应有一个选拔与准入管理。管理的指导原则是：坚持学生自愿报名、主管部门选拔相结合的方法。澳大利亚的经验是，坚持学生自愿报名，这是富有启发意义的。这种管理体现了主管部门实事求是的态度和对学生的尊重。特别是对我国这样的人口大国来说，更加需要如此。一方面，因为双语教学的资源极为有限，从而决定并非所有的学生都能参与双语教学。另一方面，由于学生的水平相差悬殊，也并非所有的学生都有能力接受双语教学，在我国招生规模快速扩张后，情况更加如此。因此，教育主管部门和高校应对学生实行分层管理、区别对待，建立一个双语学生准入管理制度。

（一）学生自愿报名并享有选择权

目前，我国高校基本上以行政班划分，执行"一刀切"政策，要么一个班级全部参加双语教学，要么一个班级全部不参加，学生完全处于被动地位，根本没有权利和机会选择自己是否参与双语教学。这种不顾学生主观愿望和实际能力的"一刀切"管理是有害的。它既忽视了学生的学习能力，又不顾学生的主观愿望，强行将学生拉入双语教学中，没有充分尊重学生。事实上，很多学生根本没有能力接受以外语作为教学语言的授课，很多内地学生未来就业与外语的关联度较小，他们不需要也不愿意接受双语教学。只有那些外语运用能力较强，毕业后准备出国或能留在沿海开放城市就业的学生有双语教学的能力和需求。他们参与双语教学的积极性和主动性较大，学习态度和学习效果自然与那些被勉强拉入其中的学生完全不同。作为教育主管部门和管理者，必须考虑和尊重这一事实。

如果一刀切地实施双语教学，完全忽视学生的接受能力，必然侵害那些外语能力差的学生的学习权利。因为在市场经济条件下，学生实际上是付款购买教育资源。购买到优质的教育资源还是劣质教育资源，对学生未来发展影响较大。高校不能因为学生的外语能力差就损害其学习的权利和机会；反过来讲，学生外语能力不好同样有学习专业知识和技能的权利，双语教学不应损害他们在大学阶段最基本的权利。赋予学生自愿报名的权利，那些外语运用能力差的学生就会知难而退，双语教学班级学生的整体外语水平的差距就会缩小，从而有利于教师组织教学，因材施教，保证质量不受损害。只有保证双语教学的质量，它才能可持续发展。与此同时，给那些不能接受双语教学的学生留有退路。

对管理者来说，一刀切管理最简单和容易操作，人性化管理肯定增加管理难度与成本。让学生自愿决定是否参加双语教学，必然带来一个实际操作难题，那就是一个班级一部分学生选择参加双语教学，而另一部分学生选择不参加，从而出现了班级一分为二的情形，如何在实际教学中有效解决这一难题呢？如前所述，双语教学必须采取小班化授课，以增加师生交流互动的机会，从而确保其质量不下降。如果一个专业有两个平行班，这个问题相对容易解决，原来采取合班上课，现在正好分开实施小班化授课，将选择参加双语教学的学生一个班上课，选择不参加的学生一个班上课。对只有一个班级的专业来说，要么只能分两次分别授课，以尊重学生的学习权利；要么可以考虑将两个不同年级的同专业学生合并同类项授课，因为有些专业课程开课时间具有一定弹性，既能在大二下学期开课，又能在大三上学期开课。

（二）主管部门选择并拥有淘汰权

澳大利亚选择双语教学学生要考察其学业成绩，这种做法虽然在社会上引发了争议，但总体实施效果却是良好的。我国应考虑在学生自愿报名的基础上，实行教育主管部门选择并淘汰机制，从而将那些不具备双语教学条件的学生排除在范围之外。主管部门选择可以坚持两个最主要的标准：其一，考察专业课程的学习成绩。高校应优先考虑那些专业课程成绩优良的学生，将他们确定为双语教学对象。主管部门只要查阅其学籍档案便可以一目了然地进行选择。如果一个学生接受母语授课，其学习成绩都不理想，又如何能奢望他接受双语教学并取得良好的学习效果呢？其二，考察外语运用能力。实施双语教学存在学生外语接受能力问题，因为学生是学习的主体，教学设计都是围绕学生展开的，学生外语接受能力将直接影响双语教学的效果和质量。一般来说，学生外语水平越高接受能力就越强，实施双语教学的效果就越好。目前，我国学生总体外语水平参差不齐。因此，双语教学要以学生为对象开展管理，更多地考虑学生的语言背景和语言能力，真正将那些外语能力强的学生确定为双语教学对象。具体的操作方法是：查看学生的四、六级英语成绩；统一组织笔试，成绩作为重要依据；统一组织外语教授或外籍专家进行听力和口语面试，以全面衡量学生的外语水平，然后再确定双语学生名单并予以公示。这样既能确保双语学生的整体质量，又能使学生具有参加双语教学的自豪感。

二、双语学生学习行为管理

任何教学活动都要对学生实行行为管理，规范学习行为并有严格的纪律约束。例如，出勤和请假、课堂纪律、课外练习或论文等，这是一些基本层面的内容。双语学生学习行为规范管理要遵守基本的行为规范。遵守既定的行为规范，是学生积极参与双语教学的一个重要前提。双语教师也只有通过一定的行为规范，才能将不同学生的努力引向双语教学目标的共同方向。通过遵守行为规范，学生可以实现双语教学目标；同时，行为规范也是控制和监督学生工作的依据。

然而，双语教学毕竟不同于使用母语教学，因而对学生学习行为管理要体现出不同的特征和重点。教师和管理者要重视对学生预习、提前阅读、查阅资料、小组讨论、小组内部和小组之间交流、主题陈述、合作学习等行为的管理。特别是在信息化时代，学生通过互联网查找资料并经过自己的编辑，专业知识的内化和知识建构的效果可能超过教师的机械灌输，全班学生交流带来的信息总量可能超过教师单向的传播。可见，双语教学是教学和学习方式的变革，也是学生学习行为管理的变革。

双语学生学习行为管理的另一方面是对他们的考核与奖励。奖惩制度是指依据学生完成目标的程度而予以不同的奖惩。可见，实施奖惩与学生完成目标的程度相联系，而学生正是通过奖惩制度看到了自己努力进行双语学习后得到奖励的可能性、多寡以及具体内容。教学管理部门对双语学生的评价要确立以人为本的评价标准，建立体现学生主体地位和促进学生发展的评价体系，不能将双语教学课程和单一母语教学课程归入同一个教学管理体系。要针对学生学习过程中的表现、所取得的成绩，以及所反映出的情感、态度、策略等进行评价。双语课程的考试不应难度过大、评分标准不能过于严格，对于学生付出的努力要给予肯定，平均成绩不能明显低于非双语教学班级的学生。根据考核的结果，教学主管部门应给予学生适当的奖励，这些奖励在评选学生的奖学金、优秀毕业生、推荐免试直升硕士研究生等重要事项中都享有一定的加分，或者在学生的成绩单上予以注明双语教学字样，以增加学生就业和出国留学的竞争力。

第六节　以保障为宗旨的管理

双语教学保障管理，是推动其发展的重要物质力量。保障管理，主要是指微观办学主体给予双语教学的物力支持。双语教学保障管理既是重要的研究领域，又是加强双语教学管理必须妥善解决的现实问题。从双语教学全局看，无论对办学主体还是各个专业的双语教学来说，保障管理主要涉及以下四个方面。

一、双语教学经费保障管理

双语教学经费保障管理主要涵盖经费来源保障与管理、经费支出保障与管理。

首先，教育行政主管部门要筹措足够的双语教学经费。如果得不到充裕的经费保障，双语教学将难以实现可持续发展，这就需要确保其经费来源的安全。西方国家经验表明，可以通过政府渠道和民间渠道两种途径解决经费问题。美国、加拿大给予双语教学的经费是十分充裕的，而且有严格的政策规定，双语教学经费逐年增加。澳大利亚、加拿大民间资金给予双语教学以巨大支持。我国中央政府、各级地方政府要明确教育经费中双语教学经费的比例，并逐年增加经费投入。与此同时，国家要动员民间资金支持双语教学。

其次，教育行政主管部门和各高校应建立双语教学专项经费的支出管理制度。每个财政年度在编列预算时，高校都应将双语教学经费单列，避免经费被其他支出挤占。经费既要有充裕的数量保障，又要有严格的支出管理制度。双语教学经费要实现专款专用，主要用于双语教师的国内外培训、双语教材的编写与出版、双语教学设备和资料的购置、双语研究课题的立项与资助、双语教学研讨会的召开、双语专家的咨询与指导、双语学生活动与奖励等支出。双语教学经费的使用要经过严格的申请、审批、领取、报销和监督程序。每年各双语教学单位应将当年度上述各项支出提前申请，经过财务部门审批后，经费支出进入启动程序。此外，财务部门应在年终对各项双语教学经费支出进行审计。只有这样，才能基本保证双语教学经费的合理支出。

二、双语教学设施设备管理

西方国家对双语教学设施设备十分重视。新加坡双语课程全部在多媒体教室上课，教师使用课件极为便利，其讲课内容和过程也可以通过互联网与其他师生共享。美国对双语教学拨款的使用范围有明确规定，要求将部分款项用于帮助双语学校购置一些必需的教学设备和器材。

我国教育部在《关于加强高等学校本科教学工作提高教学质量的若干意见》中明确规定，高校使用现代教育技术、建立电子图书馆和校园网络、提升教学水平，规定使用多媒体授课的课时比例应达到 15% 以上。这对学校的教学设施设备提出了更高的要求。普通课程需要优良的教学设施与规范的设施管理，双语教学课程更加如此。因为双语教学可能要在语言试验室授课，对音响、投影或多媒体的要求更高。学校要能提供合乎使用基本要求的设备。常规设备的维修、管理要力求实现规范化。在编制年度经费预算时，高校应将更新与添置双语教学设备置于重要位置，加快设备的添置，如为双语学生建设专门的微机房，供他们上网检索资料；为双语教师配置笔记本电脑，供他们备课使用等。此外，设备的租借、登记、归还、损坏、流失等诸多事项都要有制度规定，并有专人负责管理，以确保公共资产的使用效率和安全。对违反规定，应有具体的赔偿或其他处罚措施。

三、双语教学图书建设管理

（一）双语图书资料建设的重要性

充足的双语图书是开展双语教学的基本条件，我国图书馆馆藏的各类双语教科书、双语辅助读物、双语图片数量十分有限，应加大建设力度，从国外大批引进原版外文图书资料，供师生查阅。国外一些双语文化教育基金资助出版的双语图书、部分少数民族出版社出版的图书、双语教师撰写的双语图书等都是我国高校图书馆采购的对象。对双语教学而言，双语图书资料是至关重要的，各种图书都渗透着多元文化价值，是学生了解异国风土人情并快速习得目的语的桥梁。不仅如此，丰富的双语图书有利于双语教师整合教学资源，开展双语教学。如果没有充足的双语图书，师生都会感到缺少载体，甚至觉得无所事事。有了充足的双语图书，教师可以利用图书馆的图书资源，布置学生进行课外阅读或分小组合作阅读与讨论，从而弥补双语教材的不足，真正发挥学生学习主体的作用。

双语教学音像资料、双语录音带、双语多媒体课件、网络资源等，都是十分重要的教学辅助性材料。澳大利亚双语教师直接将目的语国家的电影在课堂播放，然后要求学生使用目的语进行讨论，最后由教师用目的语进行点评。加拿大、美国、新加坡等国家十分重视图书馆双语音像资料的建设。我国高校图书馆对此要加大建设力度和建设速度。因为这类辅助性双语教学资料在教学中具有不可替代的作用，特别是人文社会科学专业的学生在接受双语教学时，这种图书资源既是必不可少的，又是富有成效的。此外，在双语教学网络资源建设方面，高校图书馆和信息中心需要付出更多的辛劳和努力。因为国际互联网为双语教学提供了丰富多彩的课程资源。上网检索专业课程教学资料应成为每一位双语教师常态的备课方式，并使之成为课程开放和建设的重要渠道。广泛阅读网络教学资料，有利于教师及时吸收世界先进的教学思想、专业课程教学方法，加快教师的专业化进程。而这些目标的实现都依赖设备与保障的到位。

（二）双语图书资料的整合与管理

在一些高校，虽然学校图书馆与各院系资料室承担着相同的职能，但由于服务对象不完全相同和旧管理体制的消极影响，两者互不相属，各自为政。要根本解决这类现象造成

的重复建设和学校资源的浪费等问题，难度较大。但是，在针对双语教材类图书的购置和使用等涉及师生和院系课程建设核心问题上，学校要坚持资源共享原则，充分发挥图书馆在有效组织和管理文献上的比较优势，将院系资料室的双语教材类图书这一资源尽快纳入图书馆的行列，根据学校的双语教学课程建设情况和学科专业的需求，对院系资料室的英文文献信息资源进行统一编目、适量调配、整体布局，实现图书馆和院系资料室的文献信息资源的有效整合。特别是价格昂贵的外文原版教材类图书的差异化采购与合理分配，是高校图书情报管理需要进一步解决的问题。

四、双语教学环境建设管理

（一）校园双语环境建设

开展双语教学离不开良好的校园双语环境，这需要学校后勤保障等部门加强校园双语环境建设与管理。一方面，高校要有效地管理学校的广播台和电影院。在课外活动时间，经常安排播放一些外语新闻、外语歌曲等节目，上演一些外语电影影片。宣传、教务和后勤部门应安排专人负责，如请外语学院的教师担任外语节目编审，学生会干部负责播放等。另一方面，要加强硬件建设，增强外语学习氛围。在教室、生活区、黑板报、橱窗，更多使用外文进行宣传；在图书馆，陈列更多的外文期刊杂志、书籍读物，供学生随时翻阅等。

（二）校园信息环境建设

一方面，网络信息的有效应用对双语教学十分重要，它是双语信息资源的一个重要渠道，不但能提供给学习者丰富多彩的教学资源，创建一种真实的情景，而且也能培养学生进行信息筛选和加工的能力，同时提高学习者的信息素养。另一方面，学生专业知识的构建应在多元互动的环境中进行。它包括在模拟真实环境中的实际操作，教师、学生和学习小组之间的协作和信息反馈。因此，网上提问、在线论坛、电子邮件、论文写作、调查报告、实习报告，甚至学习笔记的撰写都可以作为双语教学模式中的信息资源。

双语教学离不开信息环境，校园信息环境建设主要涵盖网络教学平台、自主网站和应用网络多媒体教室三个主要方面。其一，网络教学平台，是师生信息传递、资源共享和教学互动之需。通过为学生开设课程账户，实现师生网上实时通知、资料传递、讨论及其他课余助学互动。其主要模块包括：通知，教师通过网络发布课程信息，如组织创新活动和竞赛等内容；课程相关资料，教学大纲、教学进度表、授课教案、上机指导和练习、综合测试题、上网课件、指定教材、授课实况、视频教材和电子教材等内容；下载中心，下载软件及资料；快速链接，与相关网站链接；讨论板，由师生添加讨论话题，学生进行讨论。其二，自主网站，是对网络教学平台的补充，包括动画库、国家标准、示例库、作品展示、课件、授课教案、相关论文等子模块，学生登陆课程网站以开阔眼界和视野。其三，应用网络多媒体教室，有利于教师控制网络多媒体教室的授课秩序，能通过它删除各学生机开始程序中的娱乐游戏；教师能通过它对学生机进行屏幕监视、锁定键盘和鼠标，根据教学需要使学生机与网络链接并及时断开，以免非教学操作现象发生，即从技术上保证控制网络多媒体教室的课堂教学秩序。

对上述管理的内容，高校可以实行以定期自查的方法进行，督促有关部门将目标落实到位，以推动双语教学开展。此外，学生家长与社会的监督也是改善管理的途径，可以采用校董会参与学校管理的方式进行。校董会一般由家长代表、教师代表、社会知名人士、政府指定人士及正副校长组成，对高校双语教学保障管理实行有效监督。

第十一章 双语教学评价

双语教学在我国快速发展必然引起人们对其实效性的关注。所谓教学实效性，主要是指教师遵循教学规律，以最小投入，取得最大教学实效，从而实现指定教学目标，满足个体及社会的需求。而高校双语教学评价，则是指国家或地方教育主管部门或高校教学评价机构衡量其有效程度及其指标构成，是指教师遵循双语教学内在规律，以最少资源投入，获得最大产出，以便达到双语教学的目标，提高学生的外语运用能力。有学者认为，双语教学评价是对其质和量作出判断，有效的评价切忌外在的、机械的评价，要求激发师生在评价中的创造性，注重师生的自我内在性评价。双语教学的学生评价既重视对学生学习的语言目标、专业目标和社会文化理解目标实现程度的终结性评价，又注重对学生在学习过程中所表现的学习态度、多元文化的适应能力、时间观念、学习能力等过程评价。如何建立有效的双语教学评价体系，成为其理论研究难以回避的课题，也是当今学界研究较少的领域。

第一节 双语教学评价的必要性

建立我国高校双语教学质量标准及监控体系，是质量保障的重要举措。因为它既是教学目标，又是质量监控的依据。教学质量是学生质量、教学过程质量和教师质量三者紧密结合的产物。教学质量监控的内部因素包括教师水平、学生素质、教学条件和教学管理水平。教学质量监控主要是针对这些因素加以协调、评价和控制，以及建立通畅的信息反馈网络，从而营造并维护良好的育人环境，达到最佳教学效果。双语教学评价是高校教学管理的重要环节，对本科教学质量控制至关重要，其必要性体现在四个层面：其一，端正双语教学的方向。有了明确的教学评价标准，双语教学就能围绕这种评价标准进行，教学主管部门能按照标准衡量其效果是否达到既定要求。科学合理的教学评价，还可以为教学改革和发展指出正确方向，避免教与学的盲目性。其二，发现双语教学的有关问题。通过双语教学评价，教学管理部门和教师可以及时了解和发现每一个环节存在的漏洞，找出问题的成因，从而能及时予以调整和改进。通过教学评价，管理者可以获取大量的教学信息，为其课程管理决策提供依据；同时，进一步激发师生的积极性。其三，检验教学效果。双语教学目标、教学任务是否得以实现，学生能否通过双语教学提高外语运用水平、多元文化水平等，这些都必须通过双语教学评价加以验证。此外，家长对子女参加双语教学持何种态度，教师参与双语教学的热情高低，学校财力、物力的保障程度等，也是必须检验的对象。而检验和判定教学效果是了解双语教学状况，提高其质量的必由之路。其四，调控双语教学进程。它是双语教学评价多种功能和作用的综合表现，它建立在对教学效果的验证、问题的诊断和多种反馈信息的基础上，具体表现为对教学方向、目标的调整，教学速度、节奏的改变，教学方法与策略的更换，以及教学内容和环境的调整等。实际上，客观地判定双语教学效果，合理调节、控制教学过程，使之向着预定的教学目标前进，也正是学校管理评价者追求的目标。

第二节　评价目标、主体与方法

一、双语教学评价目标的确定

如何确定双语教学的评价目标，一直是国内外教育界密切关注的重要课题。对双语教学的评价，我国尚无统一和准确的概念和标准。从宏观上看，它是具有战略性的总体教育评价，如对双语教学本质、教学体系、教学内容和方法、教学管理、教学的社会效益等方面的评价。从中观上看，它是以实施双语教学的学校作为评价对象，包括学校实施双语教学的基础条件、办学水平、课程与教学规划、师资队伍建设、教学质量和办学效益等方面。从微观上看，它是以接受双语教学的学生作为评价对象，包括学生的双语运用能力以及非语言专业知识与技能的掌握情况等。

麦凯和西格恩提出："双语教育系统的建立是为了满足既定社会和文化环境的要求并通过互相理解和一体化帮助而解决一些有关的问题。对双语教育实现这些目标的效率也应加以评价。"王莉颖教授提出，双语教学评价的目标应集中在三个主要方面：其一，语言目标评价，即对学生两种语言或多种语言能力及运用熟练程度的评价；其二，学术目标评价，即以单语教学中的学术标准对参与双语教学的学生各非语言专业知识目标实现程度的评价；其三，文化目标评价，即对社会、学校、学生、家长及教师对双语教学的态度，社会文化与社会语言环境等多方面因素的评价。

有学者从管理角度考察，将双语教学评价目标定位在以下几个方面：双语教学目标及理念；师资准入与队伍建设；规划与课程体系建设；教学资源利用；教学科研的开展等。

本书主要是从微观层面进行评价，特别是对双语课堂教学有效性展开评价。它包括语言目标的实现，即将学生两种或多种语言的技能提高到一定的熟练程度；专业目标的实现，因为双语教学具有与单语教学完全相同的专业知识目标，必须证明学生已实现这些教学目标。有鉴于此，双语教学评价主要由三大部分组成，即教学资源评价、教学过程评价和教学效果评价。

二、双语教学评价主体的确定

（一）体制内主体参与评价

我国双语教学评价要改变现行的评价主体单一的局面，逐步转向多元主体评价。评价参与主体应包括：双语教学的实施者、接受者、支持者。在双语教学评价指标中，必须突出上述各主体的话语权，实行专业教师、外语教师、双语同行、学生、学生家长、管理者与督导专家等多方主体参与，甚至应包括双语教师本人在内的多元化评价主体，从不同角度对其价值进行判断。双语教师可以对自身的外语和专业能力、现代教育技术运用能力、授课艺术与授课效果等方面进行全面的分析与自我评价，也可以对其他双语教师的上述能力进行评价，提出评价的结论和合理化建议。学生能通过自我评价分析，找出学习成效与不足，有效地调控学习过程，促进自己在原有水平上不断发展。每个评价主体都能客观地提出真知灼见，从而能更加体现评价体系的公正性。评价要杜绝专家一言堂或长官意志对评价的误导。双语教学评价的结果要能基本符合主体的实际情况，将之与教师、家长和学生见面，真正发挥评价的发展性功能，激励师生参与双语教学的主动性和积极性，促进他们共同发展，提高实效性。

学生在双语教学评价中的作用应给予重视，他们能从以下几个角度对之进行评价。其一，目标评价。学生可以根据自身实际判断双语教学目标是否合理，是否真正解决了外语学习的低效率问题。通过双语教学，是否降低了对专业知识与技能的掌握，外语能力能否切实得以提高。其二，内容评价。学生评价教学内容能否满足学习需求，能否体现双语教学的优越性；教师的专业知识结构及外语的驾驭能力能否胜任教学。其三，方法评价。评价教师能否调动学生的兴趣，积极主动地参与课堂；能否引导与开发学生的思维和探究能力。其四，过程评价。学生评价课堂教学结构设计是否达到最优化，教学思路是否清晰，教师教学责任心和敬业精神，甚至对教师的教学纪律进行监督；同时，考察师生交流的有效程度，教学过程是否体现了学生的主体性。其五，效益评价。双语教学旨在解决外语学习效率低的问题，因此应考察师生时间、精力和财力投入与学生实际收获的关系。

（二）民间组织参与评价

民间组织参与教学质量控制与评价，是我国教学质量评价制度的发展趋势，因而受到教育同仁的广泛关注。民间组织，主要是指民间中介组织对教育领域的现象、过程、活动、对象、效果等方面的评价。例如，美国各类鉴定评估机构、日本民间中介评估组织等。民间组织参与教学质量控制与评价有利于弥补自我评价和政府评价的不足，体现了教学评价的民主、平等、参与等特点，并具有广泛的社会基础。目前，我国双语教学评价体系中没有民间组织参与，这对确保双语教学评价的科学性和真实性，以及评价的未来发展极为不利。有鉴于此，政府组织应开放并培育民间中介组织，鼓励它们参与双语教学评估。这既能提高教学评价的可信度，又可以减少教育行政管理部门的工作负担，使管理机构从日常琐事中解脱出来，集中精力思考教育发展的战略问题。

三、双语教学评价方法的选择

双语教学的复杂性决定了其评价方法的多样性，要充分发挥多种评价方法的优势，使评价过程和结果趋于合理。主要体现在以下几个方面：

其一，将形成性评价与终结性评价相结合。前者在于教学诊断与改进，重视过程评价和自我评价。通过形成性评价，主管部门能把握学生对专业知识与技能、语言知识和技能的双重学习需求、学习进展以及在学习中存在的问题等，以便及时反馈、调整和改进教学。后者在于评定和选拔，重视教学结果的评价。通过终结性评价，从宏观上把握整体效果。两者并用能使评价既关注效果，又重视过程，发挥两种评价方式的互补性。其二，将内部人员评价与外部人员评价相结合。前者主要包括学校的行政评价、督导部门和专家小组的评价。双语教学评价机构可由学校教学指导委员会有关专家和相关专业领域具有较高外语水平和教学水平的专家组成。后者是指社会对双语教学的认可度，特别是家长的评价。其三，将定性评价与定量评价相结合，充分发挥定量评价方法的科学性。其四，将书面评价与非书面评价相结合。前者是我国高校重视的评价方法，包括论文评价、客观试题、问卷等。后者则是对学生学习态度、学习习惯、语言表达能力等方面的评价，包括观察法、面谈法、自我展示法等。特别是自我展示评价法更加符合素质教育价值取向，可以通过多种途径进行，既包括他们使用外文撰写文章、报告、海报等文字表达形式，又能采用即兴演讲、短剧表演的形式。自我展示充分体现了学生主体性，让学生自主选择评价方式，提高学生参与热情，也使学生更加容易接受。

完善的双语教学评价体系应由健全的评价机构、完备的评价制度、明确的评价标准、合理的评价指标体系组成。制定完备的评价制度并坚持执行，可以定期组织听课、发放学生调查问卷、定期召开师生座谈会，对反映出的问题及时反馈并提出整改意见，对教学质量较差的双语课程可以终止。评价标准应以人才培养质量为基准，学生在知识、语言、综合素质等方面应达到的程度成为评价的主要标准。评价指标体系应在广泛调研的基础上制定，通过召开多种类型的座谈会，收集相关信息，初步拟订指标体系后，确定指标权重，然后对初拟的指标体系可采用因素分析法和专家征询法进行理论论证和实践验证。前者是从数量上确定各种因素对评价指标的影响方向和影响程度；后者是以问卷的形式对相关专家展开意见征询，再汇总各位专家意见并以此作为问题解答的方法之一。评价指标体系的完善是一个动态过程，应在实践中不断调整充实，使之更加合理，对双语教学切实发挥引导促进作用。双语教学评价应以激励为主，并加强教学过程的质量监控。

四、确定各项评价要素的原则

双语教学评价并非一成不变，各种要素是一个发展的过程。评价内容从看重学业成绩转向注重学生多方面潜能的发展；评价主体从单一结构走向多元化；评价方法从过分强调量化评价转向更加重视质量分析；评价功能从注重选拔转向激励、反馈与调整；评价角度从终结性走向过程性、发展性，更加注重个体差异；评价手段和途径更多采取观察、面谈、调查、论文撰写、项目活动报告等开放性、多元化途径，而不只是依靠笔试结果。但无论如何发展变化，基本原则必须坚持。

双语教学各项评价要素确定的基本原则是：其一，有效性原则。评价指标必须尊重双语教学及其发展规律，真实反映其特征并有利于改善教学质量。在具体指标选择上，高校要尽量选择有共性的综合指标，指标体系的设置要简洁和明确，指标数据要便于收集，以体现较强的可操作性。其二，客观性原则。指标应力求全方位、多角度地审视双语教学，准确掌握各种教学信息，公正地进行评价，为教学质量的改善提供参考。其三，要素性原则。各专业的双语教学内容各异、形式多样，故而要在广泛、全面地收集各种信息的基础上，系统分析影响质量提升的各个要素，抓住影响教学质量的关键环节和要素，以便切中要害，规范管理制度和强化管理手段。其四，指导性原则。评价指标体系的确定，应对教学质量的提高有指导作用。评价应能为教育主管部门领导的决策提供依据，使他们采取更富有成效的措施以改善质量评价环境；最后，要建立一套行之有效的规章制度，以确保评价机构的有效运行。从决策督导、制定监控标准、实施教学监控到信息收集、实施效果、原因分析等，使评价机构有效运行。

第三节　双语教学资源评价

一、课程资源评价

（一）双语课程规划与评价的指导原则

双语教学发展规划是实施的行动指南。符合本校学科、专业发展和课程建设实际情况的规划，能指导学校双语教学有步骤、有计划地推进。高校教学管理部门在制定双语教学发展规划时，可先根据本校优势学科与专业发展的需要确定推进双语教学的课程计划，然后在专业中结合课程建设的实际情况选择优先推进的双语课程。高校应优先考虑推进专业基础课和专业课的双语教学，以提高学生对专业知识的掌握水平；对部分素质教育类课程也应优先发展双语教学，如专业知识、人文知识普及教育之类的课程，以提高学生的综合素养。双语教学发展规划的制定可由学校教学管理部门牵头，在学校专业建设领导小组和教学指导委员会的指导下，成立专门机构，由专人开展调研，并经学校反复论证，使双语教学发展规划能符合学校发展实际，切实可行。课程规划不能只是院系领导或任课教师少数人参与，要有校内外专家的参与。课程规划要从实际出发，以条件确定规模，确保双语课程质量和教学目标的实现。调研的内容包括学校专业建设、各专业双语教学进展、双语师资队伍建设、学生对双语教学的认同度和各专业学生的语言水平等。只有在合理的双语教学发展规划指引下，本着逐步推进的原则，不断总结成功经验，并予以推广，才能使之深入发展，富有成效。

树立以人为本的双语课程评价观，建立体现学生主体地位和促进学生发展的双语课程评价体系。教师要善于通过评价了解学生的双语学习需求，发现和发展学生的潜能。建立有助于促进双语教师不断提高的课程评价体系。教师要善于通过评价对自己教学行为进行分析与反思，观察评价是否反映学生学习的成就与不足，是否反映教师教学中的成功之处与缺陷，是否促进学生自主性的发展和自信心的建立，并依据评价的反馈信息及时调整教学计划和教学方法。

（二）双语课程规划的主要内容

课程规划的具体任务是需求分析、大纲设计与课程设计。需求分析，是研究学生的需求与目的。为了获取双语教学课程规划所需要的相关信息，高校可以采取观察、调查和测试等方式，同时还要对已开展的双语教学作阶段性评估，以了解教学效果和存在的不足。专业内容的确定必须了解学生的专业背景、学生类型、学习动机以及社会需求等，力求有的放矢。在外语方面，要了解学生的外语水平，学习目的语的通途，预测学生的交际场景，使双语课堂能真正提高学生语言能力。大纲设计要确定课程目标、教学方法和教学材料。目标的确定取决于需求分析结果，明确课程目标后，就可以决定课程内容和教学过程，进而设计教学大纲。大纲设计应处理好专业课程内容与外语的关系，兼顾专业知识的传授，和外语能力的培养。课程设计，指课程规划，是对课程大纲的贯彻实施，要明确达到教学目标所需要的教学材料、教学方法、所需课时、考试以及课程评估方式。

（三）双语课程规划的注意事项

1. 杜绝课程开设的随意性

高校开设双课程主要考虑教师的开课能力，而忽视了学生的外语能力和专业课程的重要性。为了完成本科教学评估指标，不顾专业课程结构的科学性和教学实际需要，只是考虑利用有限的教学资源。例如，教师有能力开设双语课就催促他们开设、哪门课程有教师就开哪门课、找到什么专业课程教材就上什么双语课等。一些已开设的课程，只是增加一本外文教材或上课时讲几句外语，并未对课时、计划和大纲进行相应调整，造成双语教学缺乏系统性和计划性。打乱了专业课程体系和结构，完全漠视了课程的联系及学生专业学习的连续性，使得课程缺乏必要的衔接与过渡，甚至出现了断档现象，造成学生难以有效地适应双语教学，即使勉强学到一些专业知识，也难以在后续课程中得到拓展与应用，教学效果无从谈起。对于某些专业性强、理解难度大的课程，要确保学生已基本掌握了相关专业课程的基础知识，再实施双语教学。

2. 克服课程规划的形式主义

根据教育部有关文件精神，高校开设的双语教学课程是与国际接轨或是国家发展急需的专业领域。高校应选择在学科中占主要地位的专业课进行双语教学，从而确保开课的必要性和重要性，同时兼顾学生现有的专业知识储备与结构，以减少学生的理解难度。高校一般会设定课程的教学目标，并在规定的课时内完成。但课程规划的制定者并非课程的实施者，缺乏对双语教学的感性认识，因此目标的制定主要是以传统专业课程的共性特征为依据，未融入双语教学的个性因素，从而出现了现实与目标要求脱节，导致一些双语课程只是流于形式，也降低了口碑。

3. 注意专业双语课程的开设年级

双语课程规划应注意延续性，使之贯穿于整个教学计划并落实在大学的合理时段。因此，究竟要在哪个学期开设什么双语课程，需要多少课时，采用何种教学模式，都是双语课程规划必须考虑的问题。从学生语言能力和专业知识储备的角度看，简单渗透层次的双语教学可以在低年级开设，真正运用外语作为教学语言的双语课程可能在大学第五或第六学期开设较为合理，以有效地保证学生完成从外语学习阶段到外语运用阶段的成功过渡。

4. 课程规划要协调好各种关系

它们是：其一，妥善处理现有专业知识和未来专业知识的关系。在使学生掌握现有知识的同时，更要有助于他们学习新知识，体现双语教学的前瞻性。其二，处理好专业知识和外语能力的关系。双语教学绝不是简单的外语教学，而是多学科的综合教学，对于提高学生的素质具有重要作用。其三，要处理好专业知识和非专业知识的关系。通过双语教学，使学生广泛涉猎，打破专业壁垒，达到专业课与非专业课的有机配置，有利于培养高素质人才。

二、师资资源评价

教师是双语教学最为关键的因素。对教师资质的评价包括：教师职前的教育状况，如学历层次、职称、外语能力等；他们的教学能力，如教学价值观与目标设计、授课前的准备工作、专业知识结构、两种语言文化的有机融合和转换能力、先进教学方法的采用、教学过程的激励策略及控制技巧、教学软件的开发与应用等；教师职后进修状况。美国等国家的双语教师必须具有大学本科毕业以上文凭，如果没有达到要通过进修以获取相应的学历层次。如果他们在规定的时间内尚未取得学历，其资格将被取消，他们仅有较高的学历是不够的，关键在于学术水平是否真正达到要求。双语教师必须具有精湛的双语专业知识和较强的多元文化能力。他们还要具有扎实的课程理论与教学理论知识，能对各种教材进行整合和利用。

教师业务能力主要考察专业素质、外语、教育技术运用三个方面。双语教师不但要专业精湛，而且要外语娴熟。学生在双语课堂的满足程度较低，原因就在于听不懂。要么教师的外语发音不准，要么学生听力过差，要么两者兼而有之。学生听不懂尚可补救，因为其本职在于不断学习，以求改善；教师讲不准，双语教学实效则无法保障，因为课堂教学不是实验场。其实效关键在于教师，因而必须严把教师资质关。包括学历层次，高校双语教师必须具备外语学历、专业博士学位，因为外语学历使之具备外语能力，加上精湛的专业学问，才可能胜任双语教学；文化素质，他们要有人文社会科学基本素养；教学能力，包括外语和专业能力，组织教学和驾驭课堂能力。三者完美结合才能取得预期实效。

三、教学基本要件评价

课堂教学基本要件，包括教学大纲、教学进度表、备课讲稿、演示多媒体课件、教材和参考书、习题库、教学研究等。没有这些基本要件，任何教学活动都存在着随意性，都没有实效性可言，何况使用外语进行专业课程教学，更应加强这些基本要件的建设和督促检查，使之走向完备和规范化，成为双语教学评价体系的重要支撑。

双语教学大纲与普通教学大纲不同，特别是在教学目标和方式设计上存在着较大区别。它既不同于传统的专业课程教学，又有别于普通外语课程教学；既要兼顾学生专业素质培养，又要注重学生外语水平提高。这就对课程设计和教学大纲的制定提出了较高要求。我国高校开展双语教学时间较短，缺乏教学经验。因此，高校应根据不同的办学特色和专业要求，尽早制定规范的、适合各自特色和要求的双语教学大纲，才能保证实现其目标。与使用母语进行专业课程教学不同，在教学方式上，双语教学要使用外语讲授专业知识，课堂外语使用量所占比例，也是教学大纲设计颇费思虑的难题。教学进度表是大纲的派生物，是落实大纲的重要教学文件，是杜绝教学随意性的制约手段。这些教学文件应用外文书写，特别是讲稿。评价双语教学实效的关键性指标之一，是教师用外文书写讲稿的质量。如果这个环节质量不能保证，整个双语教学并无实效可言。因为口语表达比书面表达要困难，外语则更加如此。书面表达尚可查阅资料，口语表达是瞬间的。写好双语教学的外文讲稿，能在一定程度上弥补口语表达的不足。再者，将大纲、讲稿的核心内容用多媒体课件加以演示，并辅之以图文，即使学生听不懂，也能通过这些信息予以弥补，从而紧跟教师授课进度。用母语进行教学都要用多媒体，何况用外语作为专业教学语言呢？对于师生而言，上述活动都最终指向教材，需要一个有效载体。因为无论教师备课撰写讲稿，还是学生复习迎考，离开教材都是难以想象的。教材是教学活动规范化、教学实效检验和评价的重要依据。教材内容的细化和延伸则是习题库，而且是用外文编撰的专业知识练习，以激发学生用外文阅读和思考专业问题。教师在完成这些教学基本要件后，还要对教学规律、经验教训展开探究，撰写教学研究心得，以提升自我和告诫来者。

第四节 双语教学过程评价

良好的教学效果与合理的教学过程密不可分，双语教学更加如此。教学活动的组织应以教师为主导，学生为中心，即以教师讲解为主导，辅以师生讨论、课堂提问等互动交流模式。综合使用各种教学手段，有效调动学生的课堂参与和学习主动性。双语教学业绩评价指标是多元的，也是见仁见智的。但就课堂教学而论，除了普通课堂教学必备的要素外，应根据其特殊性从六个主要方面予以衡量，即教学环节设计的完整性、教学组织形式、外语使用量和流利程度、专业知识讲授的系统性、教学手段的现代化，以及教学方法的合理使用。

一、教学环节设计的完整性

教学环节主要包括课前环节、课堂环节、课后环节和考核环节四个部分。在双语课前环节，教师首先要提供给学生一份完整的外文专业课程提纲，包括课程目标、课程教材、参考书目、预习知识、教学内容、教学进度、课程作业、考核方式、评分标准等。在上课之前，教师应将这些内容挂到校园网上，让学生事前做好相应准备。在双语课堂上，教师必须引导学生自由发言，回答和讨论教师提出的问题，继而对学生的回答和讨论进行点评和辅导。教师的提问和讲授既有外语又有汉语，其比例由任课教师根据学生情况灵活掌握，但应符合基本要求。每次双语课结束后，教师都可以推荐与本次教学内容有关的外文参考文献供学生阅读，并以外文布置相应的课后作业，也可以通过在线方式提供给学生相关中外文网站，学生从这些网站中查阅其所需资料并解答问题。课程考核采取多样化方式，使用全外文答题。

二、双语教学的组织形式

双语教学旨在通过专业课程教学，使学生在学习专业知识的同时较为熟练地掌握外语。为了提高学生外语运用能力，使他们尽量多使用外语进行交流，课堂上师生互动就显得颇为关键。这必然涉及教学的组织形式，它要求高校必须关注班级规模差异所引起的教学效果的变化。双语教学适宜小班授课，单班人数在四十人已达到了极限。班级人数不宜过多，应控制班级规模。此外，合理的座位编排、精心的教室布置等，都直接影响到师生交流和整个课堂气氛。教师在教室中的位置直接影响师生的距离，而这又会影响学生的态度、情绪和表现。小班使学生处于教师的视野和交流范围内，体现出教师对每个学生的关注，更好地了解他们的外语水平、学习风格、文化背景、学习兴趣和需求，更容易得到学生的信息反馈，也增加了他们参与互动的机会。教师要坚持使用外文板书或外文多媒体课件教学，而对重点及难点内容使用中文加以解释，学生作业、论文或考试可以使用外文或中文完成。教师应给学生布置较多的课后练习，旨在督促他们课后进行复习和预习，特别是要通过课堂讨论、师生互动和作业批改以掌握他们的学习状况。所有这些在小班授课下更容易实现。

我国高校开展双语教学，基本上使用传统的教学组织形式，即采用大班上课形式。学校通常以两个或两个以上班级为单位开展双语教学。大班不利于课堂师生互动，因此难以实现使学生更多地使用外语进行交流，也就无法保证提高学生外语运用能力。变大班授课为小班授课，有助于调动学生的学习积极性，实现师生更好地互动。教学组织方式的改变对师资的数量要求必然增加，学校办学硬件和教学管理能力也必须随之提升。

三、外语使用量和流利程度

我国双语教学是以英语作为教学语言的授课，为了提高课堂效果，教师要对内容精讲精练，利用各种教学途径，预先提供涉及专业内容的专业词汇。课堂教学的硬性指标有二：其一，确保外语的使用达到一定的数量，汉语和外语的使用比例是双语教学效果得以实现的关键。如果外语所占比例相对于学生外语水平过低，只是几个专业术语、标题使用外语，绝大部分内容使用汉语讲解，外语使用量不足两成，那么就达不到外语运用的目的，这种课堂教学就不能被称为双语教学。美国的研究表明，在确保对专业知识的理解的基础上，双语课堂使用外语数量越大越有益，学生的语言进步越快。调查发现，部分教师的多媒体课件全部使用外语制作而成，而课堂讲授基本使用汉语，较少使用外语。这种讲解与板书完全分离的教学方式值得商榷。真正的双语教学，注重课堂教学外语的使用量。

双语授课比例的把握是难题，要遵循"长期坚持、循序渐进"的原则，不能急于求成。通常而论，使用母语理解专业知识比外语更容易，故而当用母语理解专业知识更好时，要尽可能使用母语表达，促使学生能快速地掌握专业知识，对于使用外语来理解更恰当的知识点，要使用外语表达。但至少外语使用量要占到教学语言的五成以上，即主体内容使用外语传授，只有难点或确实难以表达的部分使用母语讲解，以防止学生出现理解偏差。如果外语所占比例相对于学生外语水平过高，将会造成学生难以理解所授内容，把学习重心放在攻克外语上，从而降低了对专业知识的理解和掌握。所以，适当的双语比例不但可以促进学生外语水平的提高，而且能更好地学习专业知识，提高学习兴趣。其二，外语流利和准确程度，包括外语的语音、语调、连贯性、语速等。这种评价容易操作，只要聘请外国语大学的教授或外籍专家听课便一目了然。这两项评价指标在整个双语教学评价中占据极为重要的地位，直接关系语言目标能否实现。

四、专业知识讲授的系统性

非语言专业课程讲授的系统性和有效性，一直成为双语教学被质疑的焦点。客观而论，使用母语进行专业课程教学同样存在这个问题，但双语教学的矛盾格外突出。因为使用外语进行专业课程教学存在语言障碍，它达到何等程度，直接影响双语教学的实效性。如果教师的外语不过关，致使学生接受困难，教师要花费大量时间解释语言要点，那么在有限时间内的专业知识讲授必然受到削弱，系统性和深度肯定难以保障。有学者指出，原来使用母语教学十分钟就能讲解完成的知识点，使用双语教学后需要四十分钟以上，因而使课堂信息量大大减少。在双语教学之前，教师要让学生了解专业学习重点，使学生保持方向感，在听课、讨论、回答问题和参与各种教学活动时，把握重点；教师在学习内容的呈现、讲解、说明和演示中有条理、有组织，以便学生清楚地理解学习内容；在呈现新信息时，应考虑学生的知识储备和背景；教师尽可能将时间用于与专业相关的教学内容上，在有限的课堂教学时间内完成双语教学的知识目标。

上述问题的处理是否得当，直接导致教学效果的不同，出现有限课时与双语授课进度的矛盾。实施双语教学后，这些专业课程的计划课时并未增加。实际上，以往全中文授课时，师生就已感觉到这些课程的难度和课时不足，而双语教学要求在课堂上大量使用专业外语，加之针对学生听力理解普遍滞后的状况，教师往往采用增加板书的方法以弥补，某些重点难点问题，教师还需要重复讲解，这些势必影响授课的效果和进度。

五、教学手段的现代化

教学手段直接影响课堂教学的信息总量与信息接受效果。现代多媒体教学改变了纸质媒介、板书教学的传统模式。多媒体技术是以计算机为核心，将图形、图像、文字、动画和声音等多种载体加以结合，并通过计算机进行综合处理和控制，能支持完成一系列交互式操作的一种信息技术。多媒体应用于双语教学能节省板书时间，使教师从大量繁复的板书中解脱出来，将更多精力用于教学过程优化；能摆脱单一呆板的文字格式，以声音、图像和视频等媒体进行教学，可以活跃课堂气氛，改善教学效果；能把抽象、复杂的问题具体化、简单化，形象地表达常规语言难以描述的重点难点，降低学习难度。多媒体教学以其独有的形象化、直观化、高度信息化等优点，在信息时代更加显示其作用，对提高教学效率有着传统教学手段不可替代的作用，日渐成为教学的主导辅助手段。如果能运用多媒体技术改进双语课堂教学方式，并将之与互联网运用相结合，则可以在一定的课时内完成更多的教学任务，还能将书本知识化静为动、化虚为实、化抽象为具体，同时提高学生学习兴趣和教师讲课效果，从而促进双语教学质量的提高。

（一）重视课堂多媒体的运用

我国高校学生外语能力弱，主要表现为听说能力较差。如果使用传统教学方法进行双语教学，无疑会加深学生对专业知识领会的难度。如果教师频繁地使用汉语、外语进行专业词汇解释，必将削弱对核心理论及应用的讲解。而运用直观的多媒体教学，可以有效节省板书时间，并使授课内容变得生动、丰富。由于学生听力或教师发音问题造成部分内容学生听不懂的现象，可以借助课件来帮助学生理解。课堂教学中使用多媒体课件，既增大了课堂的信息量，同时又加快了授课节奏，从而有效地保证了教学进度。研究表明，部分学生经常反映难以跟上教学进度。他们记笔记和听教师外语授课有困难，上课时脑子里经常闪现的是孤立的单词，而不是连贯的专业知识。如果采用多媒体教学，将课堂教学的内容用英汉对照的形式制成课件，使学生了解上课内容，降低理解难度，并配以适当的图文资料，使课堂教学内容形象化。特别是对难以解释的术语，除了使用汉语解释外，还要配以外文词汇表，以方便学生理解。

（二）利用网上课堂辅助双语教学

教师可以利用多媒体技术，并借助校园网络开展网上课堂教学，以辅助学生学习和弥补课时不足问题。教师可以将制作好的双语教学电子版教案和有关辅助性材料发布在网上，供学生查阅。这不但可以弥补教学课时不足，将双语教学延伸至课外，而且能为学生提供更多知识信息，包括与专业相关的研究前沿动态，使学生更多地了解本专业国内外学科发展新进展。教师还可将相关的练习与思考题等发布在网上，供学生课外复习。不仅如此，师生还能在网上实现互动，及时解答学生疑惑。当然，这既需要校园网络平台的支撑，更需要教师具备崇高的敬业与奉献精神。

六、教学方法的合理使用

（一）灵活运用多元教学方法

教师能否采取灵活的教学方法，以有效提高双语教学效果，是教学评价的重要衡量因素。例如，教师采用课堂讲授、课堂提问、案例分析与讨论等方式提高教学质量，创造较为轻松的课堂气氛。上课之前，教师应为学生精心准备专业词汇的中文名称，指导学生进行课前预习，为顺利进行课堂教学做好准备；课堂上教师讲授相关要点，组织学生进行讨论，运用外语进行专业学习，提高学生运用外语获取专业知识的能力。特别是案例教学，教师要鼓励学生毫无顾虑地使用外语表达思想，并尽可能给学生机会和时间，尽力减轻学生的紧张感，以增强他们的主体参与意识。教师不仅要鼓励学生回答问题，还应鼓励他们大胆提问、参加课堂讨论，形成师生互动、同学互动的教学氛围，调动并保持学生的积极性。教师对学生在讨论中提出的不同观点要能包容并加以鼓励，也要正确对待学生的语言表达失误。

除了正常的课堂教学之外，教师应重视学生的课外学习活动和质量。为此，教师还应为学生准备习题库，布置适量的课外作业，帮助他们巩固已学内容，并对学生的作业进行认真批阅和点评，以强化学生对专业知识的理解深度，提高准确运用外语表述的能力。教师可以要求学生使用外语撰写短文，以增强他们运用目标语的能力，还应安排学生查找与教学内容相关的背景信息，并以口头或书面报告的形式加以检查。

我国双语教师教学方法单调，是造成教学实效性低的原因之一。教师不能因材施教，特别是对于不同专业、不同外语程度的学生不能区别对待；缺乏对学生的适当启发和引导；只是单向灌输，不注意与学生交流；只是照本宣科，不考虑学生接受能力。直接导致学生学习积极性降低，教学质量难以保证。由于上述原因，师生关系成为直接影响学生对课程的好恶与学业成绩，这在双语教学中显得尤为突出。

（二）有效实施课堂教学控制

教学控制，就是要求教师把握教学进展、学生整体学习和个性化学习状况。现代教学在确立教师指导作用之时，更加强调学生的主体性，因为学生是教学的认知主体，是有意识、有目的地认识客体的承担者，全部教学信息只有通过学生的内化才能为其接受，而整个教学过程是输出、接受、反馈的过程，师生处于一个闭合的信息系统中。随着专业学习深度的加深，知识量的增大，学生接受双语教学的速度和理解深度都不能与使用母语教学相提并论，只有依靠学生自主化、个性化学习才能弥补。如果补充不足，必然进一步制约学习速度和理解深度，反过来又影响学生的学习情绪和学习动力，从而影响教学的正常开展。

第五节　双语教学效果评价

一、双语教师教学效果评价

双语教学绩效评价的关键之一是，评价教师的教学效果。这表现在两个方面，即教学主管部门对教师教学实效的评价、学生对教师教学的评价。前者督促检查课堂教学基本要件和运行状况，并予以恰当评价。后者全面评价教师教学态度、教学内容、教学方法、教学效果。例如，双语教师授课责任心和敬业精神，耐心辅导答疑、与学生的沟通程度；组织课堂教学、维护教学秩序、培养良好学风的自觉性；讲授内容充实，重点难点分析透彻，专业知识讲授系统，概念准确并反映最新专业动态，这些都是通过大量使用外语完成的。教师教学方法灵活，赋予学生足够的参与和互动机会，而不是满堂灌。教师能以积极的期望对待学生，而且符合学生实际，使他们在其指导下通过努力实现预置教学目标。如果教师态度求实，根据学生进步速度不断调整对他们的期望，以激发他们更纯正的双语学习动机，让他们都能维持旺盛的学习状态，并在双语课堂获得满足感。

练习是任何教学活动必不可少的组成部分，从而成为评教不容忽视的指标。双语教师对练习的编制和处理，是重要的后续教学环节。教师要使学生将教学中所学习的概念、原理加以理解和运用，以达到熟练程度。教师安排双语练习，不是进行语言训练，而是让学生以外文的形式对专业知识进行综合训练。不能课堂用外语授课，课外用中文练习，这肯定会削弱双语教学成果并降低实效。

信息收集途径可以多元化，包括领导听课、督导组听课、专家听课、教师互相听课、学生座谈会、问卷调查的方式，获取学生对双语教学的评价。对教学主管部门来说，要重视学生对教学的反馈意见，因为这从侧面较为真实地反映了教师教学质量的高低。高校要引入淘汰机制，即对考核绩效较差的双语教师厉行淘汰，这样既能给现有的双语教师一种无形的压力，促使他们奋发上进，又能逐步引进新鲜血液，优化师资队伍结构，从而形成可循环的双语师资的新陈代谢机制。这是双语教学实效得以保障的制度基础。

二、双语学生学习效果评价

(一) 双语学生学习效果评价的标准

对学生双语学习效果的评价，既要注重学生学习双语的各种目标（特别是语言目标和专业知识目标），又应衡量学生的学习态度、多元文化体验与沟通以及适应能力等。学生的双语能力体现在三个方面：一是双语语法能力，主要是指学生熟悉两种语言系统的句法规则和语言结构等；二是双语社会语言能力，强调学生能在不同的社会环境中运用语言，并准确使用两种语言表达思想和进行人际沟通；其三，双语演讲能力，学生能使用两种语言表达所涉及的有关主题内容。这种语言表达是没有腹稿和自然的表达。专业知识目标应是以非语言专业母语教学的标准予以衡量，这是一个很高的标准，也是必需的标准，因为双语教学不能以降低专业知识和技能的学习为代价。学生双语学习态度、努力程度与探究兴趣、课堂教学的情感体验及参与热情、跨文化素养、思维能力（能否用外语思维，养成用外语分析与解决问题的习惯、外语综合能力的提升）等，是双语学生学习效果衡量的主要对象。

(二) 双语学生学习效果评价的途径

我国传统的外语考试大部分采用客观试题，因为它的确具有客观、公正、容易批改、知识点分布均匀等优点，但也存在严重弊端。例如，过多测试琐碎的语言知识点（有些知识点和词义的细微差别连外国人也难以分辨，甚至是死了的语言）、片面强调应试技巧、无法测试口语表达能力和文学作品的欣赏能力、扼杀了学生的创新能力，并助长了读死书、死读书行为。为了有效评价双语教学的实效性，可通过多种途径收集与评价目标相关的信息。具体途径如下：

1．学生调查与比较

高校应鼓励和支持不同专业、不同层次的学生参与调查，对双语教学接受能力进行客观分析，真实评价其实效性。调查可以采取问卷统计、座谈反馈等形式。高校应建立平行班考评制度，真实比较和分析参加双语教学和未参加双语教学学生的差别。评价标准应适合不同专业，有助于考查学生专业能力和外语应用能力，使双语教学评价手段和标准更加客观。

2．平时评价

实际上，它是考查学生参与双语学习的态度。对那些平时课堂表现良好、作业优良的学生，在期末总评时要赋予适当的权重。例如，出满勤的学生或在进行每一次课堂讨论时表现积极，并发挥良好作用的学生，分别给予适当的加分，不能完全以某次考试为唯一评价依据。再者，双语教学要求学生阅读原版教材和大量外文资料，需要学生付出很多精力，有些学生怨声载道，有些学生则孜孜不倦。为了充分调动学生的学习积极性，可以实行奖励学分或与评优挂钩，以示区别。这是教师对学生认可度的体现，可以使学生看到其劳动和努力，会给他带来精神上的满足和收获的快乐，学生就不会单纯地将教师看成严厉的监督者，也不会把考试当成一种指挥棒。

3．自我评价

包括阶段性评价和终结性评价。前者是指对学生已取得的阶段性成果和参与双语教学的程度及时进行评判，以便师生再做适应性调整。这种阶段性评价要选择适当的评价周期，可根据学生的具体工作性质确定为不同的时间周期。后者要重视学生的自我评价，发挥学生自我表现评价在终结评价中的作用，要求他们配合教师对自己参与双语教学成绩进行课程终结评价。学生将对他们从参与双语教学后所获得的收获与其他可比事项进行比较，以及与他们过去的学习比较，判断双语教学的满意度。学生将交流结果反馈给教师，供教师教学评价参考。

4．灵活的考试形式

单一考核方式和评价标准不完全符合学生实际，加之测验方式的局限性，忽略了对高层次认知能力的考评。高校应考虑结合期末书面考试、考核等形式，综合评价学生学习的实效性，可以采取灵活的考试形式，如笔试、口试、闭卷、开卷、半开卷等。为考查学生的综合能力，应增加双语教学课程考试中的口试比例，采取笔试与口试相结合的方式。

对大学生的考核，不但要检验双语学习效果，而且要注意考察双语思维的过程。课外论文是考试的另一种必要的形式，主要用于考察学生的双语学习能力和创新能力。课外论文包括两部分：一是不限定题目，让学生根据兴趣查阅资料撰写综述，要求以最新的外文资料作为参考文献，这部分考核属于外文能力考评；另一部分属于计算机仿真题目，学生可以根据自身情况选择，教师提供题目通常没有唯一答案，让学生充分发挥创新能力。只要理论正确，即使是错误的结果，学生能解释清楚产生错误的原因，同样能通过考核。

第六节　评价的不足与完善

一、双语教学评价的不足

我国双语教学评价是在既定的教学目标指引下，由多方主体参与评价，运用各种评价方法，对双语教学资源、教学过程、教学效果进行价值判断，以达到改善教学质量的目的。但这种评价是否具有可行性和科学性呢？我国双语教学评价的确存在一些非科学因素，从而影响价值判断和决策的科学化。这些不足体现在以下四个主要方面：

第一，双语教学评价理论研究不足。我国双语教学专门的研究机构和组织较少，高水平的研究人员数量不足。国内研究双语教学的专家学者为数不少，而专门研究双语教学评价的学者则为数不多。就现有的研究成果而论，尚未形成理论体系，也未对评价体系与指标进行明确界定，因而缺乏实践价值和可操作性。

第二，双语教学评价与教学实践脱节。从某种程度上讲，评价就是衡量成本与收益的关系。双语教学评价具有导向、发展、监督、激励等功能，通过评价能对教学实践进行改进与监督，对评价对象产生引导、发展与激励作用，从而提高教学质量并保障教学健康发展。可见，不但要有科学的教学评价，而且这种评价标准要在双语教学实践之前公布，使之成为引领教学实践的行动指南，使教师在开展双语教学前胸中有数，明确我们将走向何方、走多远，再选择路径和如何行走。但是，我国双语教学评价与教学实践脱节，教学评价未能发挥应有的功能，表现为教学评价标准在双语教学实践后出台，或根本没有任何评价标准，只要你搞双语教学就好。

第三，双语教学评价缺乏个性化特征。我国现有的双语教学评价标准与普通的教学评价十分相似，当然借鉴已有的教学评价理论是必需的。但是，双语教学有其自身的特点和规律性，其目标与单语教学目标不同，否则，为何要开展双语教学呢？因此，评价标准一定要突出两者的差异。从实际情况看，我国双语教学评价缺乏个性特征。例如，评价标准基本上围绕双语教师外语表达的纯正与流利程度；基本教学资源如双语教材、教学大纲，以及教学辅助资料的准备程度；接受双语教学后，学生外语听力、演讲、写作水平、跨文化沟通能力等。评价应侧重和突出双语教学的个性特征。

第四，双语教学评价结果处理不当。评价者未向社会公开评价结果，评价结果与改进意见未能被管理者、决策者采纳，评价结果未反馈给被评价者，未发挥评价的改进与发展功能。

二、双语教学评价的完善

双语教学评价是一种综合性评价，这是由其目标的复合性决定的。评价既要考核学生的语言目标、专业知识目标、文化目标与适应能力，又要考察学生的学习态度、学习能力等；既要考核双语教师的现有资质，又要考虑其发展状况等；既要考核双语教材，又要考察学校的保障与支持力度等。因此，双语教学评价要坚持兼容性与互补性，强调过程和专业特征，实行分层评价。在评价方法上，可以采用定性评价、定量评价、动态评价、静止评价、随机评价、反馈评价、活动评价、形成评价、终结评价等。同时，要注意评价反馈对教师产生负面影响的内容，评价要体现人文精神，避免使用讽刺的语言，反映学生的要求应以建议形式提出。此外，双语教学评价可以在以下几个方面进行合理改进。

第一，加强双语教学评价的理论研究。国外学界十分重视双语教学评价的理论研究，既有专门的研究机构，又有知名学者，并取得了丰硕成果。这些成果对双语教学评价方法和目的进行了系统的研究。国外研究成果和实践都重视多元方法的综合使用，如实际调查法、直接观察法、标准测试法等，特别强调定量分析和评价方法的运用，并有专门机构制定的各种标准化试题、等级水平测试，以考察学生的双语技能和专业水平。

理论研究要着眼于增强制度的科学性和可操作性。一方面，高校应认真研究评教制度，增强制度的科学性，克服制度设计的不合理成分。诸如，在评教的指标体系以及各项指标的权重配置上，要尽可能科学合理地安排，真正通过各项指标及其权重份额反映课堂教学最关键、最本质的要素，力求实现科学评价。另一方面，要消除评教的盲目性和情绪化因素对评教结果的影响，以避免对教师造成不公正评价，并由此削弱评教的权威性。在制度设计层面，要赋予制度一定的弹性，以提高可操作性。例如，在统计评教结果时，应去掉若干个最高分和最低分，力求教学评价的公正。

第二，提高双语教学评价的针对性。无论是双语教学评价与实践脱节，还是它缺乏个性特征，都表明其针对性不够。双语教学评价要做到未雨绸缪，教育主管部门要提前公布评价标准，并且要有针对性和个性特征。其一，针对性表现为：面对不同地区，双语教学评价标准不同，以体现我国沿海发达地区与内陆落后地区的差别；不同级别的高校使用不同的评价标准，不能整齐划一，因为不同级别的高校资源占有状况不同，特别是生源质量和教师水平不同，在统一标准下进行评价缺乏可比性和科学性；不同专业采取不同的评价标准，如人文社会科学专业可能更多地要求学生具有文化适应性和国际视野，而自然科学专业可能更加注重学生科学思维能力以及对专业术语表达的准确性。其二，个性特征表现为：双语教学评价不能与其他教学评价一样，即在其他目标基本相同的情况下，一定要着重衡量学生的外语能力，突出对语言目标的要求，设置一些专门针对学生语言能力的指标或考核方式。例如，简单的同声传译、即兴的外语演讲、将一段报刊文字翻译成外文等。

第三，准确把握学生评教的最佳时机。学生评教应是对整个学期教学质量的评价，时间应安排在学期结束前两至三周较为稳妥。这样才能协调平衡各方面。管理部门才能有足够的时间统计分析评教结果，研究整个学校的教学问题；学生也才能全面了解教师的教学效果；教师也可以有足够的时间充分展示教学才能，体现教学的整体性和连贯性。但部分高校组织学生评教的时间节点并不科学，甚至在学期尚未过半时开展评教，招致部分教师的指责。随着评教的结束，少数教师如释重负，因而产生了麻痹和松懈思想。评教的监督功能被打了折扣。可见，应杜绝学期中途评教行为。

第四，降低对学生评教结果的宣传。如何妥善应对学生评教的结果，是一个至关重要的问题。如果对评教结果处理不当，后果是严重的。一方面，它会挫伤部分评教结果差的教师的教学积极性、自尊心和自信心，使他们有一种较强的挫败感，进而对课堂教学产生厌烦和畏惧心理，对学生产生埋怨情绪。另一方面，会形成一种极为不良的导向，助长学生的得意心理，使他们觉得自我之神圣，有能力制约教师。上届学生在下届学生中散布，甚至通过网络传播，给评教效果差的教师以不良预置，影响下一轮评教的公正。同时，过分强调教学的权重，必然削弱科研。因为教师的时间和精力是有限的，特别是对青年教师更加如此。为此，高校理所当然要降低对学生评教结果的宣传，不能在自控媒体上传播，应低调和淡化处理。即使对评教结果差的教师，管理部门也必须树立保护意识，可以私下交流并帮助他们寻找原因，督促尽快改进。

第五，加强对学生的思想教育。高校学工部门要加强对学生的思想教育，提高他们的思想水平，使他们能正确地对待评教，并真正公平负责地参与评教。要调动学生辅导员，正确引导，克服学生评教组织过程不严密，态度不严肃的不良现象。

参考文献

[1] 成世勋. 新疆少数民族牧区双语教育发展研究 [M]. 北京：知识产权出版社，2017.

[2] 刘炜. 云南少数民族的数量认知及双语教育研究 [M]. 昆明：云南大学出版社，2017.

[3] 冯大鸣. 国际教育管理比较丛书教育管理双语手册 [M]. 上海：上海教育出版社，2017.

[4] 潘朝阳. 壮汉双语教育研究 [M]. 南宁：广西民族出版社，2017.

[5] 达瓦绒波. 儿童双语教育常识 [M]. 成都：四川民族出版社，2017.

[6] 车永平. 双语现象与双语教育探索 [M]. 昆明：云南科技出版社，2017.

[7] 李艳红. 美国双语教育政策研究 [M]. 上海：上海交通大学出版社，2017.

[8] 王兆璟. 民族双语教育的理论与实践研究 [M]. 北京：民族出版社，2017.

[9] 龚海平. 双语教育实验教材数学三年级第二学期 [M]. 上海：上海教育出版社，2018.

[10] 李大东. 新时代朝汉双语教育理论与实践探究 [M]. 延吉：延边教育出版社，2018.

[11] 苏德. 蒙汉双语教育研究从理论到实践 [M]. 北京：民族出版社，2018.

[12] 龙红芝. 民族地区藏汉学前双语教育模式有效实施研究 [M]. 北京：中国社会科学出版社 .2018.

[13] 海路. 民汉双语教育规划论 [M]. 北京：知识产权出版社，2019.

[14] 苏德. 少数民族双语教育理论与实践新论 [M]. 北京：社会科学文献出版社，2019.

[15] 梅英. 幼儿佤汉双语教育之教学活动指导 [M]. 昆明：云南民族出版社，2019.

[16] 约翰彼得洛维奇. 双语教育的国际视野政策·实践·争议 [M]. 北京：中央民族大学出版社，2020.

[17] 李坚，俞强，万同等. 十二五普通高等教育本科规划教材高分子材料导论双语教学用 [M]. 北京：化学工业出版社，2020.

[18] 王凌云. 幼儿双语有声识字读本 [M]. 长沙：中南大学出版社，2020.